AV機器をもって
フィールドへ
保育・教育・社会的実践の理解と研究のために

石黒広昭 編

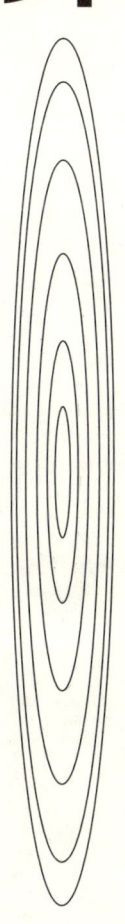

新曜社

はじめに

　研究領域を越えて，保育実践・教育実践を研究する人々がその方法論について議論できる土壌が必要である。現場は豊かな場である。教室にこだまする子どもたちの声だけとっても，そこで起こっていることを単純に語ることはできない。砂場で遊ぶ子どもをにこにこ眺める保育者の行為も一つの意味として語ることはできない。そもそも実践は複雑である。ところが，研究者はしばしばその複雑さの取り扱いに困惑を示し，自分の枠組みでその上澄みを掬い，何かを語ってしまうことがある。他方，実践の複雑さの中に我が身をおいたとき，自分の研究方法に自信をなくし，蟻地獄のような所に入ってしまったと感じることもある。現場に通い続けた者は，誰もがそのような二つの思いの間で揺れ動く。

　この本は難産の末に生まれた。記録を調べてみるとこの本の企画母体であるワークショップが生まれたのは1995年であった。その年の3月，私は発達心理学会で「発達を考える——個体主義を越えて」というシンポジウムを企画した。このシンポで話題提供者となっていただいたのは，斉藤こずゑ（国学院大学），清矢良崇（関西学院大学），佐伯胖（当時東京大学）の三氏であった。当時の日本の発達心理学の状況は，これまで心理学においてあまり疑われることのなかった個体能力に焦点をあてて発達や学習を捉えようとする考え方に疑問が出されるようになった時期であった。では，今までの何が問題で，どうすればよいのか。新しい保育・教育研究を模索する糸口を作らなくてはならないと多くの人が感じていたと思う。こうした問題意識に呼応するように，多くの発達心理学者が心理実験室を出て，学校や幼稚園，保育園，施設など，実践の場，すなわち「現場」（フィールド）にビデオカメラを担いで赴くようになっていた。ビデオカメラの威力は大きく，実践を記録するのは容易になった。しかし，大量にたまったビデオテープの前でどうしたらよいのだろうかと新しい悩みが生まれることともなった。

　フィールドに赴くということは，このように技術の進歩に支えられながらも，それをもちいた新しい方法論の構築を求めていた。それに呼応するように，この時期，近接領域から多くの方法論が保育・教育研究になだれ込んできた。解釈学的エスノグラフィー，関係論，社会的構築主義，相互行為分析，エスノメ

ソドロジー，エソロジーなど，多くの概念と調査手法が堰を切ったように心理学関係の学会で議論されるようになった。その状況は今も続いている。その中でも特に，エスノグラフィーあるいはフィールドワークは大きな影響を与えている。だが，実際に保育実践・教育実践をどのように捉えたらよいのかという段になると，新しく手に入れた技術や理論をもって実践の場に向かってもそのままではどうにもならなかった。このような悩みは発達心理学者に固有のものではなかったようだ。心理学が旧来の皮膚の内という「個体」神話に疑いを向けるようになったように，社会学でも，理論的前提としての「社会」の現前性が疑われるようになっていた。では，どのように調査研究を進めればよいのだろうか。同じ問いがそこにはあった。また，実践に深く携わる研究者からも参与観察の一般的な手続きについての疑問が投げかけられるようになっていた。

こうした問題意識の広がりの中，私は先のシンポジウムのメンバーとそこに同席した研究者と一緒に「実践の記述」と呼ばれる連続ワークショップを企画した。そのメンバーの所属学会は心理学関係と社会学関係に大別され，そこにさらに第二言語教育の実際の実践者であり，研究者であるという人たちが加わった。ワークショップでは学問上の立場を限定せずに，実際に保育実践や教育実践を研究している人に集まっていただいた。そのメンバーは先のシンポジウムのメンバー以外に宮崎清孝（早稲田大学），南保輔（成城大学），結城恵（群馬大学），古川ちかし（当時国立国語研究所），下平菜穂（当時国立国語研究所），澤田英三（安田女子短期大学），Theresa Austin (University of Massachusetts, at Amherst)，岩澤里美（当時上智大学大学院）の各氏であった。

方法論的立場が異なる人がどのように議論をしたらよいのだろうか。その時，思い浮かんだアイデアは同じ素材を一緒に吟味すれば，それぞれのよって立つ立場の違いが鮮明になるのではないかというものである。そこから，保育・教育研究に必要な方法論的探求のための「共通言語」が見つかるのではないだろうか。さしたる確信もなく，そんな思いつきからワークショップは始まった。当時既に，保育・教育の心理学的研究，社会学的研究，さらには日本語教育実践においてビデオやカセットテープなどの視聴覚（AV）機器はそれなりに普及していた。しかし，その利用方法，分析方法についてはまだ十分議論がなされている状況ではなく，各研究者が経験的に対処するしかなかった。エスノグラフィーにおいてフィールドノーツの利用方法を議論することはエスノグラフィーそのものを議論することである。それと同じような意味で，AV機器の利用方法を中心にフィールドリサーチの議論をしたかった。そこで，私はワークショップメンバー全員に自分がかつて観察し，撮影したものの一部を編集してビデ

はじめに

オテープの形で配布した。メンバーはそれぞれが自分の理論と手法でそのビデオテープを分析し，ワークショップで発表していった。ビデオを視聴しながらの議論は毎回長時間にわたり，佐伯先生からは「細かい」，「しつこい」，「専門的すぎる」とよく言われたものである。

　ワークショップは第二クール2年間続き，3年目にはここでの議論を何とか本にできないだろうかという声が出始めた。それが本書である。議論は収束点のあるものではなかったので，長時間の議論に疲れたメンバーからは「この議論を本として整理できるのだろうか」という声も出た。そのため，再び本の内容を議論するのに多くの時間が必要となってしまった。しかし，今こうして編集された本を見てみると，あのときの議論は無駄ではなかったと感じられる。方法論と手法を切り離すことができないという当たり前の事実，フィールドに赴きそれを研究にまとめるときの困難，フィールドで実践している人々とそこに「外から」参入してくる研究者の間の不確かな関係，そのどれもが縦糸として本書には織り込まれている。それぞれの章はもちろん各執筆者が単独で書いたものであるが，どの章にもワークショップでの議論が生かされている。したがって，本書を単なる複数の研究領域や研究手法を加算した本だと見てほしくない。それぞれの章は独立したものであるが，お互いが響きあって全体として一つの方向を示しているはずだ。その方向が，保育や教育に関心を持つ心理学者や社会学者にとって何らかの新しい問いを投げかけているものとなってほしい。それと同時に他の近接領域の研究者，実践に携わる人々にとっても何かしらの意味を持つものとなってほしい。暗闇の中を手探りで歩き出したわれわれにとって，その手を引いてくれる人が一人でも多く現れることを願っている。

2001年4月

編　者

目　次

はじめに　　　　　　　　　　　　　　　　　　　　　　　　　　　　　ⅰ

序章　　　　　　　　　　　　　　　　　　　　　　　石黒広昭　　1
フィールドリサーチにおけるＡＶ機器
——ビデオを持ってフィールドに行く前に

　　1節　フィールドリサーチにおける視聴覚データ　　　　　　　　　1
　　2節　エスノグラフィックコンテクストの記述　　　　　　　　　　6
　　3節　相互行為分析のテクノロジー　　　　　　　　　　　　　　　9
　　4節　本書の構成　　　　　　　　　　　　　　　　　　　　　　19
　　5節　保育・教育活動のフィールドリサーチの特殊性と課題　　　22
　　文　献　　　　　　　　　　　　　　　　　　　　　　　　　　　24

第Ⅰ部　　　　　　　　　　　　　　　　　　　　　　　　　　　　27
ＡＶ機器でフィールドデータをとる
——フィールドに関わること

第1章　　　　　　　　　　　　　　　　　　　　　　清矢良崇　　29
研究者がＡＶ機器を用いるのはなぜか

　　1節　はじめに——質的調査とＡＶ機器　　　　　　　　　　　　29
　　2節　フィールドリサーチにおける「現象」とは何か　　　　　　30
　　3節　「現象」を共有化する手段としてのＡＶ機器　　　　　　　32
　　　　　——「会話分析」におけるサックスの論点
　　4節　フィールドと研究者の関係を対象化する手段としてのＡＶ機器　36
　　5節　おわりに　　　　　　　　　　　　　　　　　　　　　　　45
　　文　献　　　　　　　　　　　　　　　　　　　　　　　　　　　46

| 第2章 | | 宮崎清孝 | 47 |

ＡＶ機器が研究者によって実践に持ち込まれるという出来事
——研究者の異物性

- 1節　協同的活動の場としての授業を分析する　47
- 2節　異物としての観察者　55
- 3節　参加の２つのモードについて　59
- 4節　参加のしかたをどう変えていくか——問題の解決へ向けて　63
- 文　　献　72

第II部　75
ＡＶ機器によるフィールドデータの分析
——フィールドを読むこと

| 第3章 | | 南　保輔 | 77 |

フィールドに参与することとフィールドを読むこと
——フィールドリサーチは（フィールドでの）選択の積み重ねだ

- 1節　データとは何か——選択ということ　77
- 2節　言語記述の作成　79
- 3節　インタビュー中心のフィールドリサーチにおけるデータの収集
　　　　——フィールドへの参与と調整　89
- 4節　フィールドを読むこと——データの解釈と分析　94
- 文　　献　99

| 第4章 | | 結城　恵 | 101 |

フィールドに基づいた理論の構築を目指す
——エスノグラフィー的調査でのＡＶ機器の活用

- 1節　「集団」教育への定説から離れる
　　　　——写真が示していた「集団」の多様性　103
- 2節　「集団」の編成様式
　　　　——手がかりになったカセットテープの記録と写真　104
- 3節　「集団」呼称に着目する
　　　　——カセットテープから繰り返し聞こえてきた「集団名」　107
- 4節　「目に見える集団」と「目に見えない集団」の存在

　　　　──「集団」名称として聞こえるのか,「集団」の境界は見えるのか 110
　　5節　データを分析するための概念の精緻化とＡＶ機器　　　117
　　文　献　　　118

第5章　　　　　　　　　　　　　　　　　　　　　石黒広昭　121
ビデオデータを用いた相互行為分析
──日本語非母語児を含む「朝会」の保育談話
　　1節　相互行為分析とは何か？　　　121
　　2節　エスノグラフィーとしてのビデオを用いた相互行為分析　　　124
　　3節　保育園のフィールドリサーチ　　　128
　　4節　やりとりの微視的分析　　　135
　　5節　おわりに　　　139
　　文　献　　　140

第Ⅲ部　　　143
ＡＶ機器でとったデータの利用
──フィールドにデータを戻すこと

第6章　　　　　　　　　　　　　　　　　　　　　斉藤こずゑ　145
実践のための研究,研究のための実践
──実践者と研究者の共同研究を可能にする媒介手段としてのＡＶ機器
　　1節　実践者と研究者の共同使用に寄与する道具としてのＡＶ機器　　　145
　　2節　意図的共同レベルでの実践と研究の相補的な関係　　　145
　　3節　実践と研究の媒介手段としてのビデオ　　　146
　　4節　実践現場への参加とビデオ視聴の共同行為　　　149
　　5節　参加者の役割の構成および共同と協同の循環　　　161
　　文　献　　　170

第7章　　　　　　　　　　　　　　　　　　　　　古川ちかし　173
協力的なコミュニケーション空間をつくる道具としてのビデオ映像
──日本語教室の実践
　　1節　はじめに　　　173
　　2節　「外国人」のいるコミュニティ　　　175

3節	「日本語教室」という活動	177
4節	声, 語り（ディスコース）, 対話	179
5節	ビデオをめぐる対話1——〈事実〉探し	180
6節	ビデオをめぐる対話2——隠れたアジェンダ	182
7節	ビデオをめぐる対話3——公的な場でissueをつくる遊び	184
8節	ビデオをめぐる対話——協力的なコミュニケーション	187
9節	おわりに——混雑した交差点	188
	文献	189

謝辞	191
人名索引	193
事項索引	195

装幀＝加藤俊二

序章　　　　　　　　　　　　　　　　　　　　　　　　◎石黒広昭
フィールドリサーチにおけるＡＶ機器
ビデオを持ってフィールドに行く前に

1節　フィールドリサーチにおける視聴覚データ

1.1　はじめに

　テクノロジーの変化は，人びとの活動のあり方に影響をおよぼす。研究も例外ではない。近年，心理学や教育学における子ども研究の領域においても，質的方法の重要性が指摘されている。それを支えているのは，写真，カセットテープ，ビデオテープなど，オーディオ・ビジュアルデータが比較的容易にフィールドリサーチに利用できるようになったことである。観察にビデオを携え，インタビューにカセットテープレコーダーを利用するのは，今やよく見られる光景である。

　しかし，これらをどのように保育・教育現場の子どもとそれを取り巻く人びとに関する研究に利用していくのか，その方法論を議論した研究書は少ない。したがって，視聴覚（audiovisual, 以下ＡＶ）機器を子どもに関わるフィールドリサーチに用いる研究者はそれぞれの経験の中で，その方法論を模索せざるをえない。方法論がその研究目的と不可分なものである限り，このような各研究者の困難は当然のことである。しかし，より良質な保育や教育のフィールドリサーチがなされていくためには，ＡＶデータの利用に焦点を合わせた方法論の議論が必要である。

　本書はこのような意図のもとに企画された。本書の執筆者は，「実践の記述」と呼ばれる連続ワークショップにおいて，約２年間同じビデオデータを視聴し，ＡＶ機器を使った教育・保育のフィールドリサーチについて議論を重ねてきた[1]。

---

　(1) その一部は石黒（1996）の中で紹介されている。

本書では，フィールドリサーチにおいて，視聴覚データをどのように取るのか，そしてそれをどのように利用するのか，多様な角度から議論している。フィールドリサーチにおいて得られるものは，もちろんたくさんのビデオテープだけではない。人類学における伝統的なエスノグラフィーでは，ビデオやテープレコーダーなどの視聴覚機器を用いない研究も多い。現在でも，そのような視聴覚資料などよりも自分のフィールドノーツがなにより大切であり，逆に，十分なフィールドノーツもなしにビデオテープを集めてもしかたがないという意見もある。

　これは，「フィールドで何が起こっているのか」という意味の感受はその場の時間空間の中でのみ可能になるものであり，そこからある一部を切り取ってきても，そうした状況の全体性の中で観察者がまさに肌で感じた意味を知覚することはできないということであろう。フィールドでメモを取り，まだ自分がフィールドの中にいるような気分のときに，メモを参照しながら作成するフィールドノーツが，そのフィールドの意味を再現するのにとても有用であるのは確かである。本書第4章でも研究を進めるにあたって，フィールドでの観察がいかに重要かが述べられている。フィールドリサーチがあくまでもそのフィールドに埋め込まれたさまざまな営み，すなわち，その場に固有の活動を明らかにすることを目指しているのであれば，十分納得できることである。

　本書も視聴覚データが，調査者のフィールド体験を伴うことによって，その価値を高めるという主張に同意する。しかし，同時にフィールドに参与していない人がビデオのみでフィールドから何かしらの意味を汲みとることが誤りであるのかといえば，そんなことはない。後に述べるように，同じビデオの同じ出来事から異なる意味が読みとれることがある。たとえば，ある人が叱責場面と理解した場面を他の人が激励場面と理解することがある。そのとき，フィールドに行っていた人が主張する理解が絶対に正しいということではないし，どこかに客観的に状況の正しい意味を判別する手続きがあるというわけでもない。

　重要なのは，後でも述べるように，理解された出来事の意味が分析者のどのような理論を通って紡ぎ出されたものかを知ることなのである。同一場面に対して異なる意味が読み込まれることから，逆にそれぞれの理解を支えている枠組みの違いが明らかになり（Tobin, 1989），それ自体非常に重要なビデオ分析の課題となる。本書第7章にもあるように，実践におけるビデオ利用においても，この見る人にとって違うものが見えるという現実が教育や保育の実践においては重要な議論の出発点を与えてくれる。

1.2 視聴覚データと「そのときの事態」

　現在では，ビデオカメラを所有することはたいして大変なことではない。学生であっても買えないものではない。問題になるのは，フィールドがその使用を許可してくれるかどうかであり，許可されればたいていの学生が卒論でも修論でもビデオカメラを持ってフィールドに出かける。たとえば，学校の授業を分析したいと思い，「それならばビデオを担いで観察に行こう」となる。学校と交渉し，ビデオの持ち込みが許可されれば，後は教室の前か後ろ，あるいはその両方にビデオカメラを設置し，自分はメモを取りながら授業を眺める。こんな光景がよく見られる。

　しばらくフィールドとなる学校に通った後で，学校に御礼を言い，さて分析ということになるが，そこで問題が生じる。どうすればよいのかわからないのである。ビデオに記録は撮ってあるから大丈夫という気持ちがあるのだが，時間が経つにつれ，ビデオを何度見返しても，何を見たらよいのかわからないと嘆く。つまり，フィールドでのメモと違い，テープではそのときの事態が何から何まで「そのまま」残っているから安心だと考えることはできないことを，まず知るべきである。ビデオデータは確かに現実の一部を表示するものであるが，そこで何が起こっていたのか，その場で生じていた出来事の意味を直接示してくれているわけではない。

1.3 フィールドリサーチと視聴覚データ

　ビデオデータなどよりも研究者のフィールドノーツの方がはるかに重要であるという指摘は，ビデオデータであれ，ドキュメントデータであれ，あるいは観察者による筆記であれ，どれもある視点からの切り取りでしかないという見解を前提にしていると考えることができる。だからこそ，その視点とその視点から切り取られた現象との関係を対象化し，「そこで何が起こっていたのか」を吟味することが必要だと，その立場の人たちは言うのである。フィールドノーツは，フィールドで得られたさまざまな資源に対する調査者の理解を示したものである。「そこではこのようなことがあった」という研究者の認識を示す。つまり，ある視点をもった意味の固まりが，フィールドノーツなのである。

　これに対して，ビデオデータはそのままでは意味をもたない。「見る」人，「聴く」人がそこに記録されていることと相互作用しながら，意味を紡ぎあげ

ていくのだ。つまり，分析者によるビデオやテープの「読み込み」が必要である。それはフィールドを離れた二次的な仮想フィールドへの参与観察として位置づけることができる。分析者がフィールドリサーチャーでもある場合とそうでない場合では，視聴覚データの解釈に違いが生まれる。

フィールドに参与していた調査者が同時に分析者である場合には，分析者は，フィールドで感じたことを分析資源として使うことができる。それによって，その場にいなかった者には理解できないようなビデオの中の子どもの発話の意味も理解できることがある。しかし，それは同時に，視聴覚データを冷静に「読み込む」ことをできなくさせるという危険性もはらむ。フィールドで自明のものとしていた理解がビデオの理解に気づかないうちに紛れ込むのである。フィールドに参与していなかった分析者が視聴覚データを分析する場合には，そのような危険性は回避される。

しかし，自分の過去経験からくる，見るための枠組みは容易に排除することはできない。仮に自分が行っていない学校の授業の様子を見ても，そのときのまなざしには自分が以前体験した授業の理解が紛れ込むことは避けられない。視聴覚データを無の心境で視聴することなど，不可能であるといってよいであろう。

では，このジレンマの前でどうしたらよいのか。私は分析に，その視聴覚データのみから掘り起こすことのできない分析者の知識が使われることは必然であり，そのことは特段問題であるとは認識していない。ビデオに映っているのが子どもだとか人間だとかといった情報も，実は自己の所有する知識によって可能になるのであるから，仮に何も枠組みなしに見ることができたとすれば，それは実は何も「意味」をそこに見ることができないことになるはずだ。

問題は，その持ち込まれた知識がそこから読み込まれた意味の説明において十分言語的に明示化されているかどうかという点である。たとえば，分析者にとってあるビデオの中のやりとりが教師に対する一人の子どもの甘えとして感じられたのは何故かと問うとき，その知覚を分析者に可能にしたものが何であるのか明示し，そこからそのような知覚がもっともなものとして理解可能かどうか，吟味しなければならない。そこが「そのように見える」という知覚を可能にする資源をリソースと呼ぶが，リソースは原因ではない。それがあれば，誰にでもいつでも必ず「このように見える」というものではない。その意味でリソースは，分析者が見ようとする枠組みに相対的なものであるということもできよう。

したがって，その日の朝からの教師と子どもの様子，そのやりとりの前後を

含めた視線の配置，発話，動作，など，何が自分をそのように知覚させたのか徹底的に検討していくことは，逆に自分がどのような枠組みでその場面を眺めているのかということを暴き出す。気づかずにもっている枠組みが言語的に明示化されていったものが理論であると考えるならば，リソースの発見はきわめて理論的な営為だといえよう。

フィールドノーツが視聴覚機器を用いた観察にも必要なのは，こうした分析に漏れ出す分析者の知識の明示化に役立つからである。ビデオをフィールドにいた者といない者が一緒に見て，ある場面の解釈が異なるときがある。そのようなときに，「私がその場にいたのだから，私が一番現場のことはわかる」とその分析者が宣言してしまうならば，それはもっともらしい「お話」を生み出してしまう危険を覚悟しなければならない。

他者とビデオを一緒に見ることのメリットは，自分が気づかないうちに，場面の解釈に用いた枠組みに対して，そのフィールドに参与していなかった人から，「なぜそのように解釈するのか理解できない」と言われる機会をえることである。それは，その解釈に対する異議申し立てではなく，その解釈を可能にしている分析者の解釈リソースの提示を求める問いとして受け取るべきである。それは，フィールドにある事実というだけでなく，分析者がフィールドを見るときに持ち込む，既有の解釈枠組みをも含むものである。授業の観察経験の豊富な者と新参の観察者が同じ授業のビデオを見るときにも，同様のことが当てはまる。また，実践者が授業や保育の場面を他者に提示して，その授業の特徴や問題点を議論するカンファレンスがよく行われるが，そのメリットも，このフィールドにいた当事者には気づかれにくい解釈のリソースを検討の舞台に引っぱり出すことが可能になることである。

このように，フィールドにいたことは何ら分析においてその解釈を特権化することではない。この意味で，視聴覚データを見るとき，フィールドにいた者もいない者も，そのようなフィールド経験が豊富な者もそうでない者も，視聴覚データという新しい仮想フィールドへ対等にアクセスしている。日本，アメリカ，中国の就学前施設の保育の比較研究をした人類学者トービン (Tobin, 1989) は，この点を強調し，たとえば，日本の保育場面を中国やアメリカの教師に見せるというように，ビデオを視聴する側を操作することによって，同一の場面に対する解釈の幅を炙り出した。解釈する側を「日本文化」，「アメリカ文化」や「社会学者」のように固定的に意味づけて独立変数として扱っている点には問題が多いが，視聴覚データが分析者による解釈枠組みによって異なる意味を生み出すことを示した点は興味深い。

2節 エスノグラフィックコンテクストの記述

2.1 厚い記述

ギアツ（Geertz, 1973）は，単なる瞬きと何らかの合図としてなされる目くばせとを区別できるような記述を「厚い記述」と呼び，そこにエスノグラフィーの目的があると述べている。このことは，「手を振っている」という行動の記述とそれを「挨拶」と見なす行為の記述では，レベルの違いがあるということだ。それを「挨拶」なのか，「瞬きなのか」，さらには「曖昧な挨拶」であるのか，日常者は即座に判断している。その点で，その意味は，行動を行う人の行動に内在するものではない。その行動の意味はその行動がどのように文脈付けられているのかに関わるのである。

したがって，その意味をとらえようとするならば，研究者は，その行動の意味を当事者に尋ねる[2]という主観的なアプローチや，一つひとつの行動を他の行動と切り離して，できるだけそれ自体として記述しようとする行動主義的アプローチとも，異なる視点が必要となる。ギアツ（1973）はそれを解釈学的なアプローチと呼ぶ。「手を振っている」という行動がその場で達成している意味を知るためには，2つの手続きが必要である。第一にそれを前後の参与者間の行為連鎖の中でとらえること，そして第二に，それがどのような文化的なフレームの中に位置づくものであるのか明らかにすることである。その2つが，フィールドリサーチにおける解釈には必要である。第一の点に関しては，本書

---

[2] 行為の当事者にその行為の意味を尋ね，その応答をその行為の意味と考えることをここでは否定している。なぜなら，その応答は，少なくとも質問者との対話の中で構成されたものであるという点で，行為者個人の真実を表出したものと考えることはできないからだ。しかも，行為者が行為後に自分の行為のプランや意図を語ったとしても，それは遡及的な反省的物語であり，行為に先行して存在する「真実の意味」を保証するものではない（Suchman, 1987）。ただし，当事者にある行為の意味を尋ねるという調査手続きは，当事者のその反省的物語を知るためには有用である。エリクソンとシュルツ（1982）はカウンセリング場面で，対面した2人にそれぞれ自分たちのやりとり場面のビデオを見せ，コメントを求めている。たとえば，不快な場面の報告をさせた後，当事者以外の第三者がその不快場面の微視的な相互行為分析を行い，当事者の主観的な不快感を2人の間の対面時の姿勢の位置取りや会話のリズムの乱れとして記述することに成功した。

第5章で検討される。ここでは第二の点について述べよう。

「こんにちは―こんにちは」のペアを取り出すことによって、それが「挨拶」であると記述できたとして、その挨拶は多様な意味をもちうる。たとえば、英語がネイティブな人同士が日本語教室で日本語で挨拶をした場面と、日本語を通常使っている家族で、朝、子どもが起きてきて母親と最初に交わした挨拶があるとする。どちらも挨拶場面であることには変わりはないが、そこにはそれぞれの状況的な意味がある。

フィールドに出ていって、そこにいる人びととの社会的な営みを参与観察するのは、フィールドで創造されている意味に触れるためである。「社会生活というものは、自分自身と他者の行為に対して意味を見つけ、また付与しようという人びととの試みを通して不断に形成されていくものだ」(Emerson, Fretz, & Shaw, 1995) と考えるからである。その「意味」は上記のペアを取り出すだけでは記述できないことがある。その相互行為がどのような場面なのか民族誌的特殊性を記述することが必要なのである。特に、こうした記述は行為者のリソースの復原と分析者の焦点場面の切り出しのために重要である。前者では民族歴史的調査 (ethnohistorical research) が、後者ではフィールドでの観察と、それをまとめるフィールドノーツが、その手法として役立つ。

2.2　行為者のリソースの復原のための
　　　エスノグラフィクコンテクストの記述

フィールドリサーチを行う理由は、フィールドで構成されている意味を明らかにすることである。そしてそのために必要なことは、フィールドの行為者の活動の資源となっていると考えられるものを収集し、分析することである。たとえば、教師の教授活動に影響を与えるのは、その教室の中にあるものだけに限定されるわけではない。子どもの背後にいる親や他の教員、学校や学年の教授カリキュラムなど、さまざまなものが、教師の教授活動の資源になっている。こうしたフィールドの社会集団の起源や歴史に関わる調査を、民族歴史的調査 (Heath, 1982) と呼ぶ。学校調査ならば、学校の歴史に関する文書化された資料、近隣の人たちからのインタビュー記録、関連する雑誌や新聞記事、教育委員会の記録、学校カリキュラム、教員組合の記録、教師や父母に対するインタビューなど、多種多様なものが考えられる。

こうしたエスノグラフィーのスタンスは、エスノメソドロジーの見解とは対立する。サーサスは、「エスノメソドロジーと会話分析の課題は、社会秩序が、

社会の成員の実践的な行為の中で，またこれを通して，現在進行的に生み出され，達成され，認識可能な出来事として構成されるしかたを発見し，記述し，分析することにある」と述べる（Psathas, 1995, 邦訳, p.149）。それは，よく行われる社会調査において常識的に前提とされている「社会構造の先前」という仮定に対立するものであり，社会秩序は相互行為的実践の中で達成されるものと考える。それ故，ある事例が何のサンプル（断片）であるのかを，分析の前に語ることはできない（Psathas, 1995）と主張する。

ある場面を切り出す理由を分析に先立って，たいていはフィールドに入る前に文書やさまざまなリソースを用いて明確化しようとするエスノグラフィー研究の手順は，常識的にもたれている社会構造から派生する既成知識を分析に「漏らす」（leak）ことを許してしまう点で，エスノメソドロジーの立場からは問題だということになろう。そもそも，エスノメソドロジーはある場面の民族誌的な特殊性に関心があるのではく，「一群の相互行為の特殊の性質から独立して存在する現象の規則性」（Psathas, 1995, 邦訳, p.103）に関心をもっていることからすれば，それは当然のことである。

この点に関しては，私は次のように考えている。既成カテゴリーを無条件で分析の前提知識として用いることは避けなければならない。しかし，調査者が何の関心ももたずにフィールドに入り，調査を行うことがないのも事実である。それは必ず「選択」される。それがどんなにアバウトな選択であれ，選択された時点で何らかの常識的なカテゴリーが紛れ込むことは避けられないだろう。したがって，重要なのはそのような紛れ込みを避けることではなく，反省的に記述することである。フィールドの行為者にとって実際にはその活動のリソースとして重要度が低いものを，十分な検討なしにある活動を説明する原因であるかのように扱うことは決してしてはならない。たとえば，日本語を流暢に話す子どもが日本の国籍をもっていない子どもだとしても，そのことが直接的にその子と他の子との間のやりとりに影響するわけではない。したがって，その子のある行為を国籍で説明する他の根拠がない限り，それは分析に利用されるべきではない。その子が仮に粗暴であったとしても，その原因をそこに帰属させることはできない。

ヴァレンヌとマクダーモット（Varenne & McDermott, 1998）は，研究者が論文を書くときに，子どもや教師の人種や性別が仮に仮名であったとしても，それは読者にある解釈の方向性を示すものであることを指摘した。たとえば，仮に「ハナコ」とあれば，それは日系の女性であると読者に提示していることになり，そうしたカテゴリーをその行動の説明に紛れ込ませてしまう。これは

分析の際にもいえることで，分析者はあらかじめ得たフィールドの人びとに対する民族歴史的資料によって，ある種の既有知識を活性化してしまい，予断をもって，調査や分析にあたるおそれがある。

ある活動に関係するリソースをたぐって集めるのは，考古学における過去の遺跡の復原に似ている。ヴィゴツキー（1925）は，精神活動の探索を残された痕跡から過ぎ去った過去の出来事の復原を行う考古学者や刑事の仕事にたとえている。考古学者は掘り出した穴の状態から，そこにどんな建物があったのか，当時の気候風土の推定，木の性質についての知識，生活様態に関する他の知見，など，当時の生活を再構成するためのリソースを探し，その間の整合性を検討する[3]。その整合性は，刑事が事件を再現するように，そこでのやりとりを復原してみることで確認できる。行為者が知覚可能であったもの，行為者が振る舞ったこと，行為者が語ったこと，それらを組み合わせることで，それらのリソースのそのときのやりとりに対する関わり方を検討することができる。

しかし，行為者の過去の振る舞いをすべて復原することはできない。そもそも，復原にはオリジナルは残っていない（茂呂, 1999）。それと同じように，行為者の構成したであろう文脈を研究者が記述しようとしても，完全なそのときのオリジナルを復原することはできない。それはある視点から復原された文脈でしかない。したがって，その視点が何なのか，分析者の前提とするフレームを反省することが必要となるのである。このことは，本書第1章で詳しく取り上げられる。

3節　相互行為分析のテクノロジー

3.1　相互行為分析に，なぜ視聴覚機器を使うのか？

やりとりはあらゆるところに見られる。それに観察者が気づくかどうかは別

---

[3] 青森の三内丸山遺跡では，大きな木の柱の一部が複数出土した。当時そこに何があったのか他の資料，他の遺跡からの情報をリソースとして複数の考古学者が推測した。その結果，現在でも統一見解は出ていないが，多様な資料から当時の建物そのものというよりも，当時の人々の生活と，その生活に対応した建物が復原された。つまり，考古学において結果的には建物や遺跡そのものが復原されるときも実際には，その建物を使っていた人々の活動を再現しようとしている点にエスノグラフィーとの共通性が見える。

にして，あらゆるところにやりとりは潜在的に生じうる。たとえば，研究室に卒論のテーマを相談しに来た学生の質問に答える教員にとって，その場にある本のタイトルやちょっと前に読んだその日の新聞の内容，先週参加した学会で聞いたある研究者の報告，それぞれがリソースとなって，その応答を形作る可能性を否定できないであろう。しかし，そのリソースのすべてが，その応答の当事者であるその教師によって自覚されているとは考えられない。したがって，相互行為分析の目標であるそこでのやりとりによって構築されていく全体的意味，織りなされ方，そのリソースを明らかにしようとしていくときに，当事者にインタビューしてその意見をもらうことは，多少の助けにはなっても決定的なものとはならない(4)。その説明は，問われ方に対して相対的なものであることも重要な事実である。たとえば，先の教師に対して，なぜ「フロイトの本を紹介したのですか」と観察者が尋ねたとしよう。これに対して「彼が精神分析に関心がありそうだったので」とは言うかもしれないが，「書棚のあちらに見えたので」と言うことはあまりないだろう。

　これはインタビューデータだけでフィールドの出来事を再現しようとすることの危険性に関わる。本書第3章では，「観察データ」とインタビューによって得られた「語りデータ」の差異が議論されている。ここで観察とインタビュー，どちらがよいのか議論したいわけではない。それぞれに意味のある使い方がある。相談者の発言，それに対する教師の既有知識による関連づけ，そしてたまたま目に止まった本のタイトル，それらが一体となって，偶然そのような行為が達成されたのであろう。したがって，そのやりとりの全体を描くためには，そこでの状況をつぶさに眺める必要がある。相談者がチラチラとその本を見ていたのかもしれない。こうした当事者でさえ気づかない行為の詳細を記録するうえで，ビデオカメラなどの工学的な道具が有用となるのである。

　観察者は中立，無私に現象をとらえることはできない。したがって，観察記録としてメモ書きされた事態は，すでに観察者による多くのバイアスがかかったものとなる。こうした難点を克服するために事前にカテゴリーを立ててチェックリストをつくり，ある行動が表れたらチェックするというように，誰がやっても同じ観察記録が得られることを目標とする研究手法が伝統的な手法とし

---

(4) そもそも，インタビューで取り出されるものは，少なくとも語られている対象が元々位置付いていた状況とそれをインタビュアーに対して語っている状況の2つの状況に埋め込まれたものである。したがって，そこでのインタビュイーの発言をそのまま「事の真相」として利用することは不可能である。

て存在する。しかし、そのような事前カテゴリーを立てることは、そこで生じているやりとりをすでに出来合いのまなざしで眺めることを強要するものとなり、せっかくの出来事の情報の豊かさをとらえることを放棄することを意味する。それ故、こうした事前カテゴリーを用いた観察には、多くの批判がすでに存在する。

　これに対して、ビデオ記録は、やりとりそのものを何度も繰り返し観察可能なかたちで保持できる点に特徴がある。それによって、記録されたやりとりはその当初の情報の豊かさを比較的多く残すことができる。そして、そのことによって、何度も同じ場面を見て、その解釈を練り上げていくことが可能になる。特に、多くの人や人工物が同時に関わっている複雑なやりとりや、ことばで記述しがたい活動の詳細や、ある時間何も起こっていないといった「沈黙」さえも、記述することができる（Jordan & Henderson, 1994）。

　しかし、ビデオ記録は完全中立で、しかも人間よりも情報の保持力が高い道具であると誤解してはならない。カメラがどこに設置されたのか、どの範囲が記録されたのかによって、後でビデオ記録を見たときに、現場で得られた印象と異なる印象を受けることは多い。映画がフレームの中に切り取られた世界を描き出しているとすれば、現実は空間的にも時間的にも連続しており、フレームはない。その点で、ビデオ記録も、ある視点から設定されたフレームの中に切り取られた世界であることには変わりなく、無視点という意味での中立性はない。また、他者の撮ったビデオ記録の意味がよくわからなかったり、自分が記録したものであっても、後で視聴したとき、そこで展開されていることの意味がわからないこともよくある。実際に、フィールドにいた人間には聞き取れた音がビデオ記録では聞き取れないということも少なくない。その意味で、単純にビデオ記録の方がフィールドでのメモよりも情報を豊かに保持できるということもできない。つまり、「ビデオに記録することによって、解釈や先入観などの研究者のバイアスはカメラアングルの取り方や映像の質や音声などの機械のバイアスに置き換わる」（Jordan & Henderson, 1994）にすぎないのである。

　それにもかかわらず、人間による記録は場面の「絵や音」を再現できないが、ビデオ記録の場合には二次元的にだが何度も再現ができ、そのバイアス自体を対象化していける可能性がある。同じ場面を何度も見ることができることによって、観察者自身もカメラの目から事態を眺め直すことが可能になるし、時には、参加者や他の研究者の事態の解釈を尋ねるときの道具としても役立つ。人類学者トービン（1989）はこうしたビデオの道具性を利用して、ビデオ記録だけでなく、ビデオ記録に対する視聴者の反省的な語りを分析対象とし、視聴者

の文化的な差異を問題化している[5]。また，看護・教育・保育等の場面においてはビデオカンファレンスとして討議のリソースにもなる。

　ビデオは人間よりも優れた感覚機器でも，中立的な道具でもない。むしろ，それは繰り返し視聴可能であることを実現する道具であるという特徴を有することによって，そこで起きていることを解釈するための視点の多重性を同時的に，さらには継時的に実現する活動のリソースであると考えるべきであろう。この点は本書第Ⅲ部で集中的に議論されることになる。したがって，ビデオは，そこでなされる現象に対して最終的に唯一の正解となるような解釈を与えることはしないが，それはビデオの不完全さを示すものではない。むしろ，ビデオはそれゆえにこそ，解釈の組み替えを誰に対してでも，いつでも可能にする点で優れた道具なのである。

　「そこで何が起こっているのか」は，ビデオの中のやりとりにあると同時に，それを見る分析者の視点や解釈の枠組みによって規定されている。視点や解釈枠組みは見ることに制約を与える，と同時に見られた現象は視点や解釈枠組みに制約を与え，修正や変更を求める。こうした両者の相互関連性を保証するのがビデオ記録なのである。したがって，ビデオを分析するということは現象の唯一絶対の真実を求める作業ではなく，分析者の暗黙の解釈枠を炙り出す作業であり，ある視点からやりとりのある一面を取り出す作業なのである。これは本書第1章で強調される点である。フィールドにおける一回限りの観察では，このような同一場面に対する繰り返しによる反省的作業は不可能である。次の観察時に前回の観察までにつくられた仮説的な理解を確認していくことが望ましい。しかし，一回限りの出来事に焦点を合わせて，その意味を反省的にとらえるには，やはり繰り返し視聴が可能である資源が必要なのである。

---

　(5) トービン (Tobin, 1989) は記録する側の特権性を問題だと考え，視聴者の意見をくみ取る手法としてビデオ記録を利用する。記録されたフィルムを visual ethnography と呼び，それに対するインフォーマントとなった人の語りを auto-ethnography, インフォーマントと同じ文化コミュニティに属する人のそのフィルムに対する語りを ethno-sociology, インフォーマントと異なる文化コミュニティに属する人の語りを ethno-ethnography と分け，その差異を議論している。文化コミュニティの境界設定において，「日本文化」などといった「日常的な」文化・社会の設定をそのまま用いている点で，素朴な文化実体論に陥る危険性をもっているが，ビデオフィルムのエスノグラフィーにおける道具性に関して問題提起した点は評価できる。

3.2 視聴覚記録の特徴

　文字記録とは異なり，分析資源としてある現象に対して，比較的情報量を失うことなく，半永久的に保持できることから，同一の出来事を何度も繰り返し視聴できることがビデオ記録の最大の特徴である。現在では，テクノロジーの発達によって，さらにビデオ視聴は「現実の流れとは異なる速度，倍率，焦点化を行うことができる」(Jordan & Henderson, 1994) ようにもなっている。これによって，ある部分をスロー再生してゆっくりと見ることもできるし，また倍速再生することによって行為の流れをすばやく確認することもできる。また，デジタルカメラの誕生によって，撮られた全体のある一部を拡大したり，色や形を変容させることさえ可能である。ある現象がどのようなものであったのか複数の人が多くのことを行っているような場面を理解しようとするときには，こうしたスロー再生や拡大再生が役に立つことがある。しかし，同時にその問題点も認識する必要がある。

　基本的な問題は，そうした再生はなによりも，当のフィールドにいた参加者が実際に見ていたり，感じていたりしていた時間の流れや空間の理解のされ方とは異なる点である。ビデオ記録自体がフレームの切り出しであることはすでに述べた。像を拡大することはさらにそのフレームを小さくすることであり，同時に生じている他の事象を無視させ，その小さな「視野」の中で理解をつくり出してしまうおそれがある。再生速度を変えることも同じ問題を抱える。フィールドの時間とは異なる時間がそこには入り込んでしまう。つまり，ビデオ記録はフィールドにいることそのものの代替えとならないという意味で，ある種の情報の「改変」や「付加」を行っていると考える必要がある。詳細な情報を確認するために，再生速度や倍率を変えることが確かに必要なときもある。しかし，上記の問題点を考慮すると，そうした視聴にあたっては，必ず現象全体を同時に確認しておくこと，実時間の流れを確認しておくことが必要である。常に，フィールドにいる人たちの知覚を再現することが原則であるということを忘れてはならない。

3.3 トランスクリプトの問題

　トランスクリプトとは，本来講演などの筆記録を意味する。話された音に含まれたすべての情報をそのまま文字に置き換えることは原理的にできない。講

演の筆記録を読んだとき,実際の講演と随分印象が違うと感じるのが普通ではないだろうか。このようにトランスクリプトは分析者の分析目的によってその表記(notation)が決まるものであり,実際に話されたり,行われたりしたことの忠実な写しではない。それは調査者の理論を反映しているのである(Ochs, 1979; Roberts, 1997; Green, Franquiz, & Dixon, 1997)。たとえば,目的に応じてサーサス(1995)の「挨拶」の例(図序-1)のように言語的な一対のやりとりを記すだけで事足りることもあるし,グッドウィン(Goodwin, 1982)の会話中のリスタートの例(図序-2)のように,発言だけでなく,視線の動きを詳細に記すことが必要な場合もある。こうした表記をすることによって,視線の配分が会話にとっていかに重要なものであるのかわかるようになったともいえるし,そのような視点から分析を加えたから,それがわかったともいえる。

つまり,事実の発見と発明,結果と分析視点は相互に絡み合っているのであり,トランスクリプトはその相互関係のありさまを示す媒体である。やりとりのリズムの変化を重視するエリクソン(Erickson, 1982)は,音符を使って,発話や応答の時間変化を記している(図序-3)。ここでは,ミーハン(Mehan, 1979)の授業における三項シーケンスに対応させて,教師の指名(子どもの名前「ジュアン」と呼ぶ),子どもの応答(「いち　にい　さん　しい　ごう　ろく　なな」),教師の評価(「たいへんいいよ」)の発話のタイミングが音符で記述されている。こうした時系列的な変化に注目することによって,会話がある適度なタイミングの中で遂行されていることがわかる。したがって,教師にあてられた子がしばらく応えないという沈黙は,すぐに応えないというだけでなく応答の適切なタイミングから外れていることを意味し,他の子に対して応答の機会を与えることにもなる(Erickson, 1996)。

トランスクリプトを書くということは,分析のポイントが明確になっていることを意味し,単なる文字起こしとは異なる。分析者はそれを下敷きにすることもあるが,基本的にはそれとは独立に分析目的が決まったところで,1回ごとにその表記すべきポイントを強調したトランスクリプトを考案しなければならない。したがって,分析目的が完全に一致していない限り,先行研究にあるトランスクリプトをそのまま利用することは不可能である。トランスクリプト

A:やあ
B:やあ

図序-1　挨拶―お返しのトランスクリプト
(Psathas, 1995, 邦訳, p.41より)

序章　フィールドリサーチにおけるＡＶ機器

```
話し手：            ..........X_____
                        [
発　話： uuuuuuuuリスタートuuuu
                            [
聞き手：                ..........X_____
    注：表記記号
        ..........  ：相手に部分的に視線を送る動き
        X          ：相手に視線が向けられた正確な位置
        [          ：ライン上下で同時であることを示す
```

図序-2　会話のトランスクリプト
（Goodwin 1982, p.83より）

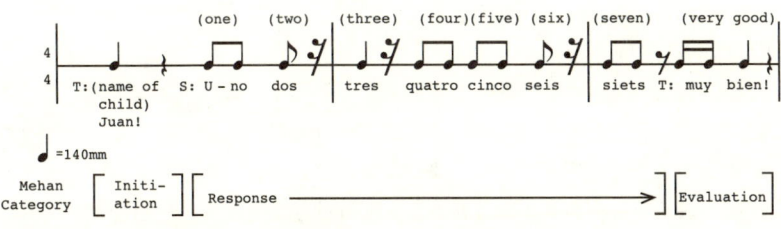

図序-3　音符を使った授業のトランスクリプト
（Erickson, 1982, p.169より）

そのものが，研究者が現実をどのように理解し，説明しているのかを示す道具なのである。

3.4　ビデオカメラによる撮影時の注意

　分析時に，どんなにフィールドの実時間と空間の広がり（文脈）を考慮しようとしても，それが根本的に不可能な場合がある。それは，記録されたビデオテープ自体に問題がある場合である。ビデオ記録は当然その撮影者の撮り方に制約を受ける。ジョーダンとヘンダーソン（Jordan & Henderson, 1994）は，こうした問題点を「ビデオ操作者の限界」と呼んでいる。出産場面の撮影において生まれてくる子どもをズームアップしてしまったために，その背後で生じている母親と付き添いの人たちとのやりとりをとらえることができなかった自分の調査を例としてあげている。これは何を撮りたいのかに依存する問題である。
　フィールドリサーチにおいて，エスノグラフィーが一般にそうであるように，

フィールドの中で何を中心にとらえていくのかは時々刻々と変わり，その中心は流動的なものである。分析の時点で，フィールドで関心をもったことをいろいろと検討していくうちに，その周辺の出来事を知りたくなることも多い。それ故，特に焦点を合わせて撮りたい部分が決まっていない場合には，カメラは基本的に広角で部屋なら部屋の全体が撮れるように設定するのがよい。ある集団内のある特定の子どもに対して関心をもっている場合にも，その子だけでなく，その子と同じ活動に従事し，その子とやりとりしている他者や人工物も同時に記録できるような撮影を心がけるべきであろう。

しかし，どんなに広角で撮ろうとしても，教室の全体をひとつのカメラで撮影することはできない。たとえば，教室の前から撮影することによって，教師の視点に近い視野を得ることができるが，それによって，教室の前側や後ろ側の隅にいる子どもたちの様子は撮影できない。そのために，複数のカメラを設定し，それらに重複する情報を含めて，後の分析時に全体の情報の整理をして利用することがある。

だが，複数のカメラの情報を整理統合して利用するのは，大変労力のかかることであり，初心者には技術的にも困難が伴うものである。そして，実際それだけの労力をかけて行うだけの成果があるかというと，そうでもないことが多い。撮られる側も何台もカメラがあると心理的なプレッシャーを受け，特殊な構えをつくってしまうことがあるので，できるだけ複数カメラの設定によって，多くの情報を手に入れるべきだと考えるのは早計である。その時々での配慮が必要である。ある特定の部屋で人工物や人がどのような配置になっているのか，たとえば，飛行機の管制室における人や人工物の配置を正確に記録し，時間ごとの変化を追うような場合（Goodwin & Goodwin, 1996）には，そうした場面全体の記録は有用であるし，労力をかければある程度可能になる。それに対して，保育園の子どもの活動場面などでは，空間の広がりと変化が大きく，ある子どもの行動を追うような場合（shadowing），そうした場面全体のカメラによる記録は困難であり，複数台のカメラによる撮影情報を統合するのも大変である。そのようなときには，背景情報はできるだけフィールドメモとして記録し，フィールドから研究室に戻ったときに，フィールドノーツとして書き記しておくことをすすめる。その際，カメラは関心をもつ焦点児やその個別のやりとりだけを撮るのではなく，その焦点児のいる集団やその子と他児や大人とのやりとりがわかる程度の範囲を広角で，しかも，三脚などで固定して撮影するのが望ましい。

三脚で固定して撮ることには，2つのメリットがある。ひとつは，すでに述

べた場面全体を撮ることに関係する。調査者の撮影時の時々刻々の関心の変化に応じて，撮影対象が動いてしまうと，後でその記録から全体の流れを推測することがきわめて困難になる。初心者のビデオにはある特定の子どもだけが大写しになって，その表情はよく撮れているものの，その表情が何に対するメッセージになっているのか，その子どものやりとりの対象が不明になっていることがある。これはホームビデオとして我が子の運動会の記録を撮るときの撮影態度としては適したものかもしれない。しかし，ビデオを研究のために利用するときには，そうした焦点となるやりとりの全体や背景が不明であるということは，記録としては致命的な問題となりやすい。こうした場面全体を撮るときに，定点撮影は適している。

　カメラを固定して撮ることのもうひとつのメリットは，撮影にあたって，被写体となる人たちの関心を分散させたり，次第にカメラへの注目を弱めることができる点である。調査者がフィールドに入ると，保育園でも学校でも撮られる側はその新参者に関心をもつものである。特に，自由に部屋の中を動き回ることの多い保育園では，子どもたちは調査者の周りに集まってくる。カメラを子どもたちに向けると，家庭用ビデオにすでに十分慣れている子どもたちはわざわざカメラの前に来て，撮ることをせがむことも多い。

　子どもが新参者に対して敏感に反応することは知られている。このようなときに，調査者がカメラを持ちながら，子どもの活動に併せて，動いていくと撮られている側の注意を大きく引くことになり，そこではあたかも「カメラ撮影ごっこ」のような事態が生じてしまう。また，大人であっても，カメラが自分の後を舐めるように追ってくるのは気になるものである。このようなとき，カメラを固定しておくと，関心は調査者とカメラ2つの「眼」に分散し，カメラが被写体となる人たちの動きに応じて位置を変えるということがないために，次第にそれは「置物」化してくる。それに対して，カメラが常に動いていると，それは被写体に異常な関心をもつ「眼」として，フィールドにいる人たちに認知されてしまうことになりやすい。

　保育園の子どもたちも，調査者がカメラを離れて子どもたちと接していると，最初はカメラに執着している子どもも，次第にカメラに興味をなくすことが多い。現在ではリモコンで，焦点化やオンオフの操作が可能である。フィールドへの参与中，たとえ撮らないときでも常にカメラをそこに置いておくことも，それを「置物」化するうえで重要だ。そのために，予備調査の段階から，たとえ撮らなくても常時カメラを設置しておいて，参与者に慣れてもらうのもよいだろう。

カメラで撮影することによるフィールドの活動への影響を，ジョーダンとヘンダーソン（1994）は「カメラ効果」と呼ぶ。そして，最初は人びとはカメラの存在に非常に気を使うが，次第に慣れていき，特に，何かの活動に没頭するようなときには，カメラの存在は忘れられるという。カメラ効果を完全に消すことはできないであろうが，それは調査者がフィールドに入り，何らかの影響を与えることと同じ問題である。特に，人間は常にあらゆる行動を意識的に制御しているわけではない。そこで，言語的行為はカメラに対して敏感であるが，非言語的な行為はそんなに影響を受けない。特に，身ぶりや身体の位置の取り方（body positioning）は長時間にわたってコントロールできるものではない。凝視（gaze）と頭の動き（head turn）はたいてい意識されていない。言語的に語られるもの，つまり，話される内容は変わりやすいが，どのように語るのかという話し方は変えられにくい（Jordan & Henderson, 1994）という。

本書第5章で述べられるように，相互行為分析はやりとりをその状況の中で分析していく手法である。その点で，語られている話題よりもそれがどのように語られているのかという語り方が，重要な分析リソースになっている。それ故，ジョーダンらはカメラの影響は，無視されてもいけないが，それを致命的なものだと考えてもいけないという。むしろ，その影響や効果をよく知り，それをうまくコントロールすべきであるという。これは得られたデータがどのような手続きで導出されたのかを明確にすることであり，ビデオ撮影に限定されない重要な指摘である。

3.5 撮影の公開

カメラの影響は，設置時のカメラ効果だけではない。なぜなら，カメラの場合には，実際に映像としてやりとりの実際が残る。その点で観察者が観察場面を筆記し，間接的に記録する場合とは異なる。そこで，その記録を見せられた人は改めて，自分が撮られていることを意識することにもなる。ここで一番問題となるのは，撮られている側が何か自分が気づかない嫌な場面を撮られているのではないかという，撮る側に対する不信である。そうした不信があると，継続的なフィールドでの撮影，いやそれ以上に，フィールドリサーチ自体がうまくいかなくなる。

私がこれまで経験的にやってきていることは，撮影した映像を被写体となっている人びとに公開することである。ビデオテープをダビングして，そこに撮られている映像をそのまま渡すのである。これは求められれば当然のことであ

るし，カメラを持ってフィールドに入るときに，このことを約束しておくことが，撮られる側に不信を招かない一手だと思われる。また，カメラは隠して撮るのではなく，むしろ積極的に撮られる側の人びとに対してカメラがあることを表示するようにすることが必要である。マジックミラーの向こうにカメラが設置されているときのように，カメラを人びとに隠すのではなく，「今ここにカメラがある」ということを，人びとが常に知る権利があることを実際に保証することが大切であると思う。

そうした撮影の公開によって，撮られる側の人びとは，カメラの前から去ることによっていつでも容易に撮影を拒否できるのだという，安心感を得ることができる。撮られる側とは，研究者に対して情報を提供してくれる人ということで，インフォーマントと呼ばれることが多いが，撮影の公開によって，インフォーマントは撮影を断る権利を保障されることになる。インフォーマントにどこにカメラがあるのか常に公開されていることによって，時には明確に撮影者にクレームすることも可能になる。いつ何を撮っているのかわからないような状況では，被写体はただ単に撮られるモノでしかなくなってしまう。そうした状況下での撮影は，フィールド活動の実際をとらえることを阻害するであろうし，研究者を実践の参与者から切り離して階層性を作り出すおそれがある。

4節　本書の構成

4.1　本書の特徴

本書の第一の特徴は，フィールドリサーチの一般的な方法論を議論しているのではなく，フィールドリサーチにＡＶ機器を使う点に焦点を合わせている点である。しかも，それはデータ収集，データ分析，データの利用という，研究の流れに対応している。第Ⅰ部では，「ＡＶ機器でフィールドデータをとる――フィールドに関わること」と題して，単なるデータの収集方法だけでなく，フィールドにいる人びとに対するＡＶ機器使用の問題など実践現場に入るときに考えるべきことを議論している。第Ⅱ部では「ＡＶ機器によるフィールドデータの分析――フィールドを読むこと」と題して，フィールドで得られたＡＶデータの分析について議論している。第Ⅲ部では，「ＡＶ機器でとったデータの利用――フィールドにデータを戻すこと」と題して，研究の方法論の紹介の中ではこれまであまり注意を払われてこなかった，リサーチデータを「フィー

ルドに戻す」という点に関して議論をしている。

　以上のように，本書では，AV機器をフィールドリサーチに用いる際に生じるであろうさまざまな問題を正面から取り上げている点に，最大の特徴がある。

　本書の第二の特徴は，研究と実践，研究者と実践者，子ども，学習者など，フィールドを研究者側からだけ眺めるのではなく，フィールドに参与している複数の視点でとらえている点である。第Ⅰ部と第Ⅲ部では，このことが特に主題的に議論されている。

　本書の第三の特徴は，すべての章の執筆者に各章の強調点に対応する自分自身の研究事例を，その概要がわかるように紹介することを求めている点である。これによって読者は，各執筆者の議論の背景を知ることができ，議論の強調点の理解が深まるであろう。

4.2　各章の特徴

　第Ⅰ部「AV機器でフィールドデータをとる――フィールドに関わること」には，第1章と第2章が含まれる。ここではAV機器を用いてデータをとるという活動の実際を紹介し，その特徴，問題点を述べている。

　第1章清矢論文では，「ビデオはフィールドを実写する道具か？」と問う。それに対し，清矢はビデオはフィールドにある事実を単に収集する道具というよりも，むしろ研究者のフィールドへの関係，さらには研究者そのものの位置を炙り出す道具であると主張する。第2章宮崎論文では，ビデオという媒体が研究者と実践者をどのようなかたちでつなぐのか，あるいは断絶するのか，自身の体験を分析することを通して検討している。宮崎は，基本的にビデオは現場にとって異物であるといい，その取り扱いが実践を扱う研究において非常にデリケートなものであることを示す。どちらの章も，フィールドとは研究者の「あちら側」にあるのではなく，研究者と実践者の交差する場であることを明らかにしている。

　第Ⅱ部「AV機器によるフィールドデータの分析――フィールドを読むこと」では，収集したAVデータを用いてどのように分析するのかその実際と，その特徴，問題点について議論している。第3章南論文では「フィールドに参与することとフィールドを読むこと――フィールドリサーチは（フィールドでの）選択の積み重ねだ」と題して，フィールドリサーチは仮説検証型のいわば直線的な研究プロセスとして実行されるのではないと言い，データの収集と分析，その解釈は常に，フィールドの中で漸次調整されるものであると主張する。海

外日本人学校児童の追跡調査を焦点事例としてインタビューを用いた研究について述べている。

　第4章「フィールドに基づいた理論の構築を目指す——エスノグラフィー的調査でのＡＶ機器の活用」において，結城は幼稚園における集団活動を焦点事例に，「現場の事実」からどのように「現場の理論」を構築していくのかデータ収集から分析までのプロセスを説き明かす。ＡＶ機器を使用するときであってもそれに過度に期待することは危険であるといい，フィールドにおける調査活動の重要性が強調される。第5章石黒論文では，ビデオを用いた相互行為分析のあらましが，「ビデオデータを用いた相互行為分析」と題して紹介される。ビデオの工学的な特性が相互行為分析に果たす役割，問題点の整理を行いながら，保育園の「朝会」を焦点事例に，保育者と子どもの相互行為の微視的な分析が示される。3章とも，フィールドリサーチが単に事実積み上げ型の研究ではなく，理論的な営為であることを強調する点で一致している。

　第Ⅲ部では「ＡＶ機器でとったデータの利用——フィールドにデータを戻すこと」と題して，研究の方法論の紹介の中ではこれまであまり注意を払われてこなかった，リサーチデータを「フィールドに戻す」という点を議論している。フィールドリサーチを「研究者のフィールドでの研究」とだけ見なすのであれば，それは「研究者によるデータの搾取あるいは，フィールド荒らし」と呼ばれるような関係をそこにつくり出す可能性がある。特に，ビデオの普及はそのような事態を保育・教育現場にもたらす危険性をもっている。研究者は実践者との協働が可能なのか，この問いに対して，可能性のない理想を語るのではなく，現時点における具体的な協働実践を紹介する。

　まず，第6章「実践のための研究，研究のための実践——実践者と研究者の共同研究を可能にする媒介手段としてのＡＶ機器」では，斉藤が自分たち研究者と保育現場の教育者たちの共同研究の実際について，数年にわたる協働実践から紡ぎ出された成果，問題点を語る。第7章では「協力的なコミュニケーション空間をつくる道具としてのビデオ映像——日本語教室の実践」というテーマで，古川が自らが参加している日本語教室のコミュニティ活動に焦点を合わせて，ＡＶ機器が研究者と実践者，学習者を媒介する道具として利用される可能性について議論している。両章ともに，実践者との協働とは何か深く考えさせられる問いを含んでいる。

5節　保育・教育活動のフィールドリサーチの特殊性と課題

5.1　実践の中の研究者の危険性

　最後に，保育・教育現場に研究者が出向くときの危険性について，これまで触れていなかったことについて述べたい。それは，保育・教育現場に調査にいくとき，その人がどのような肩書を背負っているのか，学生か有職者かにもよるが，ここでは多くの人が体験していることとして，「現場に精通しているという誤解」と，「指導の危険性」について触れたい。

　現場に精通しているという誤解は，特に教育学，心理学関係の有職者，院生の場合に多いようだ。社会学関係の調査の場合には，それほどでもないということを聞いたことがある。なぜ，このような誤解が起こるのかといえば，それは現場の保育者や教職者が，その資格取得のために勉強した教科に関する専門家であると見なされているからである。「子どもはこのように発達します」とか，「保育はこのようにした方がよい」という記述がある教科書や専門書を書くような研究者が現場に行ったならば，現場にいる実践者が「ああ，いろいろと教えてもらわなくちゃ」と応答するのも不思議ではない。

　ところが，実際には，この関係は複雑である。なぜならば，現場の実践者は仕事をするようになって，その多くが「理屈どおりにはいかない」，「学問と実践は違う」と認識しているので，先の「いろいろと教えてください」というメッセージは，むしろ「あなた（研究者）と私たち実践者は問題としていることが違う」という，そこに壁があることの軽い肩すかしである場合があるからである。

　人によっては，実際に「自分の方が子どものことも現場のこともよくわかっている」と思っている研究者もいるし，本当に教科書的知識の量によって現場の理解度が違うと考える人がいないわけでもないので，先の誤解は複雑な組み合わせをもたらす。だが，なぜそれが誤解かといえば，実践者と研究者がフィールドに求めているもの，つまりそこに行く目的が異なるからである。研究者は「子どもの発達のある側面を明らかにしたい」とか「教師の授業内の暗黙の統制手段を明らかにする」などを目標として現場に入るのであるが，実践者は実践を日々やり遂げていくことそれ自体が目的なのである。

　目標が違う人が見ている世界は共通性はあっても，そこにどんな情報がある

のか，何が重要なのかなど，さまざまなところで，その「見え」に違いが現れる。現場の実践者はできるだけ実践全体を見ようとするのに対して，研究者はできるだけ自分の関心を中心に見ようとする。したがって，教科書的な知識が仮に正しいとしても，それはそのまま実践で生きた，使える知識とはならないのである。それ故，自分は「指導できる」という思い込みを持って入る人は，しばしば実践者の嘲笑を買うだけでなく，反発を受ける。研究者と実践者が相互に意見交換をして，知の交流をはかることは大切なことであるが，それは一方から他方への伝達であってはならない。まず，お互いの立ち位置と知覚が違うのだという認識が必要であろう。研究者は，これから参与しようとしている実践に対しては基本的に無知であると考えるべきだろう。もしも何かそこに見えたとするならば，それが自分の過去経験や既有知識による知覚フレームであることに注意して，どのようなフレームを通して自分が今目の前に展開されている実践を見ているのか，よく自己反省する必要がある[6]。

5.2 協働性の実現

たぶん，人類学者がある民族を調べに行くとき，その現地の人びとに現地の人びとよりもその現地の知識を豊かにもっていると思われることはないであろう。その点で，参与観察は無知から始まり，現地の人になじみ，その知覚を共有することによって達成される（Malinowsky, 1922）。ところが，保育・教育のフィールドリサーチでは，このような逆転現象とそれをめぐるやりとりが研究者と実践者の間に生じるという特殊性がある。この特殊性をどのように理解し，取り扱っていくのかというところに，保育・教育現場のリサーチの成果が左右されることがあるので，大いに注意が必要であろう。本書第Ⅲ部の第6章，第7章は，そうした関係を越える新しい試みとして読むことができるだろう。

この点以外にも，保育・教育のフィールドリサーチの特殊性があるかもしれない。現在多くの質的方法が保育・教育研究になだれ込んできているが，それは人類学や社会学の手法の表面的なコピーとして終わるものではない。そのためにも，保育・教育現場独自のフィールドリサーチとは何か，その課題は何かを議論していく必要がある。

保育・教育現場の理解のために，そして，実践の改善のために，実践者と研

---

(6) 実践と研究との関係についてはここで詳しくふれることはできない。この点に関しては，佐伯・宮崎・佐藤・石黒（1998）を参照していただきたい。

究者の協働性の実現がぜひ必要である。しかし，そこには多くの課題があることも忘れてはならない。本書はＡＶ機器をどううまく使えばフィールドリサーチに役立つのか，その完全なマニュアルを準備したものではない。むしろ，ＡＶ機器という，実践と研究を媒介する道具を通して，両者の関係をしっかりと考えていこうという問題提起を行っている。その意味では，道案内のためのマニュアルではある。今後類書の出現によって，われわれのこの初期の試みが批判的に吟味され，よりよいものへと更新されていくことを期待している。

文献

Emerson, R.M., Fretz, R.I., & Shaw, L.L., 1995, *Writing ethnographic fieldnotes*. The University of Chicago. （佐藤郁哉・好井裕明・山田富秋訳, 1999,『方法としてのフィールドノート――現地取材から物語作成まで』新曜社.）

Erickson, F., 1982, Classroom discourse as improvisation: Relationships between academic task structure and social participation structure in lessons. In Wilkinson, L. C. (ed.), *Communication in the classroom*, Academic Press, pp.153-181.

Erickson, F., 1996, Going for the zone: The social and cognitive ecology of teacher-student interaction in classroom conversations, In Hicks, D. (ed.), *Discourse, learning, and schooling*. Cambridge University Press, pp.29-62.

Erickson, F. & Shultz, J.J., 1982, *The counselor as gatekeeper : Social interaction in interviews*. Academic Press.

Geertz, C., 1973, *The Interpretation of cultures: Selected essay*. Basic Books. （吉田禎吾・柳川啓一・中牧弘ちか・板橋作美訳, 1987,『文化の解釈学』岩波書店.）

Goodwin, C., 1982, *Conversational organization : Interaction between speakers and hearers*. Academic Press.

Goodwin, C., & Goodwin, M. H. 1996, Seeing as situated activity : formulating planes. In Y. Engeström & D. Middleton (eds.), *Cognition and communication at work*, Cambridge University Press, pp.61-95.

Green, J., Franquiz, M., & Dixon, C., 1997, The myth of the objextive transcript : transcribing as a situated act. *TESOL QUARTERY*, Vol.31, No.1, 172-175.

Heath, S.B., 1982, Ethnography in education: Defining the essentials, In Gilmore, P. & Glatthorn, A.A. (ed.) , *Children in and out of school*. Harcourt Brace Jovanovich Inc. and The Center for Applied Linguistics, pp.33-58.

石黒広昭, 1996,「実践の中のビデオ，ビデオの中の実践」『保育の実践と研究』Vo.1, No.2, 4-13.

Jordan, B. & Henderson, A., 1994, Interaction analysis: Foundations and practice. *IRL Report*, No.IRL94-0027.

Malinowski, B., 1922, *Argonauts of the western pacific: An account of native enterprise and adventure in the archipelagoes of Melanesian New Guinea*. London :

Routledge & Kegan Paul.（寺田和夫・増田義郎訳, 1967,「西太平洋の遠洋航海者」泉靖一編集『マリノフスキー・レヴィ＝ストロース』中央公論社.）

Mehan, H., 1979, *Learning lessons: Social organiztion in the classroom.* Cambridge : Harvard University Press.

茂呂雄二, 1999,『具体性のヴィゴツキー』金子書房.

Ochs, E., 1979, Trascription as theory, In Ochs, E. & B. Schieflin (eds.), *Developmental pragmatics.* Academic Press.

Psathas, G., 1995, *Conversation analysis: The study of talk-in-interaction.* Thousand Oaks, Calif.: Sage.（北澤裕・小松栄一訳, 1998,『会話分析の手法』マルジュ社.）

Roberts, C., 1997, Transcribing talk: Issues of representation. *TESOL QUARTERY.* Vol.31, No.1, Pp.167-172.

佐伯胖・宮崎清孝・佐藤学・石黒広昭, 1998,『心理学と教育実践の間で』東京大学出版会.

Suchman, L.A., 1987, *Plans and situated actions.* Cambridge University Press.

Tobin, J.J., 1989, Visual Anthropology and multivocal ethnography: A dialogical approach to Japanese preschool class size. *Dialectical Anthropology, 13,* 173-187.

Tobin, J.J., Wu, D. Y.H., & Dana, H.D., 1989, *Preschool in three cultures : Japan, China, and the United States.* New Haven: Yale University Press.

Varenne, H. & McDermott, R.P., 1998, *Successful faillure.* Westview Press.

ヴィゴツキー, L.S., 1925, 柴田義松・根津真幸共訳, 1971,『芸術心理学』明治図書.

第Ⅰ部
ＡＶ機器でフィールドデータをとる
フィールドに関わること

第1章 　　　　　　　　　　　　　　　　　　　　　　　　　　　　◎清矢良崇
研究者がＡＶ機器を用いるのはなぜか

１節　はじめに——質的調査とＡＶ機器

　本章では，フィールドリサーチにおいて，研究者が，ビデオカメラを中心とした視聴覚機器（以下ＡＶ機器と略記）を用いる場合の基本的な意義について，できるだけ簡潔に論じたいと思う。研究者がフィールドに赴き，そこで起こっているさまざまな現象を直接に観察すると同時に，それをビデオカメラなどを用いて録画し，研究室に持ち帰って，ビデオテープを何度も再生し，そこに収録されている現象について，細かく記述していくという研究スタイルは，社会学や心理学，教育学などを中心にして，広範囲な関心を呼んでいる。従来，たとえば，アンケート調査や実験的研究というものが，代表的な実証的方法であったのに対して，研究者が，まずフィールドに赴き，現象を直接に「観る」ということ，さらに，その結果を単にフィールドノーツなどに記録するだけでなく，ビデオカメラなどのＡＶ機器を利用してそれを収録することを軸とした研究手法は，特定の学問領域を越えて，かなり新鮮な印象を与えるであろう。また，そのような手法でデータ収集を行うことによる，新たなレベルでの事実発見に対する期待が高まるのも，ごく自然なことであろう。
　しかし，これまでのところ，フィールドリサーチにおけるＡＶ機器の使用に対しては，それを「質的調査」におけるデータ収集のひとつの手段として位置づけられることが多く，ＡＶ機器を用いること自体をめぐる方法論的な議論が，必ずしも十分に掘り下げて検討されているとは言えないように思うのである。たとえば，エマーソンらは，『方法としてのフィールドノート』の中で，ＡＶ機器を用いたデータ収集について，次のように指摘している。

　　　　テープレコーダーやビデオによる音声や映像の記録は，一見，人びとの間のやりとりの中に含まれるほとんどすべての内容をとらえて記録しているかのようにも見えるが，実際には進行中の社会生活の一面を切り取って記録するだけ

にすぎない。そもそもテープレコーダーやビデオで記録される内容は、それらの機械をいつ、どこで、またどのようにセットしてスイッチを入れたかや、それらの道具がどのような種類の情報を機械的にピックアップできるのか、また、記録の対象になった人びとが機械がセットしてあるという事実にどのように反応したのか、というようなことに依存しているのである（Emerson et al., 邦訳, p.39）。

　もちろん、このような位置づけ方それ自体に問題があるわけではないし、フィールドリサーチにおける、他のデータ記録のやり方に比べて、テープレコーダーやビデオカメラが、より「完全な」データ記録の方法であると考えることも、必ずしも適切ではない。しかし、もし、テープレコーダーやビデオカメラによるデータ収集を、他のデータ収集の方法や、それによって得られたデータ特性との比較という文脈だけで考えるとすれば、フィールドリサーチにおいて、研究者が、ＡＶ機器を使用することを選択するという事実に含まれているところの、理論的・方法論的・実証的な意義を十分に理解することは必ずしもできないだろう。言うまでもなく、テープレコーダーやビデオカメラといえども、フィールドリサーチにおけるデータの記録一般と同じように、現象のある側面を記録しているにすぎないのであって、データ収集の手段としてのＡＶ機器を過信することのないように自らを戒めておくのは、とても大切なことである。

　しかし、本章では、フィールドリサーチにおいて、ＡＶ機器を使用するという選択を研究者がすることが、フィールドリサーチそれ自体や、研究者の視点、あるいは研究領域の枠組みそのものに対して、新たな可能性を切り開く契機となるという、むしろ積極的な側面に注目したいのである。そして、このような視角からの、ＡＶ機器の使用に関する方法論的な検討こそ、本章の中心的な課題であり、従来の「質的調査論」の中で、必ずしも明確に整理されてきたとは言えない論点であると思われる。

2節　フィールドリサーチにおける「現象」とは何か

　さて、フィールドリサーチにおいては、ＡＶ機器を使用するかどうかにかかわらず、常に念頭においておくべき基本的な前提がある。これは、フィールドに赴いた研究者が、どのようなデータ収集の方法を用いるのであれ、彼が研究対象としている「現象」に対して、多かれ少なかれ暗黙に想定しているはずの

ものである。それはつまり，研究者が，フィールドリサーチを行うことを決心して，実際にフィールドに赴き，そこでの現象を直接に観察するということは，彼が研究対象としている「現象」は，必然的に，参与観察している状況での，人びととの「日常生活」そのものであるということである。ここで，研究者が「日常生活」を対象とするという場合，それは，対象となった人びとの日常的な生活だけを意味するのではなく，さまざまな組織体の中で仕事に従事している人びとの仕事ぶりなども当然含まれることに注意しなければならない。言うまでもなく，この「日常生活」（everyday life）という概念は，シュッツを中心に，すでに詳細に検討されているものであるが，フィールドリサーチを行う研究者にとっても，彼が現象学を背景にするしないにかかわらず，対象とする「現象」をどう観るかという点に関して，常に出発点となる枠組みを提供してくれているのである。ここでは，次のような基本的な視点を確認しておくだけでとりあえず十分であろう（Schutz, 1962）。

　まず第一に，「日常生活」は，科学的な記述分析が行われる以前に，すでにそれ自体の「構造」あるいは「意味のつながり」をもっており，したがって，現象として，すでに「秩序立って」いるということである。言い換えれば，日常生活の秩序というものは，あらかじめ設定された科学的概念をその現象に押しつけたり，得られたデータを統計的に処理することによって明らかになるというよりは，むしろ，あくまで日常生活そのものを直接に「観て」，その中に生活する人びとにとっての「秩序」を発見しようとする態度によって明らかになるはずのものだということである。このような視点からするなら，研究者が，実験的状況で得られたデータの分析やアンケート調査の統計的処理では必ずしも満足せず，あくまでフィールドに直接赴いて，そこで営まれている人びとの生活をそのまま観ることにこだわるのは，むしろ当然のことなのである。フィールドリサーチを行う研究者たちにとっては，その関心の対象が社会的な現象であれ，教育的な現象であれ，あるいは心理的な現象であっても，それらはあくまで，人びととの「日常生活」の独自な秩序の中で進行しているはずのものであるから，それを正確に理解するためには，どうしても，その現象をフィールドの中に直接に観る必要があるのである。

　第二に，「日常生活」における行為（action）は，個々の独立した行動の集合というよりは，基本的に社会的相互行為（social interaction）であり，それら相互行為は，社会的に付与された意味をもっており，それらの意味はあらかじめ固定されたものというよりは，相互行為の進行という文脈の中で，行為者が互いに刻々と解釈し，あるいは再解釈しながら理解されてゆくものだということ

である。社会的行為に対するこのような見方は，シュッツの現象学を背景にしつつ，社会学における「解釈的パラダイム」（Wilson, 1970）の出現を契機として明確に提起されたものであると考えてよい。

ここで「解釈的パラダイム」に分類されているのは，シンボリック相互作用論，エスノメソドロジーなどであるが，これらの領域を自らの研究枠組みに援用するしないにかかわらず，フィールドリサーチを行う研究者にとって，直接に観察するところの社会的行為に関しては，程度の差はあれ，少なくともこのような「解釈的な関係」を含むものとしてイメージされているであろう。そして，研究者が，フィールドの中でどのような記録方法を用いるのであれ，人びとの社会的行為を可能な限り「文脈ごと」切り取ろうとし，少なくとも何らかの文脈の中に位置づけることによって，それらの行為を理解しようとするのは，社会的行為に関するこのような理論的な視点が，暗黙にであっても想定されているからである。

さらに，このような視点から当然出てくることであるが，日常生活の中で人びとが行うところの，互いの行為に対する意味付与には，そこで使用される「日常言語」が大きく介在しているので，フィールドリサーチを行う研究者にとっては，社会的相互行為の中での人びとの言語活動に関するデータが，非常に重要なものとなってくるのである。というのは，人びとにとっての「行為の意味」を研究者が理解しようとするためには，どうしても，その社会的相互行為の中で刻々と行われるところの，人びとのことばのやりとりを，できるだけ正確に記録しておかなければならないからである。

3節　「現象」を共有化する手段としてのＡＶ機器
―――「会話分析」におけるサックスの論点

さて，以上のような基本的な視点は，前述したように，フィールドリサーチ一般で前提とされているはずのものであるから，これらの点を確認しただけでは，フィールドリサーチにおいて，研究者がわざわざＡＶ機器を用いる必然性や意義を理解するには十分ではないのである。ＡＶ機器を用いず，参与観察の結果をフィールドノーツに詳細に記録したり，あるいは，調査対象者たちに対して，集中的にインタビューを行うなどの方法によっても，その人びとの「日常生活」や，彼らの「意味的な」あるいは「解釈的な」関係を明らかにしようと試みることは可能であろうし，人類学やエスノグラフィーの伝統の中で，実

第1章 研究者がＡＶ機器を用いるのはなぜか

際に試みられ，貴重な研究成果が蓄積されてきたのである。

　このような中で，研究者は，なぜＡＶ機器の使用をあえて選択するのであろうか。それは，単に，テクノロジーの進歩を背景とした，データ収集のひとつの目新しい手段にすぎないのであろうか。それとも，その選択には，何か重要な意味が含まれているのであろうか。この点について，正確な理解をするためには，社会学における「会話分析」の創始者である，サックスの考え方を素材として議論を進めることが適切であると思われる。彼は，電話相談機関にかかってくる電話で交わされる会話などを中心に，それらを直接に録音し，文字化したデータを詳細に分析したのであるが，テープレコーダーを利用したそのような研究手法を実行するにあたっての彼の発想は，「会話分析」というひとつの領域を越えた広がりをもっており，ＡＶ機器を用いてフィールドリサーチを試みる研究者にとっても，非常に示唆的なものとなっているのである。

　彼によれば，社会学においては，アメリカを中心に，かなり以前から，イギリスの社会人類学の伝統を背景として，参与観察を中心的な方法とするエスノグラフィックな研究が行われていた。しかし，そのような初期の研究は，観察者の印象に基づいた，必ずしも厳密とはいえない記述が多く，そのために，いったん衰退の時期を迎えることになる。しかし，その後，言語学の発展や，ウォーフの研究，あるいは，ウィトゲンシュタインの後期哲学などの刺激を受けて，人類学者たちが，再びエスノグラフィックな研究に戻り始め，より厳密な方法で，研究対象を記述しようとする流れが形成されてきたのである。

　このような潮流の中にあって，サックスは，シカゴ学派を中心とする，社会学におけるエスノグラフィーの伝統を踏まえながらも，社会現象をより厳密に観察する社会学を構想し，その手始めとして，「会話」をテープに録音し，それを直接に分析しようとしたのであった。彼は，自分の研究方法と，人類学や過去のエスノグラフィーの伝統との違いについて，ある講義の中で次のように説明している。

　　　彼らの研究と，私が現在試みていることとの違いは，私は，読者が著者と同じ情報をもち，その分析を読者が再構成できるような社会学を発達させようとしているのである。もしも諸君が，生物学のどの論文を読んだとしても，その論文には，たとえば「私は，ジョー・ドラッグストアで買ったしかじかの薬品を使用した」などと書いてあるだろう。そして，それは諸君に，彼ら研究者がやることのそのままを語るのである。そして，諸君はそれを取り上げて，それが本当かどうか見ることができる。つまり諸君は，彼らが行う観察を，再び行うことができるのである。この講義で私は，私自身が対象としている素材をそ

のまま提示しているが，そうすることで，他の人たちもその素材を分析できるのであり，シカゴ学派の研究がそうだったよりも，かなりの程度，具体的なものになっているのである（Sacks, 1992, p.27）。

ここで，彼が「素材」（materials）と言っているのは，彼自身が収集した会話データ群であることは言うまでもない。考えてみれば，研究活動の中で，他の人びとが自分で分析してみることを可能とする情報を提供するという姿勢それ自体は，社会学に限らず，科学的手法を軸に研究を進める諸分野では，珍しいことではないし，むしろ必須の要件であるはずである。しかし，ここで問題となっているのは，データ収集や処理の手続きを明示するという点だけではなく，まず第一に，その研究が対象としている現象そのものが，他の人びとと共有できなければならないという，非常に重要な論点なのである。さらに，このような主張の背後には，われわれが，人間にかかわるさまざまな現象を研究対象とする場合，それが社会的な現象であっても，心理的な現象であっても，それら現象の秩序や規則性は，日常生活の中に直接に観察することができるという論点が存在しているのである。

言い換えれば，大量のサンプルを収集し，その統計的な処理によって，その現象に潜む秩序を発見したり，統制された実験的状況における現象の客観的な分析によって，そこに何らかの規則性を見いだしたりするのではなく，直接に「観る」ことができる，一つひとつの細かい日常的な現象のサンプルの中に，すでに存在する何らかの秩序を探究することができるのであり，そうすることによって初めて，われわれは，人間の日常生活という現象を研究していることになるのだという論点である。サックスは，それを社会学の文脈で追究したのであるが，この問題意識について次のように述べている。

　　社会学の研究を始めた頃，私は次のように考えた。もしも社会学が，実際に生起する細かい出来事を取り扱い，しかもそれを形式的に処理することができ，科学が基本的にそうであるように，つまり，他の誰かであっても，記述されていることが本当にそうであるかどうかを確認することができるように，直接的な方法で実際の出来事についての情報を提供できない限り，真の科学ではあり得ないと思ったのである（Sacks, 1984, p.26）。

この「直接的な方法で実際の出来事についての情報を提供」するという発想は，社会学やその他の社会科学の領域というよりは，むしろ生物学や天文学，博物学などの領域をイメージすれば，自然に納得されるはずのものであり，そ

の意味で，科学的探究という文脈の中で，決して突飛な考え方ではないのである。ある意味で，サックスは，人間の社会生活の研究に，博物学的な感覚を導入しようとしたとも理解できるだろう。そして，このような発想は，社会学を越えて，人間を対象とするさまざまな研究領域に対しても，かなり示唆的な問題提起となっているように思われる。たとえば，彼は心理学についても言及し，「学問的な心理学の死は，心理学が大学の中で成長したという事実にある」とし，それに対して「生物学や天文学は，それが大学で教えられるようになる以前に，大学の外で十分に発達しており，多くの素材がすでに蓄積されていたのである」と言っている（Sacks, 1992, pp.29-30）。

ここで，自らの研究領域に対して，次のような一連の問いを発してみればよい。つまり，その領域が関心を抱いているところの，人間の日常生活をめぐる現象について，その「実際の出来事」をそのままに記録しているデータ（つまり「素材」）がどの程度蓄積され，共有されているか。そして，その一つひとつがどの程度詳細に記述され，分析されているか。その記述分析が本当にそうであるかどうかが，どの程度他の人に開かれているか。また，その一つひとつの記述が，どの程度相互に関連づけられているか。このような問いを発してみればよいのである。そうすれば，サックスの次のような発言が，単に「会話」への関心に限定されたものではないことが，多少なりとも実感として理解できるであろう。

　　私はテープに録音した会話の分析から始めた。このような素材の価値は，私がそれを繰り返し聞けるという一点にあった。私はそれを幾分文字化することができたし，長い時間がかかるかもしれないが，それを広範囲に分析することができた。テープに録音した会話は，実際に起こったことの「十分に満足できる」記録となった。もちろん，それ以外のことも起こっただろうが，少なくとも，テープに記録されていることは実際に起こっていたのである。私がテープに録音した会話から始めたのは，言語に対して取り立てて興味をもっていたからでもないし，研究すべきことに関する理論的な考察からでもなかった。ただ単に，それを手に入れることができたし，それを何度も聞き直すことができたからである。またさらに，必然的に，私が分析したものを別の人が見ることができたし，たとえば，もし，私の分析に対して，彼らが意見を異にするような場合は，彼ら自身の分析を試みることができたからである（Sacks, 1984, p.26）。

以上のように，サックスが，会話をテープに「録音」して，それをデータとしたという事実は，「会話」という現象を観察するための単なる方便であった

というのでは決してなく、人間を科学的に探究するとはどういうことなのかという、根本的な問題についての態度決定にかかわる、重大な選択だったのである。このように考えてみれば、「会話分析」の領域に限らず、フィールドリサーチ一般において、研究者がなぜＡＶ機器の使用にこだわるのかについても、そこに含まれている重要な意味のひとつが納得されるであろう。

4節　フィールドと研究者の関係を対象化する手段としてのＡＶ機器

　さて、フィールドリサーチにおいて、研究者がＡＶ機器を用いてデータを収集するという手続きには、以上のような、どちらかというと理論的な文脈での意義だけではなく、より具体的で興味深い方法論上の論点が伴っているのである。というのは、ビデオカメラなどを使って収録されたデータは、従来のように、統計的な処理をして、図表やグラフなどに集約して提示することができないので、それを研究の文脈でどのように取り扱えばよいのかについては、今まで一般的だったデータ処理や提示のノウハウとは、かなり異なる発想が要求されるからである。ここでは、それらの発想を、できるだけ具体的に検討するために、ビデオカメラを用いて収録されたデータのひとつの事例を実際に提示しながら、ＡＶ機器を用いてデータを収集するという手続きを選択することで、必然的に出現してくるところの、データの記述をめぐる特徴的な論点のいくつかを抽出してみたい。ここで素材として用いるのは、ごく普通のビデオカメラで収録された、ある保育園での次のような場面のデータである[1]。

　〈データ〉（1994/6/29）
　保母：はいじゃ　今日雨降りで　かえるさんの（うた）歌います（前奏を始めながら）
　一同：（かえるのうたをうたう）
　子ども（外国人）：（後ろのカメラを見ている。口はかすかに動かしている）
　保母：はいじゃ　分かれるよ

---

(1) 以下のデータは、1996年に国立国語研究所で行われた、〈ビデオによる実践の記述〉というワークショップにおいて、検討の対象となったデータの一部分である。このワークショップでは、ある外国人の子どもを受け入れている保育園の生活の様子を記録したビデオテープを、さまざまな研究者が、さまざまに解釈して、互いの一致点や相違点をあぶり出しながら、ビデオデータを用いた教育実践研究の、方法論的な諸問題を徹底的に議論するという、興味深い試みがなされた。

いくつに分かれようか今日は
不明：4つ
保母：じゃ　ちょっと待って　4つ大丈夫？
一同：うん
不明：大丈夫
保母：（指を何本か出しながら少し沈黙）大丈夫？
　　　はい　じゃ2つ最初2つ

　このデータは，保母さんが，子どもたちに，「かえるの歌」で輪唱をやらせようとしている，保育園での，ごく日常的な場面の一こまである。ビデオカメラを用いて収録されるデータのほとんどは，このようにごく平凡で日常的な場面なので，それをどのようにして記述分析していったらよいのかについて，とまどうことも多いであろう。また，自分が収集したビデオデータをすべて再生して見てみても，何ひとつ興味を引かれる出来事が映っていないように思え，自分のデータ収集作業がほとんど徒労であったように思える場合もあるかもしれない。しかし，このような「とまどい」はむしろ当然のことであるし，初心者だけでなく，ＡＶ機器を使用したデータ収集をかなり経験している研究者であっても，「とまどい」や「徒労」への不安は抱えているものなのである。ところが，この「とまどい」や「不安」という経験こそが，ＡＶ機器を使用したデータ収集の特徴を如実に物語っているのであって，そのような経験それ自体を見つめることが，視聴覚データを使用する場合に，方法論上，とても重要な作業となるのである。

4.1　データの選択

　さて，一見すると何の変哲もない，平凡な場面の連続のように見えるビデオデータから，記述分析の対象となる箇所を選ぶ場合，どのような基準があるのだろうか。もっと具体的に言えば，筆者がここに提示した〈データ〉の場面は，どのような理由からここで選択されたものなのだろうか。このデータは，もともと，外国籍の子どもが通う保育園での日常の様子を録画することで，「異文化」をめぐる教育実践のあり方を直接に観察しようとした一連のデータの一部分なのである。通常の調査の感覚からするなら，データ収集以前に設定されているこのような研究関心に沿って，収録された画面を何度も再生してみて，「異文化」の問題に関連性のある場面を探そうとするかもしれない。

しかし，筆者がこのデータに興味をもったきっかけは，そのような「異文化」問題に明確に関連している場面だからというわけではなかったのである。最初，筆者にとってこの場面は，この保母さんが，子どもたちに「いくつに分かれようか今日は」と問いかけ，子どもたちが「4つ」と答えたのに，「大丈夫かな」と思い，結局「2つ」から始めたという素朴な事実が，とても興味深かったのである。というのは，このような出来事，つまり，大人の側が，子どもに「どうしようか」と尋ねて，子どもが返答し，そして結局は大人の側が自分の提案を通すという相互行為のあり方が，大人と子どもの関係，あるいは，教育実践における「教える－教えられる」関係のひとつの特徴を構成していると思われたからである。そして，この場面で，この保母さんは，どのような判断で，このようなやりとりを行ったのか，また，この場面は，子どもにとってはどのような経験となっているのかなどを，あれこれと考えてみたくなったのである。さらに，このような場面に類似したやりとりが，収集されたビデオ映像の他の箇所に見られるかどうか，あるいは，保育園での実践に限らず，家庭での親と子のやりとりや，小学校での実践，さらには，大人同士での会話の中で，このようなやりとりが出現するかどうか，それらは互いにどのように似ているのか，あるいは，どのように違うのかなどを，できるだけ具体的データに基づいて検討し，そのような一連の検討からこの場面を記述してみれば，きっと興味深い理解が得られるのではないかと思ったのである。

このように，筆者にとって，このデータを記述分析の対象として選ぼうと思ったきっかけは，そのデータを観る以前にもっていた，たとえば「異文化」などの何らかの問題意識に沿ってではないのである。実際，データ選択をめぐるこのような態度については，サックスが，次のように率直に語っている。

> さて，私が選ぶ一つひとつのデータをどういう理由で選んだのかと，よく聞かれることがある。私の頭の中に何か問題意識があって，会話データのあるまとまり，あるいはひとつの会話の断片を選んでいるのかというのである。そこで私はこう言い張ることにしている。つまり，私がたまたまそのデータを手にできたからであり，それが私の興味を引いたからであり，私がそれに時間をかけたからである。何であれ，たまたま手にする個々のデータの分析を私が試みるのは，それらデータに持ち込む何らかの問題意識に従ってではないのである（Sacks, 1984, p.27）。

通常の調査の感覚からすれば，このような姿勢は，つかみどころのない，行き当たりばったりの作業に思えるかもしれない。しかし，より明確な手続きを

踏もうとして,仮に「異文化」という問題意識を明確にもち,フィールドに赴き,そのような問題意識に関連性があると思われる場面をできるかぎり選択して,ビデオカメラなどでデータを収集したとしても,事情はそれほど変わらないのである。というのは,研究者にとって,自分の頭の中で,いかに明確な問題設定を行ってフィールドリサーチを行ったとしても,そこでビデオカメラにどのような場面が収録されるかは,前もってはほとんど予想がつかないことだからである。そして,前もって「このような事が起こっているであろう」というような,対象としている現象に対する予断からではなく,それらがいかに平凡な場面に見えるにしても,少なくとも,前もってはほとんど予想がつかなかった事実から,あくまで自らの記述分析を出発させるという姿勢にこだわることこそ,ＡＶ機器を用いたフィールドリサーチの核心と考えてよいのである。このような意味で,データの選択を前もって制約しないという態度は,むしろ本質的な方法であるとも言えるのである。

4.2 データの記述

ところが,最初は,筆者にとってこの〈データ〉が,「異文化」をめぐる教育実践を考えるうえで,特に興味深い場面というわけではなかったにもかかわらず,以上のような一連の考察を重ねるうちに,筆者の中で,図らずもだんだんと関連性をもってきたのである。というのは,大人が子どもに何かを尋ね,それに子どもが答え,その答えを大人が結果として取り上げないというやりとりそれ自体を徹底的に検討していると,今度は,このデータのように,外国籍の子どもが含まれている相互行為の場面では,そのようなやりとりはどのようなことになっているのか,と考えることになったからである。つまり,保母さんが,外国籍の子どもに対して,このようなやりとりを行うとき,それは,日本の子どもに対しての場合と同じように行われるのか,あるいは違うのか,さらに,このようなやりとりが,かなり年少の子どもに対して行われる場合,新しく入ってきたばかりの子どもに対して行われる場合,あるいは,障害をもった子どもに対して行われる場合はどうか,それらは外国籍の子どもに対して行われる場合と比較してどのような特徴があるのか,その相違点や類似点はどのようなものか,などということが気になり出したのである。そうしているうちに,いつの間にか「異文化」と教育実践の問題を,具体的なデータを前にして,思いがけない視点から考察している自分に気づくことになったのである。また,この場合,もしも「異文化」という問題意識を強くもち,そこから生ずるとこ

ろの,「重要な手がかり」に関する何らかの予断や期待が最初にあったなら,このデータを観るときに,外国籍の子どもの様子に過度に注意が限定されてしまい,この場面でこの子どもがおかれている「異文化」状況の本質を,多角的に検討する余地が,逆に奪われてしまったかもしれないとも思ったのである。

　ここで強調しておきたいことは,〈データ〉をめぐる以上のような筆者の考えの流れには,このひとつのデータだけを記述の対象とするのではなく,このデータに,相互行為の構造のうえから,あるいは相互行為に含まれる意味内容のうえから関連があると思われるあらゆる他の場面の具体的なデータ,あるいは情報を総動員して検討することによって,このデータの記述を試みるという作業が含まれているという点である。通常,ＡＶ機器を用いて収集されたデータが解釈され,記述される場合,選択したひとつのデータを,そのひとつのデータに含まれている情報だけから理解しようとする先入観があったり,そのデータを,何か別の現象を説明するための証拠として利用しようとする姿勢があったりすることが多いように思える。しかし,むしろイメージするべきは,ひとつの標本を前にして,その標本それ自体を十分に記述するために,比較したり関連づけたりすることのできる他の標本なども前に置いてあれこれ調べている研究者の姿なのである。一つひとつのデータは,何らかの「証拠」というよりは,じっくり観るべき「標本」なのである(2)。そしてそのような観察の方向性は,前もって決まっているわけではなく,一見関係のないような観察や考察から,思いもかけない結果に導かれることがしばしばあるのであって,データと研究者のこのような関係こそ,ＡＶ機器によるデータ記述の,もっとも興味深い特徴のひとつだとも言えるのである。

　このようなデータ記述の態度は,たとえば統計的なデータ収集とその処理の場合のように,あらかじめ記述したい母集団を想定し,そのために適切であると思われる属性を「指標」として前もって設定することによって,個々のデータを収集し記述するという態度とは,かなり異なっているのである。というの

---

(2) 人びとの生活が収録されているデータを「標本」として位置づける態度に,倫理的な意味で,心情的な抵抗感をもつ人もいるかもしれない。しかし,少なくともサックス自身は,科学者としての厳密な思考能力と,対象となった人びとの境遇への,身も焦がすような同情心を併せもった人物であったという (Moerman, 1992, pp.27-31)。このような人格的雰囲気は,死後刊行された彼の講義録 (Sacks, 1992) を読んでも,随所にひしひしと感じられるのであり,ＡＶ機器を用いたフィールドリサーチを実施しようと考える研究者にとっても,その具体的な手続き以上に見習うべき人格的な態度であるように思われる。

は，一つひとつのデータを「標本」として観るとき，それを記述するために適切であると思われる属性や指標は，それをじっくり「観る」という作業の中からつかみ取るべきものであるし，それに伴って，その標本と比較検討すべき他の標本が，前もって想定したつもりの母集団とはまったく別の，思いがけない場所で収集されたものであるという場合も多いからである。言い換えれば，一つひとつのデータのもつ，より広い文脈での意味や，想定可能な母集団は，標本を細かく観察し検討する過程で，だんだんと背景に浮かび上がってくるということである。

　このように，ビデオカメラなどで収集されたデータには，それがいかに平凡な場面のように思えるにしても，常識的な判断や，前もって用意されている研究枠組みからの理解を越えた，多様な意味のつながりが常に含まれていると考えた方がよい。したがって，データを収集する段階でのある程度の問題意識は必要かもしれないが，そのデータを記述分析しようとするときには，可能な限り虚心になって，それらを繰り返し観る姿勢を忘れないことが，視聴覚データの特性を十分に生かす道なのである。実際，データに対するこのような姿勢は，サックスによっても，強調されていることである。

　　　われわれが一つひとつのデータの分析を始めるとき，われわれが解決しようとする問題とか，そのデータが提供するであろう何らかの発見のことを，前もって考慮すべきではない。われわれは一つひとつのデータの前に座って，集中的にそれを観察し，その観察が行き着くところを見きわめるのである。……
　　　何らかの問題の解決となることがらが，個々のデータの虚心な分析から出現することがしばしばあり，そこでもし，われわれがその問題に対する特定の関心をもって出発したなら，まず第一に，この一つひとつのデータが，その特定の問題を考察し，その解決に至るに必要な素材であることが，理解されなかっただろう（Sacks, 1984, p.27）。

　以上のように，ビデオカメラなどに収録された「生のままの日常生活」のデータを扱う場合には，そのデータを虚心に「観る」態度を基本としつつ，「データの選択」と「データの記述」（そして当然「データの文字化」）が渾然一体となって記述分析作業が進行するのであり，その結果を論文などに表現するときに，ある程度整理された手続きとして提示されることはあっても，実際のところは，すっきりと定式化することがなかなか難しい思考作業が伴っているのである。このような，手続き上の「定型性」の欠如は，ＡＶ機器で収集したデータを利用しようとする人びとにとって，時にはとまどう原因ともなるであろ

う。しかし，経験を重ねれば，データを虚心に観るという姿勢が，結局は，もっとも多産な知見をデータから引き出す最短の道であることがわかってくるであろうし，そこに形式的な手続きを導入しようとすると，アンケート調査や実験的研究の枠組みに接近してしまい，視聴覚データの特性が十分に生かされず，その表面的な解釈に終わりがちであることも，だんだんと実感されてくるであろう。

4.3 データを観ている「私」は誰か

さて，ここまでの議論においては，〈データ〉に対する筆者の記述の試みにおのずから示されているように，あくまで一人の研究者が，その個人的な問題関心から何らかの視聴覚データに対面した場合の諸論点のみが検討されたのであった。しかし，視聴覚データをめぐる方法論的な問題は，このようなレベルにとどまらないのである。実は，この〈データ〉は，筆者自身が収集したのではなく，「異文化」と教育実践のあり方に関心をもつ，別の研究者が収録したものなのである。つまり，筆者は，このデータの場面を直接には「見て」おらず，ビデオテープに収録されている情報（およびこのフィールドの属性に関する基本的な情報）から，自分自身の問題関心を展開させたのである。当然のことであるが，実際にこのデータを収集した研究者は，フィールドの事情についての詳しい知識をもっているし，なによりも，この場面を直接に見ていたという経験があるために，このデータに対する関心の持ち方や，解釈や記述の視点は，筆者とは異なってくる。

すると，このデータに対して，適切な判断が下せる人物は，それを自分で収集した研究者であると，簡単に結論づけることができるように思えるかもしれない。しかし，あるひとつのデータに対して，複数の解釈や記述が存在するときに，その中でどれがもっとも適切なものかを決定したくなるという誘惑は，ＡＶ機器を用いたフィールドリサーチの場合，特に慎重な態度決定が要求される論点なのである。というのは，ＡＶ機器を用いてデータを収集している研究者本人の中でも，そのデータに対する視点，解釈，記述というものは，絶えず揺れ動いているからである。たとえば，フィールドに直接赴いていた時点での，その研究者がある場面に対してもった印象と，研究室に帰ってから，ビデオを再生し，それをじっくり観ているときに，その場面に対して起こってくる印象とは，かなり異なることが多い。なぜなら，その場面を肉眼で見ているときに受け取っている情報と，ビデオカメラが拾っている情報には，かなりの違いが

第1章 研究者がＡＶ機器を用いるのはなぜか

あるからである。また，自分で収集したデータでさえ，そこに映っている重要な出来事に気づかず，そのフィールドに赴いたことのない，他の研究者による指摘によって初めてわかるという場合も少なくない。このように，データを収集した研究者本人の問題関心でさえ，フィールドにおける情報収集の過程や，研究室におけるビデオデータの再生と文字化作業，他の研究者と一緒にビデオを観ることによる意見交換などによって，刻々と修正されているのである。

しかし，問題は，研究者の世界だけにとどまらない。さらに踏み込んで考えてみれば，ビデオに収録した場面に，より密接な関係をもっているのは，研究者ではなく，その場面に参加している人びと（保母さんや子どもたち）であるという見方もできるであろう。〈データ〉に登場しているこの保母さんが，この子どもたちと接している時間は，そこに調査に赴いている研究者とは比べものにならないくらい長いだろうし，保育園での日常生活のさまざまな場面で，子どもたちを見ているであろう。だから，この場面を，この保母さん本人に観てもらえば，かなり正確な意味づけができるのではないかと考えて当然であろう。あるいは，実践に携わっている人びと自身が，ビデオなどで子どもの生活を録画する場合も考えられないことはない。すると，このような場面に日頃から「近すぎる」立場にあるがゆえに，気づかないことも出てくるかもしれない。また，この保育園に関係している他の人びとの存在も忘れるわけにはいかないだろう。この保育園の責任者や，保母さんたちの中でも経験を積んだリーダー格の人，ここに通っている子どもたちの親なども，見方を変えれば，〈データ〉のような場面に対して，より踏み込んだ理解ができるかもしれないのである。そして最後に，この場面との関係の「近さ」が，この場面の適切な理解を保証するとは限らないということであれば，今度は，研究者，さらに，このデータを自分で収集したわけではない研究者の視点，解釈，記述も，何らかの存在理由があるということになるであろう。

〈データ〉のような，一見すると非常に単純な場面のように思われるデータであっても，突き詰めて考えれば，このデータを収集した研究者と筆者との間に生ずる視点や解釈の違いだけにとどまらず，さまざまな人物が，さまざまな視点で解釈し，理解する可能性を決して無視するわけにはいかないのである。そして，それぞれの人物の視点や解釈は，それぞれの人物が，この場面に対してもつ社会的な位置関係を反映したものであるため，それぞれの視点や解釈には，それぞれの意味や存在理由があり，それらを「正しい」「正しくない」と即断したり，それらを唯一のものに無理に収斂させようとすることは，必ずしも適切ではないのである。通常の調査とは異なり，ＡＶ機器を用いたフィール

ドリサーチにおいては，対象としている現象そのものが，ビデオテープなどの媒体によって共有されているので，それを繰り返し再生することで，さまざまな立場の人物が，同一の場面を一緒に観ることが可能となっている。そのため，研究者であれ，実践に携わっている人びとであれ，収録された場面に対して，どういった関心や視点で，解釈し，記述するのか，その場合，どのような情報を，ビデオテープから拾っているのか，あるいは，各自が記憶しているどのような知識を動員して，その場面を理解しようとしているのかなどが，すべてあからさまに提示されてしまうのである。

　言い換えれば，ある現象に対する，研究者や実践に携わる人びとを含めた，どのような人物の視点，解釈，記述であっても，それぞれが常に，部分的で不完全な記述である（Clifford et al., 1986）ことが，ひとつのビデオデータをめぐって，理論的にではなく，具体的に明らかになるということなのである。そして，行うべきことは，その中のどれかひとつに軍配を上げることではなく，それぞれの人物の，そのデータに対する意味づけがどのように異なっているのか，それぞれがどのように関係しているのかを，日常的な現象に関する直接的なデータに即して記述してゆくことなのである。

　ここに，ＡＶ機器を用いたフィールドリサーチのもつ，ひとつの興味深い特徴がある。つまり，そのフィールドに関する視聴覚データを収集することによって，対象としている現象だけでなく，さまざまな人物のその現象に対する視点，解釈，記述の相違それ自体の細かな様態も，その表出が刺激され，明確化され，共有化されるということである（Tobin et al., 1989）。

　このように，視聴覚データを，それを収集した人物だけでなく，調査の対象となった人びとを含む，さまざまな立場の複数の人物が「観る」ということは，ＡＶ機器を用いたフィールドリサーチを実際に行う場合，倫理上の慎重な判断は求められるにしても，常に念頭においておくべき重要な手続きである。そして，あるデータに対して，常に複数の観察者を想定するという，このような手続きによって提起されているのは，ある人物が，日常生活の中で実際に起こっている何らかの現象を理解し，記述するとはどういうことなのかに関する，ひとつの視点なのである。つまり，ある現象の「理解」そして「記述」とは，ある特定の個人，研究領域，あるいは組織体の中で承認されている枠組みの範囲に自足した活動ではなく，その現象の直接的なデータをめぐるさまざまな人物の視点，解釈，記述の「相違」と，その「相互関係」の様態の中に，自分自身の視点，解釈，記述の位置関係を見いだすこと，つまり，データを観ている「私」は誰か，を誠実に問うことなのだという視点である。それは，フィール

ドと自分との関係を対象化することであると言ってもよいのであり，ＡＶ機器を用いたフィールドリサーチがもっている重要な特徴のひとつは，対象としている現象と自分との関係だけでなく，その現象と他の人びととの関係も対象化しつつ現象にアプローチすることを可能にする点であると考えられる。そして，この視点こそ，ＡＶ機器を用いたフィールドリサーチをして，調査活動や研究そのものの枠組み，あるいは，研究者と実践者との関係のあり方といった問題の積極的な再考に結びつく，興味深い研究技法たらしめていると思われるのである。

5節　おわりに

　しかし，以上のような議論を，あるひとつの研究領域の枠内だけに当てはめて考えるのであれば，ＡＶ機器を用いた調査の興味深さを，必ずしも十分に把握することはできないと思われる。本章におけるこれまでの議論が最終的に目指していたのは，むしろ，ある現象を理解し，記述しようとしている人物たちが，どのような人びとから構成されているかという点について再考を促すことにあったのである。あるデータを，複数の観察者が観ているという場合，通常は，あるひとつの研究領域を専門とする複数の研究者，実践者，あるいは対象となった人びとなどがイメージされることが多いであろう。しかし，ここで筆者がイメージするのは，そのような人たちに限らない。〈データ〉として提示したビデオテープには，保母さんや子どもたちの発話だけでなく，実にさまざまなことが記録されているのである。そこから「発話」や「動作」の情報だけを選択して文字化し，〈データ〉として提示したのは，筆者が教育社会学者だからにすぎない。しかし，もしもそのビデオテープを観ている人物が，建築家だったらどうか，子ども服のデザイナーだったらどうか，音楽家だったらどうか，武術家だったらどうか等々，大胆な発想をしてみた場合のことを考えてみればよい。これらの人びとだったら，どのような情報に注目してそのビデオテープを「観る」であろうか。
　このような想定をしてみれば，それぞれの人物の一つひとつの観察や，その相互関係に見られる「意外性」が，ひとつの研究領域の研究者たちの間で見られるよりも，かなり興味深く，より現実味を帯びたものとなるであろう。そして，保育園という世界が，それぞれの人物の断片的なまなざしから，ひとつの全体としての経験世界へ，次第に再構成されてゆく過程を目撃することになる

であろう。まさに、そのような全体としての経験が、本来、子どもたちにとっての「保育園」なのではないだろうか。つまり、本章で最終的に提起したいことは、あるデータに対して、常に複数の領域の専門家の「まなざし」を想定すること、そして、それらの「まなざし」相互の位置関係を詳細に対象化することによって、人間研究における「全体性」を回復すること、このような契機を、ＡＶ機器を用いたフィールドリサーチが提供しえるということ、このことが、この調査スタイルをして、通常の質的調査とは本質的に異なる研究技法たらしめているということなのである。

文　献

Clifford, J. & Marcus, G.E., (eds.), 1986, *Writing culture*. University of California Press.（春日直樹他訳, 1996,『文化を書く』紀伊國屋書店.）

Denzin, N.K. & Lincoln, Y.S. (eds.), 2000, *Handbook of qualitative research*. 2nd. ed., Sage Publications.

Emerson, R.M., Fretz, R.I. & Shaw, L.L., 1995, *Writing ethnographic fieldnotes*. The University of Chicago.（佐藤郁哉・好井裕明・山田富秋訳, 1999,『方法としてのフィールドノート——現地取材から物語作成まで』新曜社.）

北澤毅・古賀正義編, 1997,『〈社会〉を読み解く技法』福村出版.

Moerman, M., 1992, Life after C.A.: An ethnographer's autobiography, In Watson, G. & Seiler, R.M. (eds.), *Text in context*. Sage Publications, pp.20-34.

Sacks, H., 1984, Notes on methodology, In Atkinson, J.A. & Heritage, J. (eds.), *Structures of social action*. Cambridge University Press, pp.21-27.

Sacks, H., 1992, *Lectures on conversation*. Vol.1, Blackwell.

Schutz, A., 1962, *Collected papers*. Vol.1, Martinus Nijhoff.（渡部光他訳, 1983-85,『社会的現実の問題』第１巻-第２巻, マルジュ社.）

清矢良崇, 1994,『人間形成のエスノメソドロジー』東洋館出版社.

清矢良崇, 1998,「教育社会学とエスノメソドロジー」山田富秋・好井裕明編『エスノメソドロジーの想像力』せりか書房, pp.238-251.

Silverman, D., 1993, *Interpreting qualitative data*. Sage Publications.

Tobin, J.J., Wu, D.Y.H., & Davidson, D.H., 1989, *Preschool in three cultures*. Yale University Press.

Wilson, T.P., 1970, Normative and interpretive paradigms in sociology, In Douglas, J.D. (ed.), *Understanding everyday life*. Aldine, pp.57-79.

第2章　　　　　　　　　　　　　　　　　　　　　　　　　　◎宮崎清孝

ＡＶ機器が研究者によって
実践に持ち込まれるという出来事
研究者の異物性

1節　協同的活動の場としての授業を分析する

　研究者が研究のためにＡＶ機器を携えて実践の場に入るとき，そこには場の人たちとの新たな相互作用が生じる。研究者が科学研究を目的として入っていくために，それは一般的な生活者が新たに場の中に入っていくことによって生じる相互作用とは異なる性格を持つことになる。研究者がフィールドリサーチを効果的に，また適切に行うためには，この相互作用の性格と，その中で研究者が持つ経験について省察してみることが必要である。そしてそれを行うためには，入っていく研究者の側についてだけではなく，入られる側，つまり場の人たちが持っている場の中での経験について考えていくことも同時に必要になる。

　本章では，小学校の授業や幼稚園，保育園の保育の場というフィールドにビデオカメラを持って入り研究を行ってきた筆者の経験を反省することで，教育，保育の場に入る際の研究者と子どもや実践者たちといった場の人たちとの間で生じる相互作用のあり方について考えてみる。

1.1　小学校での美術表現研究

　まず，筆者が最近行っているフィールドリサーチについて少し紹介することから始めよう。小学校での授業が一貫した対象ではあるのだが，最近行っているのは美術の授業を参加観察し，撮影したビデオ記録の分析から絵画を描いたり工作作品を作ったりしている子どもたちの表現の過程を知ろうとする研究である。

　美術教育や美術表現に関する研究というと，多いのは美術表現のいわゆる発達を対象とするものである。「三次元の立体（中略）等々を二次元状に表すという「問題」」（鈴木，2000）の解決のやり方が年齢とともにどのように変化し

ていくのかを跡づけようとする研究の流れである。だが筆者の関心はちょっと違うところにある。年齢的，長期的な変化というよりは，表現の「過程」，つまりひとつの作品がまったく存在しない状態から完成にいたるまでにどんなことが起こっているのか，そのことに興味がある。たとえば表現主体である子どもが，描こうとする対象とどう関わっていて何をどのように引き出すのかとか，想像とかイメージの役割はどのようなものであり，表現する中でイメージが発展していくとはどのような過程をいうのか，といったことが知りたいことである。

ところで，美術表現に関する研究で実験的なもの以外は，ガードナー（Gardner, 1980）のように自宅や保育園などで子どもが行う自発的な表現活動を観察しているものがほとんどである。それに対してここで小学校の授業を対象としているのは，それなりの理由がある。

まず基本的な考え方として，ここでは授業を最近のヴィゴツキー理論的な流れ（Wells, 2000）と一致して，子どもと教師の協同的な活動（joint activity）の場としてとらえている。授業の場はヴィゴツキーのいう発達の最近接領域であり，そこで教師はさまざまな工夫を行って子どもの表現過程を援助していくだろう。それに応え，子どもは自分だけではなしえないさまざまな可能性をその表現過程の中で発現していくだろう。この，さまざまに発現される可能性は，自発的なものではないにしても，表現の過程について，興味深いたくさんの示唆を与えてくれるだろう。

その中でも授業における表現過程の分析で特に浮かび上がってくるのは，表現の社会性と個人性という，2つの側面の間にあるダイナミックな関係である。

美術表現が作者の内面を作品という形で外に具体化していくという個人的な行為であるだけでなく，同時に社会性を持つ行為であることはしばしば指摘される（Pufall, 1997）。ある画家の描く絵は，彼の作品であると同時に，それに先行するさまざまな絵の流派の歴史や同時代の画家たちの絵との関連の中で存在している。また絵を鑑賞する人にとっては，絵とは他者の知覚の記録（Gibson, 1966）である。

美術の授業の中では，この表現の社会性はまずは子ども一人ひとりの表現過程に対する教師のさまざまな援助，介入という形で現れるだろう。また同じ教室の中で同時に作品を作っている他の子どもたちからの影響もあるだろう。子ども一人ひとりが作り出す美術作品は，教師や他の子どもからの影響のもとに作り出されているという意味で，ひとつの協同的表現（joint expression）であることが予想される。と同時に，それは各人が表現の対象と，そして紙や木と

いった表現媒体と関わる中で生み出した,彼ら一人ひとりの個人的な作品でもある。授業の中での表現過程の分析は,この社会性と個人性という両面が,ときにせめぎ合い,ときに協力しながら表現を紡ぎ出していく様子を明らかにしてくれるだろう。

〈事例〉ある6年生の女の子の粘土工作

このような関心のもとで行っている筆者の研究で,観察と分析が実際にはどのように行われているのかを粘土工作の授業の事例で具体的に示してみよう。

この何年か,筆者は美術教育の領域で豊かな業績を積み上げてきた小学校教員Y先生の授業に参加させてもらい,継続的な観察を行っている。ここで紹介するのは,その中でも最近収集した事例である(宮崎,2001)。6年生のクラスで,Y先生は担任ではなく,このクラスに対しては美術の専科教員として授業を持っている。美術の授業として1学期の最後の単元で,単元名は「チャレンジ縄文アート」。埴輪粘土という媒体を使って粘土工作を行う授業である。割り当てられた授業時間は3時限。観察はその最初の2時限で行った。

1時間目は多目的室で行う導入の授業である。まず美術の時間でこれまで行ってきた単元が振り返られ,そこで自分が何ができたのか,何に感動したのかを先生は子どもたちに問う。「どんどんとアイディアが浮かぶ君たち。自分がだめやんと思っていても,誰かのを見たら何かが浮かんでくる。自分とも響き合わせている。友達と響き合っている。」そういう君たちに感動したと,先生は子どもたちに語りかける。

社会科で同時的に行っている縄文関連の単元,火おこしや縄文時代の食べ物に言及し,縄文時代の人たちはすべて自分で作っていたことを確認した後,先生は子どもたちに岡本太郎についてのビデオを見せる。NHKで放映した岡本太郎の生涯と作品を回顧した番組である。岡本太郎が縄文土器をアートとして評価した初めての人であること,ビデオの中にも縄文土器が紹介されることに加えて,太陽の塔に代表される彼の作品が子どもたちを惹きつけるだろうという予想が,岡本太郎のビデオをここで呈示した先生の理由であると考えられる。実際,日比野克彦らによる対談などに対してはややだれてしまう子どもたちが,太陽の塔のところでは熱心にビデオを見ている。この後インターネットで収集した縄文土器の写真を見せ,場所を工作室に変えて実際の作品作りの時間に入っていく。

工作室では子どもたちは大きな工作机に3,4人ずつ散らばる。先生は埴輪粘土の固まりを一人ずつ2個渡し,「1個半を使って土台を作り,残りを飾りに

して」と言う。さらに「今日は土台の形探して，決めて，作って。次の時間（翌日以降）に完成させる。（中略）最初から作りたいものが見つかる人はそんなにいません。負け戦。かまへん。やりたい形。変わっていい。土器でもいい。わけのわからん置物でもいい。自分が作りたいものを，これだというのを手で作り出す。何かが絶対見っかってくる。見つかるまではぐちゃぐちゃやっていい」と言う。

この間子どもたちはそれぞれ制作に取りかかっている。そしてこの後，筆者は一人の子A子の制作過程にもっぱら集中して観察していくことになる。このクラスは筆者にとって初めてのクラスで，個々の子どもについての情報はまったく持っていない。観察の対象としてこの子を選んだのはまったくの偶然であったが，その表現過程は非常に興味深いものであったのである。

1.2 過去の自分との対話の場としての作品

ではこの子の表現過程はどのようなものだったのだろうか。図2-1は，筆者が観察を始めてからこの子が完成を宣言するまでの40分に，この子どもの粘土の変形が展開していく様子を簡単に図式化したものである。全体は5つの段階に分けることができる。段階の下の数字はそれぞれの段階の経過時間である。図2-2は図2-1上のアルファベットの時点に対応する粘土の形である。

ここで生じた表現過程には次の2つの契機があるように思われる。

・それ以前の表現を否定することを通しての探索の契機
・「自分の表現」が否定を生き延びることで成長していく契機

最初の契機は第4段階までの展開の中にはっきりと現れている。それぞれの段階である形状がつくられるが，それは最終的には壊されることで否定され，次の変形の段階へと進行し，そこで新しい変形が探されている。

第二の契機は，このような否定的探索の中で，しかし作品のある部分は否定を免れ，次の段階に引き継がれ，そこでの展開の基礎として使われていく，というものである。

図2-1で，段階間に引いた線は，そうやって生き延びた特徴が後の段階に受け継がれる様子を示している。まず第1段階で形成された円柱は，結局第5段階まで引き継がれ，それぞれの段階の展開の中で絶えず現れる。第2段階で円

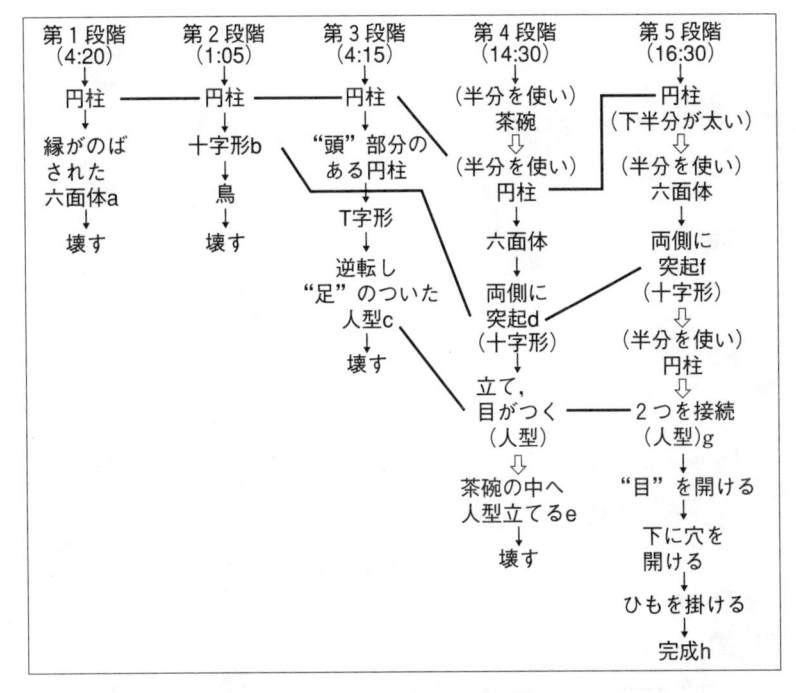

第2章　ＡＶ機器が研究者によって実践に持ち込まれるという出来事　51

```
第1段階      第2段階      第3段階      第4段階         第5段階
(4:20)      (1:05)      (4:15)      (14:30)        (16:30)
 ↓           ↓           ↓        (半分を使い)        ↓
円柱 ――――― 円柱 ――――― 円柱         茶碗           円柱
 ↓           ↓           ↓           ↓        (下半分が太い)
縁がのば     十字形b     "頭"部分の  (半分を使い)        ⇩
された        ↓        ある円柱       円柱        (半分を使い)
六面体a       鳥          ↓           ↓          六面体
 ↓           ↓         T字形        六面体          ↓
壊す         壊す         ↓           ↓          両側に
                        逆転し       両側に        突起f
                      "足"のついた    突起d       (十字形)
                        人型c      (十字形)         ⇩
                         ↓           ↓        (半分を使い)
                        壊す         立て,          円柱
                                   目がつく         ↓
                                   (人型) ―――― 2つを接続
                                     ⇩          (人型)g
                                   茶碗の中へ       ↓
                                   人型立てるe    "目"を開ける
                                     ↓           ↓
                                    壊す         下に穴を
                                                 開ける
                                                  ↓
                                                ひもを掛ける
                                                  ↓
                                                 完成h
```

図2-1　A子の作品生成過程

↓は各段階での展開
⇩は粘土塊を分けたり，分けた別の粘土塊に移行したり，複数の粘土塊を結合したりの場合。
段階間を結ぶ線は，段階間で対応する形状を示す。
アルファベットは図2-2での写真と対応する。
各段階の下の（　）内の数字は経過時間（分：秒）。

柱から突起が出され，十字型が形成されて，これは第2段階では「鳥」へと変形していくが，円柱から突起を出すという形は第4，5段階に引き継がれる。第3段階で形成された人型は，第4，5を通して，作品の基調的な形となっていく。それぞれに，具体的な形は異なる。だが，前の段階での探索で発見されたある形状が後の段階に引き継がれ，それが各段階での独自の展開の基礎となっていく。5つの段階を経ることを通して，少しずつ彼女の「作品」が，その方向性を明らかにしていき，第5段階で完成に至る。

　この2つの契機を総合してみると，ここで生じている表現過程はまずは次のようなものになるだろう。子どもは，とりあえず粘土をいろいろ変形していく。そしてそれを見る中で，ある部分は「違う」と否定されるが，ある部分は「こ

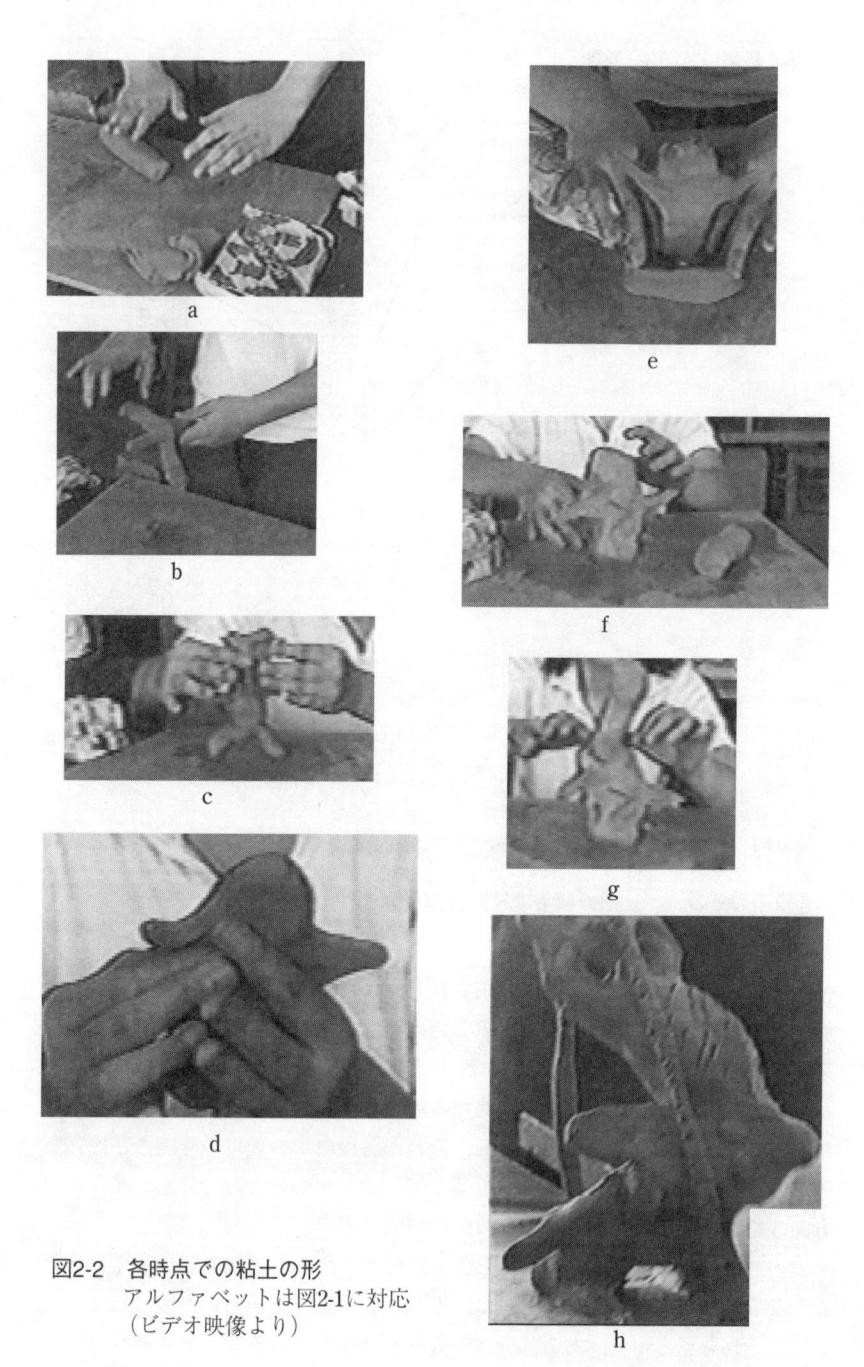

図2-2　各時点での粘土の形
　　　アルファベットは図2-1に対応
　　（ビデオ映像より）

郵便はがき

101-0051

恐縮ですが、切手をお貼り下さい。

（受取人）
東京都千代田区
神田神保町二―一〇

新曜社営業部 行

通信欄

通信用カード

■このはがきを，小社への通信または小社刊行書の御注文に御利用下さい。このはがきを御利用になれば，より早く，より確実に御入手できると存じます。
■お名前は早速，読者名簿に登録，折にふれて新刊のお知らせ・配本の御案内などをさしあげたいと存じます。

お読み下さった本の書名

通 信 欄

新規購入申込書 お買いつけの小売書店名を必ず御記入下さい。					
(書名)		(定価) ¥		(部数)	部
(書名)		(定価) ¥		(部数)	部

(ふりがな)　　　　　　　　　　　　　　　　　　　　　　　　　　　(　　歳)
ご 氏 名　　　　　　　　　　　　　ご職業

〒　　　　　　　Tel.
ご 住 所

e-mail アドレス

ご指定書店名	取	この欄は書店又は当社で記入します。
書店の住　所	次	

新曜社 新刊の御案内

Jun.2001〜Jul.2001

■新刊

A. マクファーレン
イギリスと日本　マルサスの罠から近代への跳躍

二つの島国が，なぜ西と東でそれぞれ最初に近代への跳躍を果したのか。「マルサスの罠」という意表をつく視角から，両国の生態的構造，社会と文化の慣行，微細な生活史的事実の歴史的意味を精密に掘り起こして，この世界史最大の問いに答えた画期作。　船曳建夫監訳　Ａ５判520頁／税込5775円

D. ネトル・S. ロメイン
消えゆく言語たち　失われることば，失われる世界

世界で話されている言語の60％が今世紀中に消滅すると危惧される。なぜ，いかにして言語は消滅しつつあるのか。消滅を防ぐ手立てはあるのか。そもそも言語の多様性はなぜ守られるべきか。世界各民族のフィールドワークからグローバリズムに警鐘を鳴らす。　島村宣男訳　四六判384頁／税込3360円

D. キムラ
女の能力, 男の能力　性差について科学者が答える

女は地図が読めない!?　男は話が聞けない!?　どこまで信じるべきか，このさい研究の最前線をたずねてみよう。長年にわたって性差研究をリードしてきた女性心理学者が，いえること，いえないことを，確かなデータをあげて分かりやすく説いてくれる。　野島久雄ほか訳　四六判312頁／税込3045円

表示価格は消費税（５％）を含んでおります。

■新刊

坂田千鶴子
よみがえる浦島伝説　恋人たちのゆくえ

本当は姫と貴公子の恋物語だった！　古代ののびやかな恋はどうして消されたのか？　風土記から万葉集，記・紀をへて現代にいたる物語の変遷をあとづけ，「開けてびっくり玉手箱」の真実を明らかにする。フェミニズムならではの切り口も鮮やかな伝説再訪。　　　　　四六判240頁／税込2100円

発達臨床研究会・保育士心の発達研究会　共編
岡宏子と考える保育の科学　理論と現場の循環のために

理論と実践の循環を大切にして保育の現場に深い影響を与えてきた故岡宏子教授の今なお新鮮な講義と，その教えにそって研究者と保育士が実践のなかから開発した保育の基本問題へのアプローチを収める。明日からの保育を助ける英知と技法への無二の招待。　　　　　　　Ａ５判212頁／税込2520円

江沢洋
理科が危ない　明日のために

円周率は3でよい!?　物理を履修しないでも理工学部に進学できる!?　これでは日本の科学技術に明日はない。何がこんな事態を招いたのか。どうすれば理科教育は再興できるか。科学エッセイストとしても知られる物理学者の，広い視野からの診断と批判。　　　　　　　四六判208頁／税込1890円

江沢洋
理科を歩む　歴史に学ぶ

夏目漱石，寺田寅彦，仁科芳雄，湯川秀樹，朝永振一郎，知への好奇心に燃え，理科の面白さを子どもたちに伝えようとしていた人々。かれらの足跡をたどり，その熱い情熱，豊かな発想や逸話をふりかえって，これからの理科＝科学教育のあり方を考える。　　　　　四六判208頁／税込1890円

■心理

天貝由美子
信頼感の発達心理学　思春期から老年期に至るまで

自己や他者への信頼感の欠如が生み出す様々な問題行動。では信頼感とは何か，それはどのような条件下で発達し，あるいは不信へと転化，阻害されるのか。精緻に設計された調査とデータの綿密な分析によって，これらの重要な問いに実証的に答えた気鋭の研究。　　　　A5判186頁／税込3360円

加藤孝義
パーソナリティ心理学　自分を知る・他者を知る

人間個々の「その人らしさ」を成り立たせている行動や認知の特性に光を当てるパーソナリティ心理学。本書は，その最も基本的な知見を平易に説いた入門書。どの章も具体的で分かりやすく，読者が自分をもっとよく知るためのアドバイスともなる。　　　　　　　　　　　　四六判208頁／税込1890円

高尾浩幸
日本的意識の起源　ユング心理学で読む古事記

古事記を精密に読み，そこに語られる国土の拡張・組織化・複雑化の過程を，民族の集合的意識が拡大し，構造化，多様化してゆく過程の象徴としてとらえ，このユング的視点から日本人が集団として共有する意識の性質と力動，個人の精神構造への道筋を跡づける。　　　　四六判288頁／税込2730円

■文学・現代思想

土田知則・青柳悦子
[ワードマップ] 文学理論のプラクティス

脱構築，ポストコロニアル，物語論，メタフィクション等々文学批評がよって立つ理論の切れ味を，プルースト，カフカ，クンデラや村上春樹，金井美恵子，水村美苗，多和田葉子らの作品を題材に実演してみせる。好評の『ワードマップ現代文学理論』の実践編。　　　　四六判290頁／税込2520円

■語学

山本富美子 編著
文科系留学生・日本人学生のための一般教養書
たちまち重版

国境を越えて ［本文編］

B5判280頁／税込2940円（テープ別売・税込2100円）

山本富美子・工藤嘉名子 編著
文科系留学生のための中・上級学術日本語練習ノート

国境を越えて ［文型・表現練習編］

B5判210頁／税込2520円（テープ別売・税込2100円）

初級の日本語力をもつ留学生が，現代日本社会への理解を深めながら，より進んだ読解力と表現力が身につけられるように工夫された教科書。上記の二本立てで，新聞記事やエッセイ，論文などを題材に読解の力を多面的に養い，さらに学習した日本語をレジュメの作成や討論などさまざまな場面で使えるようになるまでを目指す。両編とも聞取り・発音練習のためのカセットテープを別途用意。

■社会・歴史

嘉本伊都子

国際結婚の誕生 〈文明国日本〉への道

「国際結婚」という日本独特の表現に潜む明治国家形成期社会の力学。鎖国から開国後にいたる間の膨大な史料を渉猟して「異国人」間関係にあった人々の足跡を追いつつ，日本固有の戸籍と国籍の関係に「対内的」日本人と「対外的」日本人の使い分けを見事に析出。　**A5判328頁／税込3990円**

竹内洋

大衆モダニズムの夢の跡 彷徨する「教養」と大学

荒廃する教育⁉　崩壊する教養⁉　日本の教育は何をめざしその知的風土は今，どこに向かおうとしているのか。読みやすいエッセイ形式で，大正・昭和のエリート像から〈教養主義〉の高揚と衰退を描き，現代の大学知の閉塞感，子供教育の混迷の由来を喝破。　**四六判304頁／税込2520円**

れこそ自分の作品のあるべき姿だ」として否定を生き延び，後の段階で採用される。表現活動は，このような否定と，否定の否定の２つの契機からなる。目の前に物として現前する粘土上には，これまでのそのような自己の表現活動が具現されている。ここでの表現活動の過程は，この具現化した過去の自己の表現活動との間で，いわば対話を繰り返し，否定と，否定の否定を繰り返す中で，自己の表現をより鮮明で具体的な物として探索していく過程である。

1.3 協同性の契機１——外的資源としての他者の作品

　ここまではこの子どもが一人で，目の前の対象である粘土の固まりと対話していくものとして，表現過程を記述してきた。だが実際のところは，この子どもの表現過程はそれを取り囲む教師と他の子どもの活動の影響を強く受けた協同的な表現過程なのである。

　この協同性の契機に，ここには２つの種類がある。ひとつは，他の子どもの作っている作品や，教師の紹介した作品が，子どもの表現過程にとって外的な資源として働き，子どもがそこからあるものを取り入れていく，というものである。

　このような外的資源とその取り込みは，ここでは数ヵ所で行われている。そのひとつは，岡本太郎の「太陽の塔」である。制作に入る前に先生が岡本太郎のビデオを子どもに呈示し，特に「太陽の塔」については子どもたちが興味を示したことは前に述べた。ところで，この子どもの第４段階，茶碗の中に据え付けられる人型は，その左右に張った突起が「太陽の塔」を思わせるものである（図2-2 d, e）。「太陽の塔」には顔が，表だけではなく，裏側にもあり，そのことはビデオの中でも取り上げられているが，ここで子どもが作った人型は「目」と考えられるへこみを前後両面につけている。このことからも，ここで彼女が「太陽の塔」を取り込んだと想定することは無理がないだろう。

　ところでここで重要なのは，このような他者の作品という外的資源の働きは，それ自体の論理で進行するというのではなく，粘土のかたまりと対話しながら自己の表現を作り出そうとしているこの子どもの個人的な表現過程によって，その取り込みのしかたが決定される，ということである。

　たとえば「太陽の塔」が呈示されたのは前の時間であったわけで，しかしそれを子どもが取り込んだのは彼女の表現過程の第４段階になってからであった。おそらくは第３段階で人型が現れ，それが彼女にとって重要なものになってくるまで，前の時間で呈示された「太陽の塔」は大きな関連を持つものにはなら

なかったのである。

さらに第5段階になると、「太陽の塔」的形状は捨てられ、まったく異なったものになる。ただし、それにしても作られたものは子どもにとって「太陽の塔」と同じく、大きなモニュメントの雛形ととらえられている（このことは図2-2hに見える基部の穴について、子どもが「人が通る」と言っていることからも明らかである）。したがって、一度取り込んだ「太陽の塔」のある性質は否定を越えて保存されているが、全体の形状そのものはまったく異なった、彼女独自のものとなっていくのである。

1.4 協同性の契機2——教師による表現過程の方向づけ

だが授業の中の協同性の契機は、このように直接的な形でのみ存在するわけではない。もっと重要で大きな位置づけをもつのは、教師による子どもたちの表現活動の方向づけである。

工作が実際に始まるに際して、先生が「今日は土台の形探して」と言い、さらに、「これだというのを手で作り出す。何かが絶対見つかってくる。見つかるまではぐちゃぐちゃやっていい」と言ったことはすでに述べた。この、子どもに対して試行錯誤を承認し、奨励する働きかけは、この先生の授業ではこのような直接的なことばによる形以外にも広く行われている。たとえば試行錯誤を何回も繰り返した子どもの表現の探索の経過を他の子どもたちに肯定的に紹介することはよく行われるそのひとつのやり方である。このクラスは筆者にとってこの粘土工作の時間が最初の観察経験であり、それ以前の美術の授業について実証的に語ることはできないが、このような試行錯誤と探索の奨励がそこでも熱心に行われていたことは疑いがない。この、絶え間ない働きかけが、ここで紹介した子どもが示したような探索的な表現過程を可能にする土俵を作り出しているのである。

もうひとつ言っておくと、先生がよく行う働きかけはこれだけではなく、一見これとは逆の働きかけもある。表現の方向を速やかに決め、限られた時間内に手早く完成させることの奨励である。ここでは「次の時間に完成させる」という形でしかそのことは言われていないが、このように探索の時間を限定し、そこで表現の方向を決めた後はそれに専念してとにかく完成させる、という働きかけもまた非常にしばしばこの先生の授業で行われている。これには学校の美術の時間が限られているという実際的な理由もあるだろうが、試行錯誤・探索の時間を限定することで、それに集中させるということがより本質的な意味

なのだろう。
　教師のことばによる，またときには時間の設定などによる働きかけが，授業の中の子どもの表現発現の方向性を決める。授業の中の表現の協同性は，先に紹介した外的資源の提供だけによってではなく，というよりもむしろより大きくこのような教師による働きかけによって可能になる。
　この働きかけは，子どもの展開する表現過程の特定の部分に向かってのものではない。それは子どもが個人として行っている自分の作品や他者の作品との対話の過程に直接介入するものではなく，この対話の過程全体を奨励するものである。そのようなものとして，教師によるここでの働きかけという協同性の契機は，子どもの表現過程における個人性の契機を大きく包み込み，それを支えている。

2節　異物としての観察者

2.1　授業のただ中に佇立することの異物性

　ここから，このような研究を行っている筆者にとって絶えず気になっている問題，絶えずそれへの対処を考えている問題について述べていくことにしよう。端的に言ってしまえば，これはビデオカメラが，またビデオカメラを持って場の中に入っている研究者としての筆者が，場にとって異物となってしまっているのではないか，そのことによって場とそこにいる人たちに悪影響を与えてしまっているのではないかということである。
　たとえば上で紹介した事例の場合である。ここで筆者はビデオカメラを携えた研究者として，授業の中で特定の子どもを，偶然にではあるが選び，その近くに立ち，絶えずその子にカメラを向け続けていた。実際に進行する授業のただ中に，その授業と直接関係のない筆者が，いわば佇立していたわけである。
　物理的な面ばかりではない。授業には教師と子どもが関わっているひとつの大きな意味の流れがどんな場合にも存在している。カメラを特定の子どもに向け，その行動をカメラによって切り取ろうとする研究者の活動は，しかし言うまでもなくそこにある意味の流れとはまったく別種の意味を持った活動である。活動の意味性という面からいっても，筆者のビデオカメラによる観察という活動は，授業の中にまったくの異物を持ち込んだことになる。
　このことは，この授業がいわゆる一斉授業であれば事実としてよりはっきり

と現れ，筆者により強く感じられただろう。それに比べれば，ここでの事例は子どもたちが個々に活動する場面であり，したがって異物性は筆者によってその場合よりは弱く感じられたし，また実際的な影響もより少なくはあったろう。しかしどんな場合でも授業とは「教室全体の教師と子ども，子どもと子どもとの間に，また教師や子どもと教材との間に，一つの課題を追求するための緊張した糸が張りめぐらされて」（斉藤，1968）いるものである。したがって，たとえ子どもたちが個々に活動している場合でも，その空間のただ中にカメラを持った研究者が佇立していることは，そのはりめぐらされた糸，すなわち教師と子どもの間の緊密なやりとりにどうしても好ましからざる影響を与えてしまうのではないか。

　密着してカメラを向けていることが，対象とした子どもに与えるかもしれない影響やプレッシャーも気になる。たとえば上の事例も含め現在入っているY先生の教室では，子どもの側の行動としてこれが明確に筆者に感じられたことはない。しかしその恐れから，いくつかの予防的措置と筆者が考える行為をとることがある。

　たとえば上の事例でもそうしていたのだが，観察・撮影中に子どもに話しかけることもあるのも，そのひとつである。研究という観点からいえば厳密な中立的立場に立つべき研究者が，わざわざ対象に話しかけて影響を与えるのは言語道断な振る舞いであるかもしれない。だが話しかけることで，研究者としての筆者が，なぜかわからないが自分のことを撮り続ける不気味な大人ではなく，自分の活動に興味を示してくれる一人の隣人として，子どもに感じられるのではないかと筆者には思われるのである。

　特定の子どもを選ぶことに関連してもうひとつ気になるのは，そのことに対する他の子どもの反応である。筆者の経験の中でこれも明確に問題化することはあまりないが，まれに「なぜ△△ちゃんばかり撮るの」と聞かれることがある。このような場合「いや，そんなことはないよ」とはぐらかすような答えはしたくない。上の事例について述べたように，実際にある子どもを選ぶ理由はさまざまで，たまたまある子を撮り始めたので最後まで撮った，といった場合もある。そんな場合には，子どもにたとえわかりにくいと思われても，なるべく事実を伝える。ただ，ある子がなぜか気になって，というように，他の子どもには伝えにくい，またときには伝えるべきではない場合もある。必ずしもそれだけに備えて，というわけではないが，短い時間とはいえ他の子どもにもカメラを向けておき，いや「××ちゃんも，○○ちゃんも撮っていたんだ」と答えたりする。実際に上の事例でもこのことを行っており，研究という面からい

うと，それはたまたま，他の子どもの作品が対象とした子どもの作品に与える影響についてのデータを与えてくれた。だがそれは偶然的な副産物であり，筆者がそこで他の子どもも撮っていたのは，そもそもはこのような配慮からであった。

2.2 ある養護学校での研究経験

そして実際，そのような異物性が顕在化し，問題として噴出してしまった経験を，別の研究計画において筆者は持っている。これについてはすでに書いたこともあり（宮崎, 1998a），また繰り返し触れるにはつらさを伴う事例ではあるが，やはり触れておかざるをえない。

この研究は，ある養護学校の先生で彼自身研究者でもあるA先生の実践を何人かで観察し，実践者と複数の研究者の視点からその実践を語り合うことで何が見えてくるのか明らかにすることを目的とした研究であった。

たとえばここでの観察で，次のようなエピソードがあった。A先生が関わっているBという子どもがいて，日に一回は学校の外に出ることをいつもA先生にせがんでいた。一方，もう一人Cという子どもがいて，この子もまたA先生との関わりを強く求めていた。この日，Bから外に行くことを求められたA先生はBをつれて一人で遊んでいたCのところに行き，二人で並んでCに向かい，「お散歩してもいいですか？」とCに尋ねた。Bは横を向いてしまっていたが，A先生はその顔をぐいっとCの方に向けさせ，「いいですか？」とまた言った。Bは相変わらず横を向いて何かもぐもぐ言っているようだった。Cの方は下を向いて，落とした風船を見ているようだったが，うなずいたようにも感じられた。A先生は「いい？」と確認して，Bに「（Cは）いいと言った」と言い，さらに何時に帰ってくるかを決めてBと共に出ていった。

このとき，筆者はたまたまそばで観察していた。ビデオカメラはこのときは使用していなかった。その筆者にとって，Cは実際に同意したようにも感じられたが，そのありさまは微妙なもので，そのことに確信は持てなかった。もしこの場でビデオ撮影が行われていれば，Cが同意する動きを示したかどうか，確認することがおそらくできただろう。さらにまたもし本当に同意を示す動きがあったならば，A先生はCの顔の表情や行為の何を読みとったのか，明らかにすることができたかもしれない。そのことによって実践者としてのA先生が，自分で必ずしも気づくことなく行っている子どもたちについての見方を明らかにすることができたかもしれない。

あるいは、ここでCの表情や行為には特定の変化がなかったということが明らかになったかもしれない。それは先生の「思いこみ」だったのかもしれない。だが仮にそうだったとしても、それはA先生の実践者としての価値を低くするものではない。教育、保育の場では子どもたちとの相互作用の中で教師の側に一瞬一瞬の判断が要求される。その中には誤謬も必然的に入り込む。しかし子どもの行為についてのその「誤った」意味づけに基づいて、さらに子どもたちに対する働きかけがなされ、それが子どもとの間での豊かな意味をもったやりとりを可能にしていくこともあるのが、教育、保育の場というものである。ここでのエピソードの分析は、そんな教育、保育に特徴的な相互作用のあり方を明らかにする機会を与えてくれたかもしれない。

2.3　異物性が顕在化した

このようなエピソードを集め、分析することで、A先生の実践を通して養護学校における教育、保育のあり方に少しでも迫ることができるのではないかという期待から、この研究はスタートした。最初の2回の観察時には共同研究者全員が参加し、いずれも学校とその実践の様子を感じ取ることを主目的に、子どもたちを観察するというよりは彼らと関わることを中心にした参加観察を行った。ただしA先生の許可を得て、ビデオ撮影は最初から行った。

第3回目の観察に入るにあたり、それまでのビデオ撮影のしかたについてA先生を通して学校側、A先生以外の先生方から注意があった。研究はA先生の実践を対象とすると聞いていたのに全体を撮影していたのはおかしいのではないかというものであった。もちろん研究目的からいえばまさにそのとおりであり、A先生と相談して観察・ビデオ撮影はA先生の実践にのみ限ることとした。A先生の担当する子どもたちの親御さんたちの了解は事後になるが、A先生との関係で撮れるのではないか、という判断もあった。

問題が顕在化したのは、筆者とその協力者である大学院生の二人のみが参加したこの3回目の観察後であった。観察数日後にA先生からの連絡で、このときの筆者たちの観察が学校側で大きな問題となっていることを知らされることになったのである。

まず、A先生が関わっていた一人の子どもの親御さんから抗議があった。子どもの活動が詳細にビデオに撮られていたことについて、親自身が知らない外部の人間が子どもを研究対象にすることについての疑念、研究の目的が親に対してはっきりとさせられないままに子どもが研究の対象とされたという問題、

研究がその子に何を返してくれるのかという疑念，ビデオは残るものであり，それがプライバシーを侵すことであるという指摘が，その内容であった。

A先生の同僚たちからの問題提起もあった。ビデオを撮ることがその対象となった子どもにとって，また他の子どもや保育者にとっても大きなストレス源となっているのではないか，という指摘であった。

この後，学校側は筆者とこの問題について話し合いの機会を設けてくれた。その際の論点のひとつは，ビデオを使うことのリスクに対して，そのメリットは何か，それを使わないで，たとえば目を鍛え，メモをとることで観察する場合と比べて得られるものは何なのか，ということであった。むろん筆者はいろいろなメリットがあることを信じていた。しかしそれを先生方に説得的に示すことができなかった。また，この研究によって子どもたちや実践者が得られる利益は何か，という問いに対しては，すぐさま，かつ直接的には，何もない，と言わざるをえなかった。筆者たちはそれまでに撮ったビデオを学校に託し，研究を中止した（この事例について別の目から見たものとして，西原，1997a）。

3節　参加の2つのモードについて

3.1　筆者はどのように参加していたか

なぜこのような大きな問題が起こったのだろうか。どうすればそれを防ぐことができるのだろうか。だがそれらの問題について考える前に，まず筆者がここで研究者としてどのように養護学校の場に参加していたのか，そこにどんな性質の相互作用が生じていたのか，それについて考えてみよう。そのことが，これらの問題に回答を与えるためのひとつの基礎となるだろう。

この，問題が顕在化した第3回目での筆者の参加のしかたについて振り返ってみよう。この直前に他の先生方からの注意もあり，筆者と，協力者として参加した大学院生の二人は，このときもっぱらA先生と彼が関わっていた子どもBの二人を観察し続けた。研究目的からいえばそれは当然のこととも考えられるが，それにしても筆者たちのあり方は，このときいささか極端なものであった。筆者たち二人は保育時間中この二人にいわばぶら下がり，若干の距離をとりながらも彼らの行くところ絶えずつきまとい，注視し，メモをとり，カメラで追い続けた。他の人たちのじゃまにならないようにという配慮は当然のこととしてあったものの，筆者たちの態度はあたかもその場にA先生とBの二人し

かいないがごときものであった。この二人以外の人たちとの関わりを，筆者たちは積極的に避けた。他の子どもたちと関わったり，遊んだりということは，まったくなかった。二人に対する態度でも，筆者たちは観察者に徹した。たとえばA先生がBと関わりながら部屋を出ていこうとしたとき，ドアを開けることすらしなかった。A先生がBと関わりながら苦労してドアを開けるのに任せた。意識してそうしたというわけではない。こちらの動きが，おのずとそうなってしまったのである。無意識のうちに身を引き，観察者に徹していたのである。

　このとき筆者が感じていた感覚について述べてみよう。この時間を通じて，筆者はある閉じた感覚を感じていた。A先生とBの二人を底面とし，筆者とビデオカメラを頂点とする円錐状の空間ができたように感じていた。筆者はその中に閉じこもっていて，そこに閉じこもることには一種の快感すら感じられた。この円錐状の空間は周りの空間とははっきりと異なった質のものとして感じられた。周りの空間，A先生とBを取り囲んでいるはずの学校全体の場は，筆者にとって外部にある，縁のない空間と感じられていた。

　結局は3回で終わった養護学校での参加，観察の中で，このような極端な観察者的立場への閉じこもりと観察の対象とした以外の人たちからなる場からの疎遠化は，この第3回目に特徴的なものであった。とはいえ，振り返ってみると，第1，2回目の参加，観察にしても，3回目の参加のしかたにつながる性格のものだったようである。とりわけ，場にいる大人の人たち，実践者の人たちに対して，筆者は1，2回目とも積極的な関わりをもとうとはしていなかった。信頼感を得るための努力とかいう以前に，雑談という程度にも語り合うことをしていなかった。子どもたちとの間では，1，2回目はある程度遊んだりしたとはいうものの，養護学校の子どもたちとの間に積極的な関係を持つというには，そこでの関わりはまだまだ薄いものであった。結局，筆者たちはたまたま訪れた研究者であり，お客様以上のものではなかった。そう考えてみると，この第3回目での参加のあり方は，この養護学校への筆者の参加のしかたの典型であるようである。

3.2 〈I-YOU〉モードと〈THEY-THEY〉モード

　この事例での筆者の研究者としての場への参加のしかたを，実践者や子どもの場合の場の参加のしかたと比較しつつ，少し図式的に整理してみよう。ここでは参加のしかたを，参加し参加される当事者の経験の人称性に着目して分析

第2章 ＡＶ機器が研究者によって実践に持ち込まれるという出来事

し，それを参加のモードと呼んでみよう。するとここには，次の２つのモードが考えられる。〈I−YOU〉モードと〈THEY−THEY〉モードの２つである[(1)]。

この２つのモードについて説明していこう。まず〈　〉内の第１項は参加する側を示し，第２項は参加される側を示す。〈I−YOU〉モードは一般的な生活者や，学校場面における実践者と子どもの場合に優勢であるが，ここでは参加していく側は自分のその時々のさまざまな関心のもと，参加される側に働きかけ，また働きかけられ，その中で意味ある世界を協同的に作り出していく「私」，Iである。これに対して参加される側は，Iの関心を共有する場合も，しない場合も，誤解する場合もあるが，何らかの答えをIの働きかけに対して返していき，かつ自分の関心事に基づいてIに働きかけていく。それはIの相手としてのYOUである。

両者の関係は常に往復的なものである。IとしてYOUに向かう参加する側は，YOUの側のさまざまな個人的関心のもとで働きかけられ，またそれに働き返すYOUとなる。同じく参加される側であり，参加する側の相手であるYOUの側も，その当事者にとってはYOUとしての参加する側と共に意味ある世界を作り出していくIとして存在している。

これに対して研究者が参加する場合，その参加のモードは〈THEY−THEY〉モードが優勢である。参加される側は参加する側にとっては一方的に見，あるいは働きかける受動的な存在となる。それは相手としてときに心を通わせたり，ときに敵対したりするYOUではなく，三人称的な対象でありTHEYとなる。このとき，これに対応して参加する側もそのままの自分としてのIから現れ方を変える。それは自分の持つさまざまな関心のもとに活動するものではなく，たとえば研究者の場合でいえば，科学や特定の理論の規定する個別的な関心や態度に支配されて活動するものとなる。社会的な知識体系であるところの科学の関心が自己のそれを覆い尽くし，自己の持つ他のさまざまな関心は排除される。自己でありながら，その活動は自己の外にある科学からの関心と規範によって導かれるものとなる。自己にとって自己は疎外され，三人称化されたTHEYとなる。

ここでもまた関係は往復的である。一方的に見られ，働きかけられている参

---

(1) この２つのモードを宮崎（1998b）では実践知と科学知をそれぞれ特徴づけるものとして一人称性，三人称性と呼び，同書中で複数のコメンテーターより一人称性は二人称性と言うべきではないかとの指摘を受けた。ここでの２つのモードは，その批判をもふまえ，入る者と入られる者の関係性に着目してそこでの２つの規定を再定式化したものである。

加される側にとって自らを見る側，働きかける側は共に意味を作ることができない第三者としてのTHEYとなる。見られ，働きかけられる側自身も，能動的，人間的に関わることを封ぜられ，自らをTHEYとしていく。

この関係を表2-1にまとめておこう。

表2-1 参加の2つのモードと参加する側，参加される側

	参加する側	参加される側
I-YOU モード	（参加する側から） さまざまな個人的関心事から働きかけるI （参加される側から） 働き返しに対しその関心事を共有したり反発したり無視したりさらに働き返すYOU	働きかけに対しその関心事を共有したり反発したり無視したりして働き返すYOU さまざまな個人的関心事から働き返すI
THEY-THEY モード	（参加する側から） 外的知識（科学など）に基づく一面的関心から見，働きかけるTHEY （参加される側から） 一方的に見，働きかけてくるだけのTHEY	単に見る，働きかける対象としてのTHEY 能動的な働き返しを封じられたTHEY

3.3 もう一度，養護学校への入り方について

この2つのモードは理念的なものであり，現実的にはこの2つのモードが人間の場への参加には絶えず織り重なった形で存在するはずである。しかし，養護学校に入った際の筆者の参加のモードは，ここで想定した〈THEY−THEY〉モードが，いわばかなり純粋な形で存在するようになっていた事例だと思われる。

先にも述べたように，このとき筆者は自身いわばビデオカメラの目になっていた。それは言い換えれば，科学の要請にかなうべき客観的なデータを収集すべく，自己の人間としてのさまざまな関心やら関わり方を封じて，自らを科学の要請する活動様式のもとにおいた，ということであった。A先生と子どもは，

第2章　AV機器が研究者によって実践に持ち込まれるという出来事　　　63

筆者にとってもっぱらに見る対象となった。A先生と子どもはいわば研究者にとっての一方的な「データ発生源」としてのみ存在することになった。先に紹介したドアのエピソードは，意味を共に作っていく関わり方の無意識的な封じ込めをよく示しているだろう。

　〈THEY−THEY〉モードを一貫して採用していたために，観察の対象となったA先生と子どもだけではなく，場にいた他の人たち，子どもたちや実践者たちもまた筆者にとってTHEYとなっていった。THEYとしてある筆者は，その研究目的からしてこの人たちを観察の対象から省いた。だが筆者がもっぱらTHEYとしてあったために，この人たちは人間的な関わりの相手としてもまた存在しなくなってしまっていたのである。他の先生たちの実践のじゃまにならないように振る舞おうとする最低限の配慮は，むしろ先生たちにとっての筆者たちのTHEY性を強めることになってしまった。それがまた，筆者たちにとっての周りの人たちのTHEY性を強いものとしていった。筆者たちは，さまざまな〈I−YOU〉モードで存在している人間関係に担われた学校内の豊かな実践の場の中で，自分たちにとっても，他の人たちにとっても，THEYとして佇立することになってしまったのである。

　ひとつ付け加えておけば，ビデオカメラはここでは筆者たちのあり方を象徴的に示すものとなっていたが，それ自体として参加のしかたを〈THEY−THEY〉モードにするものではない。たとえば遠足に出かけた先でその思い出とするため，教師がビデオカメラを子どもたちに向けるとき，ビデオカメラはIとYOUという両者の関係を媒介し，つなぐものとなっている。だがそれを携えた者の参加のしかたが〈THEY−THEY〉モードであるとき，ビデオカメラはその参加のあり方を周辺に向かって強く示すものともなるし，それを強めるものともなるだろう。筆者のビデオカメラはそれを向けられたものにとって「ねらっている銃」のような存在となってしまった（西原，1997b）。ビデオカメラのあり方，その異物性の程度は，それを携えている人間の参加のしかたに依存する。そのうえでさらにビデオカメラのあり方が，参加のしかたに影響を与える。

4節　参加のしかたをどう変えていくか──問題の解決へ向けて

4.1　問題はなぜ噴出したのか

　このように，この養護学校の実践の場の中で筆者たちが自分自身としても，

また周りの人たちにとっても、もっぱらTHEYとして存在したことが、この事例で問題が噴出したことの背後にある大きな原因であると筆者は考えている。そのことは3回目の参加時にはもっともはっきりしていたが、振り返ってみれば1、2回目の参加時でも多少ともにそうであった。先生たちは、むろん筆者たちがどこの何者であるか、何のために参加しているのか、知ってはいた。だがそれらのことを知ることと、〈I-YOU〉モードでの関係を経験することとは、まったく別のことである。筆者たちは先生たちとの間で〈I-YOU〉モードでの関係を積極的に作ることをせず、筆者たちはTHEY的なものとしてあり続けた。子どもたちとの関係でいえば、1、2回目の観察では子どもたちと遊び、〈I-YOU〉モード的な関係を作ろうとしたものの、特に養護学校の子どもたちとの間ではもっと多くの時間が必要だったろう。なによりも養護学校の子どもたちとの間では、その間をつなぐ先生たちとの関係がより重要なものであり、それが決定的に不足していた。

　子どもたちにとって、先生たちにとって、筆者たちはよそ者、THEY的なものであり続けた。たとえば先生たちにとって、筆者たちが学校の、また先生たちの実践をどのように感じているのか、子どもたちのあり方をどう考えているのか、不明のままであり続けた。そのような存在に、一方的に観察されることは、観察されるものにとって大きな負担になり、ストレスになる。そこには大きな不安感、不信感があったことだろう。

　問題が噴出したそもそものきっかけは、親御さんからの抗議にあった。このとき親御さんの不安感の核心にあったのは、おそらくは「自分たちの知らない人たちに自分の子どもが観察されている」というものであったろう。だが、これも推測の域を出ないが、親御さんたちにしてみれば、筆者たちを直接知る必要性はさほどなかったのではないか。自分たちがよく知り、信頼している学校の先生たちが筆者たちをよく知り、信頼している、ということがあれば、おそらくは十分だった。学校に連絡した際に、学校側から「ああ、あの人たちなら大丈夫です。私たちはよく知っていて、信頼しています」ということばを聞ければ、親御さんの不安感はよほど小さなものになったに違いない。

　だがそうはならなかった。抗議を受けたとき、学校側の人たちはおそらく、「そうだ、私たちもあの人たちのことをよく知らない。十分に信頼はできない」と改めて思われたのではないか。繰り返すが、筆者たちが何者で、何を研究目的としているかということは、学校側の人たちも承知していた。だが必要なのは、筆者たちの研究者としての属性を越えて、その人間を実感的に知ってもらうことであった。それが筆者たちの研究のやり方についての信頼性も生み出し

たことだろう。そしてそのために必要だったのは，筆者たちが長い時間をかけて，〈I-YOU〉モードでの参加を行っていくことであったに違いない。IとYOUとしてつきあうことが，研究者を研究者だけではない人間として知ってもらうことを可能にし，信頼感を勝ち取ることを可能にしただろう。

　断っておけば，これを行いえたとしても，今回の問題をすべて解決できたわけではない。たとえば親御さんや学校側から突きつけられた問題のひとつ，この研究をすることによって，子どもたちに，また学校の実践に，直接的に返せることは何であるのか，という問いかけは，これとは別の，解決にこちら側の多大な努力を要する重い問題である。だがそれにしても，筆者たちが学校の人たちにとってYOUとして存在していたとしたら，問題は噴出するにしてもより穏やかなものとなり，その問題を抱え，お互いに論じ合うことを続けるという形で研究は継続できたに違いないと思われる。

4.2　〈I-YOU〉モードでの参加をいかにして実現するか

　では，研究者として場に入るとき，どのようにして〈I-YOU〉モードでの参加を実現していけばよいのだろうか。
　その前にひとつ確認が必要なことがある。それは，研究者にとって場への〈THEY-THEY〉モードでの参加のしかたは，良い悪いを越えて必然的なものである，ということだ。研究者がある研究目的を携えて場に入るとき，彼はそれまでの科学的知識の蓄積から設定されたある観点で場を見る。そして複雑で多様な現実世界からある一面が切り取られる。科学研究とは現実についてそのようなある一面から見た見取り図を作り出すことであり，そのための材料を得るために場に入る研究者の入り方は，基本的に〈THEY-THEY〉モードのものである。場の中における研究者の異物性は，だから多少とも必然的なものである。

　したがって，〈I-YOU〉モードで参加するといっても，それは〈THEY-THEY〉モードでの参加のしかたを捨てることによって行われるのではない。それは不可能でもある。必要なのは，この2つの参加のしかたのモードの間で研究者が絶えず〈行きつ戻りつ〉を行うことである（宮崎，1998b）。
　2つのモードのうちで〈THEY-THEY〉モードは研究者にとって必然的なものであり，このモードをとることには困難さはより少ないだろう。問題は，この項の最初に述べたように，どのようにして〈I-YOU〉モードでの参加を実現するのかということにある。

実はそのためのヒント，出発点は，研究者が場に入るときに常に存在しているのである。先に述べたように，2つのモードとは理念的なものであり，現実の場への参加にはこの2つのモードが絶えず織り重なって存在している。研究者がとりあえず意識的には〈THEY-THEY〉モードで場に入っているときにも，その裏には〈I-YOU〉モードでの参加が常に存在している。そしてその2つの間で，研究者は無自覚的にではあるが絶えず〈行きつ戻りつ〉しているのである。

たとえば養護学校の事例での筆者の参加のしかたは，かなり純粋な形での〈THEY-THEY〉モードによるものであった。だがこのときですら，たとえば周りの先生たちと顔を合わせるたびに，筆者は一種の不全感，このままではまずい，という感覚を絶えず感じていた。それはより具体的にはお尻のあたりがむずむずするような感覚であった。それは，A先生以外の先生たちと具体的な関係が持てていないことに対する一種の身体による警告であった。〈THEY-THEY〉モードの参加のしかたが筆者を覆い尽くしていたとはいえ，その裏には〈I-YOU〉モードでの参加が，この場合にはそれが十分達成されていないというネガティブな方向へのものであったとはいえ，存在しており，筆者の身体はそれを痛いほど感じていたのである。

このような，裏に「隠れている」〈I-YOU〉モードの参加が表に顔を出してくるのは，上記のような場合だけではない。学校教育や保育の場に入る研究者にとってよく経験されるのは，場で行われている授業の流れへの反応であろう。

それはある研究目的をもって授業に入っていて，ふと観察目的を忘れ，授業の流れに身を任せてしまうような瞬間である。たとえば教師の発問を，研究者としてではなく一個の学習者としておもしろいと感じてしまうようなときとか，子どもの答えに対して，「そうか，君はそう考えるのか。僕ならこうだけどな」などと思う瞬間である。

このような瞬間に，まず自覚的になってみよう。自分の中の微妙な感覚のゆれに敏感になってみよう。それが2つのモードの間での〈行きつ戻りつ〉を積極的に行えるための第一歩となる。

4.3 〈I-YOU〉モードを積極的に作り出すために

だがさらに積極的に，自分の中の〈I-YOU〉モードでの参加のしかたに敏感になれるための努力が可能である。授業の流れは教師と子どもたちが協同的に作り出すものであるとはいえ，そこでは教師が主導的な役割を果たしている。

授業を生み出していくために，教師の中には〈科学の知〉とはまた異なる，しかしそれなりに体系的な〈実践知〉が存在している（宮崎，1998b）。これについて研究者が学ぶことは，授業の流れの中に，ときには学習者として，ときには教授者の側の人間として，入ることに役立つはずである。それを知るための参考資料として，教師が書いた授業記録や実践記録がいろいろな形で入手可能である。教育や保育場面に入るに際して，そのような記録を読み，教師の側が何を考えているのかを知ることは，決して無駄にはならないはずである。

ここまでは，いわば研究者個人の努力でできることである。これ以上は，入る先の教師や子どもたちの協力を得ることも必要になる。

1節で紹介した粘土工作の事例の場合には，Y先生や校長先生の理解ある配慮もあり，養護学校の事例よりはよい入り方ができているように思う。具体的にどんなやり方が可能なのかを示すひとつの例として，ここでの入り方を紹介してみよう。

Y先生は小学校の美術教育の世界では大きな実績をあげてきた著名な先生であり，筆者は一方的にはよく存じ上げていた。先生の書いた実践記録も読むことだけは読んでいた。筆者の最初の自己紹介と参加観察の依頼は，Y先生に信頼されているある共通の知人を通して行った。その後，Y先生は一日を割いてくださり，筆者と個人的な面談の機会を設けてくれた。その際にはこちらの研究目的などについてだけでなく，筆者が前もって送っていたこれまでの著作や，Y先生の著作などについて話しながら，話題は授業や教育一般，子どもたちのあり方，お互いの趣味といったことについても拡がっていった。ここで筆者は，研究目的についてのいわゆるインフォームド・コンセントを得ることもさりながら，その基盤として，筆者がどんな人間か，どんな考え方，感じ方をする人間か，ということを伝え，筆者との間でどんな人間関係が可能なのかを先生に感じ取ってほしいと考えていた。

入った後では，各回の観察の後，その日の授業についてかなりの時間話し合う機会を持てている。そこでの話題は筆者の直接の研究テーマである美術教育についてというよりは，個々の子どもについて，その成長ぶりや抱えている問題についてであることが多い。これらの情報は，研究にとってもむろん背景的ではあるが重要な情報となる。だが同時に，これは先生の個々の子どもとの関わり方，子どもの見方について，筆者が先生から学ぶ重要な機会となっている。

子どもとの関係はどうか。すでに1節で，ビデオを撮りながら子どもに対して話しかけることについて書いた。小さなことではあるが，これも筆者が子どもに対して単にTHEYとして存在するだけではなく，YOUとして存在するた

めのひとつの試みである。

　より組織的な試みとしては，毎回の観察終了時に子どもたちに向かってその日の感想を話すことを求められている。Y先生としては，おそらくはこのこと自体が子どもたちに対してある効果を持つことを想定しているのだろう。言い換えればそれは，筆者をひとつの資源として利用するY先生の教授行為であるのだろう。そのこともあって，ここでどんなことをどんなふうにいうのか，筆者にとって毎回苦心することとなっている。毎回の観察で発見した子どもたちの中のすばらしい出来事を，子どもたちにとってわかりやすいこともさることながら印象に残るように，何とか話せればと努力している。その場合，筆者の研究目的にこだわらず，授業の場にいた子どもたちの隣人として，つまりYOUとして，感心したこと，いいと思ったことを言おうと試みている。

　1回だけであったが，学年が変わりクラス替えを行った際には，新しいクラスに対して「心理学の授業」を短時間行う機会も与えられた。その日の感想を言うこととは比べものにならない難しい課題であったが，筆者が抽象的な「大学の先生」ではなく，どんなことをやっている人間であるのかを子どもたちに少しでもわかってもらうため，先生から与えられたまたとない機会でもあった。さて，5年生の子どもに「認知」とか「学習」とかをどう話したらいいのか。苦慮の末筆者が選んだのは，古典的なミュラー＝リヤー錯視の話であった。「見えている長さ」と「実際の長さ」が違うことがある，という発見が子どもたちの興味を引くのではないか，という筆者の思惑は，しかしミュラー＝リヤー図形を黒板に貼った瞬間，「あ，見たことある」という何人かの子どもの声で外れたことを知らされたけれども。

　思惑が外れたことは残念だったが，しかしここで子どもたちにおもしろい課題を考えることは，筆者にとって研究者としてではなく，教授者として，子どもたちの具体的な関心などについて考えるいい機会となった。同じことは，毎回子どもたちに対する感想を考えるときにもいえる。それは筆者の中に，〈I－YOU〉モードで参加できるための材料を与えてくれる。

　学校の他の先生たちとの関係についてはどうか。一度だけだが，校内研のコメンテーターを引き受けたことがある。Y先生によれば，「せっかく宮崎先生がきているのだから，利用しなくちゃ」ということだったが，そしてそのことばに嘘はないにせよ，これもまた他の先生方と筆者の間に具体的な関係を生み出すための，Y先生の配慮のひとつであったことは間違いない。

　ただ，他の先生方との関係についていえば，まだまだ十分な努力がされていないといわざるをえない。今のところ，Y先生の小学校が日本の普通の小学校

として，クラス単位で活動することが多く，その限りで他の先生との交渉は少ないということに救われているのが現実である。この点で先に紹介した養護学校は，事情が大きく違った。そこでは担任はあるものの，先生方の基本的な姿勢として，すべての先生がすべての子どもに目を向けており，その時々の必要性や子どもの側からの関わり方に応じて特定の子どもと関わる先生が決まっていった。言い換えれば，ここでは先生方は全体としてチームをなしており，したがって研究対象とした先生以外の先生との関係を具体的に作り出していくことが重要だったのである。

　先生方との関係を作り出すことについてもう一言述べておこう。筆者はこれまで行ったことはないが，研究者によっては教育委員会を通じて，あるいは校長を通じて，つまり公的なチャンネルを通して学校に入っていく，ということを行う場合があるようである。この場合，いわば「上から」場に入るわけで，とりあえずの入りやすさは大きいだろう。だがこのような場合，一般の先生たちは純然たる「研究，観察の対象」になってしまったり「無理矢理研究に参加させられる」者になってしまう可能性も大きい。このような入り方をした場合こそ，特に一般の先生たちとの間で〈I-YOU〉モードでの参加を工夫していくことが重要になる。

4.4 「戻りつ」の契機

　ここまで，〈I-YOU〉モードの参加のしかたへの工夫について，言い換えれば〈行きつ-戻りつ〉のうちの「行きつ」の契機について述べてきた。2つのモードのうち，研究者としてはそのモードの方がより難しいと考えられたからである。だがここで，〈THEY-THEY〉モードとの関係についても，つまり「戻りつ」の契機についても述べておこう。

　まず，〈I-YOU〉モードの参加が自覚的，積極的にできていることは，〈THEY-THEY〉モードでの参加のしかたもいくつかの意味でよりやりやすくなることを指摘しておきたい。たとえば，ある作業をしている子どもたちのすぐそばにビデオカメラを携えて立ち，自分たちを見続ける研究者の示しているTHEYの顔の奥にYOUの顔があることを子どもたちが知っていれば，ビデオや研究者の彼らにとっての異物性はずっと小さくなるはずである。

　それだけではない。〈I-YOU〉モードの参加が十分にできていれば，〈THEY-THEY〉モードでの参加のしかたをより貫徹できる可能性もある。たとえばビデオ撮影をしながら観察している際に，子どもたちがいわば甘えて，カメラ

に向かってふざけたりすることはよくあることである。このとき、子どもたちとの間でそれ以前に〈I-YOU〉モードでの関係がより十分にできていれば、躊躇することなく、「今はだめ。真剣にやろう（君は今やっているその活動を。私はそれを観察するという仕事を）」ということができるはずである。

〈I-YOU〉モードの参加を行う試みの中に、同時的に〈THEY-THEY〉モードの契機があり、それに対して自覚的になる必要がある場合もあるだろう。たとえば前の項で述べた子どもに対して感想を言う場面もそのひとつである。基本的にはここでは子どもに対して研究者がYOUとして感じたことをYOUとして述べていくことになる。だがこのYOUが研究者であるがゆえに、その感想の中にはおのずから研究者としての判断、知識が入ってくることになる。この契機に対しても自覚的になろう。YOUとして感心した子どもの姿を、もう一度研究者としての知識に照らし合わせ、それが研究者として見た場合にも確かに感心に値することなのだということを確認していこう。

ときには〈I-YOU〉モードの参加の中で、〈THEY-THEY〉モードへのシフトを積極的に行えるようにするための研究者の訓練も必要となる。たとえば授業の流れに身を任せているときに、それが必要になる。授業の流れに身を任せているだけでは、〈I-YOU〉モードにいわば行きっぱなしになってしまう。このとき同時的に、研究者として一歩引き、教師や子どもが次にとるであろう行為を絶えず予測してみよう。教師は発問をどのように展開していくか。子どもはそれに対してどう答えていくか。この能力を育てていけば、授業の流れの中で次の瞬間に特定の子どもに対してビデオカメラを接近していくことが授業を壊してしまわないかどうか、接近するとしたらどの子どもに、どの位置ならば許されるか、感じ取れるようになるはずである。もちろんこれは簡単なことではなく、失敗を重ねつつ自らを鍛えていくことが必要である。

4.5 最終的にはローザの側に

〈行きつ戻りつ〉が必要なことであり、積極的に行われるべきことであるにしても、場に入った研究者にとってビデオカメラを捨て、「行きつ」に徹しなければならない場合もある、と筆者は感じている。最後にそのことについて述べてみよう。

筆者にこのことを気づかせたのは、助産の文化人類学者であるジョーダンの経験である。彼女はメキシコ・ユカタン半島のマヤ族の助産術の研究で知られ、それはレイヴたちの正統的周辺参加論にひとつの資料的な基礎を与えてもいる

(Lave & Wenger, 1991)。ところでその著作である「助産の文化人類学」(Jordan, 1993) の第4章はフィールドワークの方法論を扱っているが、これはAV機器を持って場に入るという行為を単に技術論として論じるだけではなく、実体験に基づいた経験の分析となっている点で希有のものであり、場に入ろうとする研究者にとっては必読のものといっていい。その中に、ローザという若い女性をめぐる記述がある。

ユカタン半島でのジョーダンのフィールドワークは、もっぱらドーニャ・フアナという土地の助産婦を中心に行われた。ジョーダンはいつも彼女のそばにいて共に働く形で参加観察を行い、土地の人たちからは助産婦の見習いとして見られるほどであった。ローザはジョーダンがドーニャ・フアナと最初に出会ったときに知り合い、それ以来ジョーダンが場に入り、理解するときのよき仲立ちとなってくれた友人であった。その彼女が2回目の妊娠をし、彼女の申し出でその様子をビデオで撮れることになった。ジョーダン自身を含めてマヤ族の真正の出産の様子の視覚記録を撮った者はそれまでになく、これは貴重な機会となるはずだった。

ところが午後遅く始まった陣痛は長引き、夜遅くまで続く苦痛に満ちたものとなった。状態は不安定になり、いきむこともできなくなってしまった。長い時間耐えた末に痛みは耐え難くなり、ローザはジョーダンに向かって、「キティー（ジョーダンはそう土地の人たちに呼ばれていた）、助けて」と言った。

実はローザの1回目の妊娠は死産に終わっていた。これはその土地では結婚の危機につながるものであり、ローザにとって2回目の妊娠で得たこの子はどうしても生まなければならなかった。ローザのことばを聞いて、一瞬、これで純粋な記録が撮れなくなる、という思いがジョーダンの頭をよぎったという。だが次の瞬間、彼女はビデオカメラを捨て、ローザのそばに行き、彼女の介助にあたったのである。やがて子どもは仮死状態で産まれる。だがジョーダンの必死の人工呼吸のおかげで、子どもの命は助かり、ローザには子どもが与えられた。他方そこで真正の記録を撮り損なったジョーダンには、後にローザから、土地の女性たちの恥ずかしがりのせいで記録することがきわめて困難な、新しい母親に行われる特殊な湯浴みの機会を撮影するチャンスが与えられたのである。

このように、いわば劇的な形で、〈I-YOU〉モードと〈THEY-THEY〉モードの2つの間での選択を迫られることは、日本の学校教育や保育の場面ではまずないだろう。しかし原理的には、そのような選択を迫られることはここでもあり得る。たとえば小さなことではあるが、先に述べたようなビデオ撮影中に

子どもが話しかけてくる場面でも，そういうことが問題となることはあり得る。

多くの場合，ここで子どもは一瞬の息抜きを求め，あるいは一瞬の気まぐれで観察者に YOU としての関わりを求めてくるのだろう。そのような場合には，そしてそれ以前にその子どもとの間で〈I-YOU〉モードでの関係が十分にできていれば，その子どもに対して厳しく向かい，観察に徹することができるのはすでに述べたとおりである。だがまれには，子どもの側に何らかの重大な必要性があり，YOU としての大人との関わりを強く求めているということがあるかもしれない。ローザの例とは違って，このような場合にこの1回の関わりを拒否したからといって，悪影響が大きく残る，ということは考えにくい。だがそれにしても，もしも研究者にとって，子どもがそのような強い要求を持っていると感じられるとすれば，データを歪めてしまう可能性を承知しつつ，研究者としてはいわば一歩引いて，観察するカメラを捨て，子どもとやりとりしていくことが必要だと筆者は考えるのである。場合によっては子どもの側にそのような強い要求が感じられなくても，研究者を単なる THEY だけの存在として感じてほしくないために，こちら側から積極的に話しかけることがあることは1節で述べた。このようなことを行うことで，その一瞬限りでは仮にデータとしては無効なものしか得られなくなるとしても，最終的には場の中の人たちとの信頼関係を作り出し，場の中で研究者としてビデオカメラを持ち続けることが可能になると思われるのである。

文　献

Gardner, H., 1980, *Artful scribbles : The significance of children's drawings*. NY : Basic Books.（星三和子訳, 1996,『子どもの描画——なぐり描きから芸術まで』誠信書房.）

Gibson, J.J., 1966, *The Senses considered as perceptual systems*. Boston : Houghton Mifflin.

Jordan, B., 1993, *Birth in four cultures : A crosscultural investigation of childbirth in Yucatan, Holland, Sweden, & United States*. 4th ed. ILL : Waveland Press.（宮崎清孝・滝沢美津子訳, 2001,『助産の文化人類学』, 日本看護協会出版会.）

Lave, J. & Wenger, E., 1991, *Situated learning: Legitimate peripheral participation*. NY : Cambridge Univ. Press.（佐伯胖訳, 1993,『状況に埋め込まれた学習——正統的周辺参加』産業図書.）

宮崎清孝, 1998a,「経験としての参加観察——一つの"失敗"事例からの考察」大妻女子大学児童学科編『子ども——児童学からのアプローチ』相川書房.

宮崎清孝, 1998b,「心理学は実践知をいかにして越えるか——研究が実践の場に入るとき」佐伯他『心理学と教育実践の間で』東大出版会.

宮崎清孝, 2001,「教授学習過程での表現活動の過程分析――協同性の契機と個人性の契機」日本発達心理学会, 第12回大会発表論文集, p.187.
西原彰宏, 1997a,「ビデオ・実践・研究」『保育の実践と研究』Vol.1 (4), pp.27-35.
西原彰宏, 1997b, Personal communication.
Pufall, P.B., 1997, Value in artistic development: Raising a new agenda, *Human Development, 40*, pp.131-132.
斉藤喜博, 1968,『教育学のすすめ』筑摩書房.
鈴木忠, 2000,「美術教育」『児童心理学の進歩2000年版』金子書房, pp.104-122.
Wells, G., 2000, Dialogic inquiry in education : Building on the legacy of Vygotsky, In C.D. Lee, & P.Smagorinsky (Eds.), *Vygotskian perspectives on literacy research : Constructing meaning through collaborative inquiry.* NY : Cambridge University Press.

第Ⅱ部
ＡＶ機器によるフィールドデータの分析
フィールドを読むこと

第3章　　　　　　　　　　　　　　　　　　　　　　　　　　◎南　保輔

フィールドに参与することとフィールドを読むこと
フィールドリサーチは（フィールドでの）選択の積み重ねだ

　著者は，アメリカ西海岸にある日本人補習授業校なぎさ学園でフィールドリサーチを行い，そこから日本に帰国してきた子どもたちを追跡するという調査を行った（南, 2000）。本章の3節では，この調査をもとに，インタビュー中心のフィールドリサーチを実施する際のポイントを紹介する。4節では，フィールドリサーチのデータを分析する方法を取り上げる。1節と2節は，フィールドリサーチで収集するデータの性質について考察する。1節では，データが選択の積み重ねとして得られるものだという点を強調する。2節は，データ作成プロセスの中核となる言語化プロセスについて検討する。なお，質問文リストや同意書などの例をここではあげることができなかった。実例は，上記文献を参照してもらいたい。

1節　データとは何か——選択ということ

1.1　観察とインタビュー

　フィールドリサーチの2大データ収集技法は，観察とフィールドインタビュー（以下，インタビューと略す）である。子どものフィールドリサーチにおいては，保育園や学校の教室に出かけて行って子どもの様子を観察したり，家庭を訪問して母親に子どもの生育歴についてインタビューしたりするといったことがよく行われている。

　観察調査が時間も労力もかかるものであるのに比べて，インタビューでは比較的効率よく情報を収集することができる。ただ，相手が小さな子どもである場合は，インタビューを行うのは容易なことではない。著者の調査では，子どもの母親や学校の教師といった大人を対象としたインタビューが多く，子どものインタビューは少なかった。数少ない子どもとのインタビューで，「日本に

帰ってきてどうですか」や「日本の学校とアメリカの学校とどちらが好きですか」などの質問をしてみたが，とりわけ低学年の子どもでは，その回答をどのように解釈し評価すべきかに苦慮することが多かった。

1.2 データと選択

　ここで，データとは何かということを考えておこう。子どもに関わるフィールドリサーチのデータといっても，さまざまなものが考えられる。誕生日や家族構成，話し始めたのはいつか，幼稚園に何年在籍したか，好きな遊びは何か，得意の教科は何か，など多岐にわたる。「データ」収集は，一人の子どもとそれを取り巻く人びとや環境の中から，どこに着目して，どこをどう切り取るかという決断があって初めて可能となる。上記のような問いをインタビューで投げかけるということは，ひとつの決断，ひとつの選択をしているということなのだ。

　インタビューでの質問をかたちづくる問いよりも，選択ということがさらに明瞭に感じられるのが観察時だ。休み時間に友達と校庭で遊んでいる子どもを観察する場合に，何を観察して「データ」として記録すればよいのだろうか。著者の当初の調査疑問のひとつは，子どもたちの「生活経験」がアメリカ滞在中と日本帰国後にどのように変化するのかというものだった。その差異が，帰国してからの「再適応」と関係しているだろうと考えたのだ。なぎさ学園の休み時間に友達とおしゃべりするとき，英語を使うか，あるいは日本語を使うのか。現地の学校での休み時間に一緒にいるのは，アメリカ人か，それとも日本人なのか。おしゃべりの内容は，バスケットボールのスーパースターのマイケル・ジョーダンのことか，それとも日本の人気歌手安室奈美恵か。授業への「参加」はどうだろうか。落ちついて楽しく過ごしているか，それとも緊張して顔をこわばらせているのか。これらは，アメリカ生活にどのようになじんでいるかという問いを立てたときに，具体的な調査の焦点として浮かび上がってきたものである。

　まず確認しておきたいのは，「データ」が，そこにありのままにころがっていて，誰がどのように収集しても同じものが得られるようなものではないということだ。ある特定の問題意識や調査疑問をもった研究者（調査者）が，現象をある見方でとらえたときに初めて「データ」が見えてくる。現実は多元的であり，その「見え」は一意的には定まらない。このため，フィールドリサーチにおけるデータ収集に際しては，さまざまな選択を積み重ねて，何をどのよう

に見て記録するかを決定する必要があるのだ。

1.3　漸進的問題解決としてのフィールドリサーチ

では，フィールドでのデータ収集を開始する前に，これらの選択をすべて終えている必要があるのかというと，そんなことはないし，実際問題として不可能だ。フィールドに出てみないことには，どんな選択肢が存在するのかわからないということは多い。極端なことを言えば，フィールドでどんな調査オプションがあるのかわかっているのであれば，わざわざフィールドリサーチをする必要がないということにもなりかねない。フィールドリサーチが漸進的問題解決だとよく言われるのは（Erickson, 1992），調査開始時に調査の全体像を見通すことができない，このような性質を指してのことである。

だが，フィールドに出るまで何も決めることができないというわけではない。問題関心や調査疑問に適したフィールドを探そうとする努力は必要だし，どのような調査技法を採用するのかもひとつの選択である。当初の目的やプランが，フィールドリサーチを通じて変容され調整されるとしても，これらを明瞭にして記録しておくことは調査の基本だ。当初の調査疑問が頭でっかちの思いこみであったり，そのフィールドには適さないものであったりということが判明するのも，調査の貴重な発見なのである。

このような意味で，フィールドリサーチの記録としてのフィールドノーツは重要だ。本章では，フィールドノーツについて詳しく論じる余裕はないので，エマーソンたちの優れたテキスト（『方法としてのフィールドノート』）をぜひ参照してほしい。ひとつ強調しておきたいのが，フィールドに出る前に考えたことや行った選択もフィールドノーツに記録しておくことだ。なぜなら，調査計画や準備段階での理論的枠組みの整理や方法上の選択が，フィールドでのデータ収集とその解釈を規定しているため，その記録なくしては適切な分析は不可能だからだ。

2節　言語記述の作成

2.1　2つのトランスクリプト

〈T1　教室でのやりとり（1）〉

教師：山田くん，いま何時ですか。
山田：10時です。
教師：よくできました。

　Ｔ１は，教室での仮想的なやりとりである。日常生活場面では，時間を尋ねて教えてもらったら，「ありがとうございます」などと感謝の意を表明するのがふつうだ。対照的に，教室場面，とくに時計の読み方を学習している場面では，Ｔ１のように「評価」のことばが続く。教室でのやりとりの特徴を端的に示す場面だ。このように，発話を文字化（transcribe）したものをトランスクリプト（transcript）と呼ぶ。発話行動を「忠実に」紙上に再現するものと考えられ，談話分析や会話分析といった研究領域で用いられている。

　２人の登場人物に照準しているが，このトランスクリプトが２人の一挙手一投足すべてを再現しているわけではない。たとえば，実際には，「えーと」と言ってからあたりを見回して，ようやく「山田くん」を指名したのかもしれない。「あの」や「えーと」，「や，や，やまだくん」といった言いよどみ表現など，Ｔ１に盛り込まれていない言語行動の側面は少なくない。ポーズやイントネーション，リズムなどのパラ言語的要素（paralinguistics）や，視線や指さしといったノンバーバルコミュニケーションが挙げられる。

〈Ｔ２　教室でのやりとり（２）〉
教師：（教室の子どもたちを見回しながら）えーと，あの，
　　　（1.5秒間ポーズ）
　　　（山田の顔を見て右手で時計を指しながら）や，や，やまだくん，いま何時ですか。
山田：（立ち上がっていすを机の下に押し込み，下を向いたままか細い声で早口に）10時です。
教師：（間髪を入れずに大きな声で）よくできました。

　たとえば，Ｔ１に，言いよどみやパラ言語的要素，ノンバーバルコミュニケーションの記述を加えると，Ｔ２ができる。２つのトランスクリプトを見比べると，盛り込まれている情報量の違いに気づく。同じ場面のやりとりの記述として，別のものとも言えるだろう。２つのうちのどちらのトランスクリプトを作成するかは，理論上ならびに方法上大きな選択となる。それにもとづいてどのような分析，理論的主張を行うかにかかっている。方言使用の分布に興味が

ある社会言語学者の作成するトランスクリプトと，相互作用における微細な権力関係に関心がある会話分析家の作成するトランスクリプトとでは，たとえ同じやりとりのものであっても，大きく異なるものとなるだろう。

2.2 当事者による言語化と「発話データ」

フィールドの「いまここ（here and now）」で起こっていること（what is going on）が，フィールドリサーチの基本データだ。これには，数値が含まれることもあるが，大半は「質的データ」である文章，つまり，言語化された記述からなっている。ここで，言語化のプロセスをだれがどのように行うのかについて見ていこう。

フィールドノーツを書き上げるという作業は，調査者が行うものだ。だが，その内容を言語化するのがつねに調査者自身だとは限らない。研究対象である，相互作用の当事者がこれを行っている場合も多い。調査者が言語化する必要がないものの例のひとつが，自然な相互作用に埋め込まれた「発話」を文字化する場合だ。Ｔ１やＴ２のトランスクリプトの場合，「聞こえたまま」を文字に書き起こせばよい。

第２の例は，当事者による報告である。小学校２年生の終わりの会で，その日にあったいやなことを発表してみんなで対処するという場面があった。このときに，次郎が「お昼休みに，三郎に『おまえのかあさん，でべそ』と言われていやだった」と発言したとしよう。このような出来事（とりわけ発話行動）についての「報告」は発話のうちのひとつだ。

調査者が五郎に「学校の勉強では，さんすうは好きですか」と尋ねたところ，「ぼくは，さんすうがきらい」ということばが返ってきたとしよう。これをもとに，「五郎はさんすうがきらい」という命題をデータとするなら，これも発話にもとづくものだ。ただ，ひとつ指摘しておきたいのは，次郎の発話がある特定の相互作用を参照しているのにたいして，五郎の発話はとくに参照している出来事がないという点で異なっていることだ。ともあれ，特定の相互作用や出来事を参照しているかどうかにかかわらず，当事者による発話を記述の根本的な資源としているものを「発話データ」と呼ぶことができるだろう。

2.3 観察者による言語化と「観察データ」

当事者が発話行動をした場合は，調査者はそれを記録すればよい。しかし，

観察者が自分で言語化をしなければならないことが、フィールドリサーチでは多い。トランスクリプトを作成する作業を思い出してほしい。Ｔ１だけでは不十分で、Ｔ２のように、言いよどみやパラ言語的要素、ノンバーバルコミュニケーションなどを付け加えなければならない。これが大きな問題となる理由のひとつに、その表記方法（いわゆる正字法）が決まっていないことがある。発話内容（what is said）は、個人差のない表記が可能だ。それでも、日本語の場合は、漢字を使うか仮名表記かの違いが出るだろう。対照的に、どのように言われたか（how it is said）の表記では、正字法で規定されているものはほとんどない。たとえば、文末を句点にするか読点にするかといったことですら、文字化を行う人間が決めることになる。上がり調子か下がり調子か、それとも、「言いさし」かに対応した文末の表記が決まっているわけではないからだ。

　観察者による言語化が発話行動の記述において問題となる別の理由として、パラ言語やノンバーバルの要素が相互作用に大きな影響をおよぼすという事情がある。「笑顔で」発話したのか、それとも「ムスッとした顔で」発話したのかでは、「ありがとう」の「ニュアンス」も大きく異なってくるだろう。パラ言語やノンバーバルなものは、表記方法のコンセンサスだけではなく、どこまで書き込むべきかについての基準もないだけに、観察者の裁量の余地が大きくデータの質を決定づけるものとなるのだ。

　発話内容とそれがどのように言われたのかという発話行動の記述だけでは、相互作用の「再現」とは言えない。補完するものとして、状況や文脈の記述が必要だ。Ｔ１のやりとりがあったのは、たとえば、関東のある公立小学校の１年生の教室で1991年10月某日の水曜日、３時間目の算数の時間のことだったとか、教師が国立の教育大学を卒業して教員歴25年のベテラン女性教師だった、などということは、トランスクリプトとは別に、付随するテクストで報告する必要がある。このやりとりがあった授業の直前回の算数の授業のときに、山田君が時計の読み方を間違えて、３時を「９時」と言ってしまい、クラスメートから笑われたということがあったとしたら、これも状況についての文脈情報ということになる。

2.4　文脈情報と相互作用

　ある相互作用がどんな文脈において（in what context）生じたかが重要なのは、それがやりとりの解釈や分析を大きく左右するからだ。たとえば、「よくできました」が不自然でないのは、小学校低学年の算数の授業場面だという情

第3章　フィールドに参与することとフィールドを読むこと　　　83

報があるからだ。もちろん，問いかけて，解答を評価したのが教師であるという，登場人物についての情報も重要な文脈情報だ。保育園に白人の子どもがいる場面のビデオで，その白人の子どもの発話を別の日本人の子どもが繰り返すというやりとりがあった。このやりとりを，音声だけで聞いた場合と，映像つきで視聴した場合とで，ビデオ視聴者（つまり，やりとりの観察者）の解釈が大きく変化した。日本人の子どもの発話を，悪意のものと見る解釈から善意の発露と見る解釈へと大転換したのだ（南，1997）。音声を聞いただけのときには，同じ言葉を繰り返してからかってやろうとしていると考えた視聴者も，模倣されたのが白人の子どもであり日本語がややたどたどしいとなると，その日本語能力に配慮しての発話だと見なすようになった。発話を繰り返されたのが白人の子どもだという情報が，発話を繰り返した別の子どもの発話行動の「意味」解釈を変化させたのだ。

　「ぼくは，さんすうがきらい」という発話も，それが発せられた状況によって，解釈が変わってくる。家庭で宿題をしている場面で，横にすわっている母親に向かって発せられたのなら，「わからない」や「やりたくない」と解するのが穏当だろう。新学年が始まった日の自己紹介場面での発話だとすれば，ゴフマン言うところの「自己呈示」の意味合いが強いのかもしれない。このように，どのような状況でのものかは，発話の記述には欠かせない情報だ。発話がどのように言われたかや文脈情報は，「言われたこと」と対比して，「明示的には言われなかったこと（what is not said explicitly）」と呼ばれることがある。この表現を使用すると，調査者の仕事は，明示的に言われなかったことを言語化して記録することだと言うことができる。なぜなら，言われたことの記述が比較的単純なものであるのにたいして，明示的に言われなかったことの言語化は，それがマニュアル化されていないために，膨大な選択を調査者に強いるものだからだ。

2.5　インタビューによる「語りデータ」の収集

　こう考えてくると，インタビューというのは特殊な状況だ。調査者が積極的に関与するため，その場面の「日常ありのまま」と同じではありえない。だが，調査者が観察して言語化するという調査方法に比べてはるかに効率的であり，現に社会科学において多用されているデータ収集技法だ。
　調査者が「いまここ」にいるということ（観察者効果と呼ばれる），そして，尋ねるという行為によって相互作用に「参加」しているということだけが，イ

ンタビューデータを異質なものとしているのではない。インタビューで話題とされ語られる内容が,「いまここ」の相互作用から距離のある,抽象度の高いものだという違いが実は大きい。

質問紙調査で尋ねることができる項目
1. 行動：1日何回歯磨きをしますか？；この前の知事選で投票しましたか？；親しい親戚を最後に訪問したのはいつですか？
2. 態度・信念・意見：知事の仕事ぶりについてどのようにお考えですか？；あなたがいないところで,みんなあなたの悪口を言っていると思いますか？；現在日本が直面している最大の問題は何ですか？
3. 特徴：結婚していますか,結婚したことはありませんか,離婚したのですか,別居中ですか,それとも死別ですか？；年齢は？
4. 予期：12カ月以内に新車を買う予定がありますか？；あなたのお子さんは,学校をどのレベルまで行かれると思いますか？；東京の人口はこれから増えると思いますか,減るでしょうか,そのままでしょうか？
5. 自己分類：ご自分のことを,革新だと思われますか,中間ですか,それとも保守ですか？；あなたの家族はどの社会階級に属するとお考えですか？；あなたご自身は,宗教心が強い方だと思われますか,それとも宗教的ではありませんか？
6. 知識：この前の選挙で都知事に選ばれたのはだれですか？；この町の人口の何パーセントが日本国籍を持たない人びとですか？；この国で,カール・マルクスの『資本論』を所有することは合法的行為ですか？

　上のリストは,質問紙調査で尋ねることができる項目について整理したものだ (Neuman, 1997: 228)。「行動」のほかに,「態度・信念・意見」,「特徴」,「予期」,「自己分類」,「知識」の5項目が挙げられている。これらは,相互作用を直接観察することでは知りえない,人間の「内面」に関わるものであることに注意してほしい。また,「行動」の例として上がっているものも,調査者が直接観察して調べることがおよそ不可能なものだ。かつて,7歳の子どもの1日を研究者がチームを組んで観察して記録したということがあった (Barker & Wright, 1951) が,そこまでやれば,「1日に何回歯磨き」をしたかはわかるだろう。しかし,民主国家では投票をのぞき見ることは許されないし,親戚への最後の訪問がいつかなんていうことは,本人以外では同行した家族ぐらいにしかわからないことだろう。

質問紙調査で取り上げられる「行動」は，その要約（summary）が問題となっていると言えるのではないだろうか。行動の生起の有無（投票行動）やその時期（最後の親戚訪問），そして回数（歯磨き）などは，一つひとつの行動（とその文脈）がどのようなものだったかという詳細（details）には着目しない。ただ，行動の要約についての情報を求めているのだ。

フィールドインタビューでも，同様のことがあてはまる。著者の調査でも，行動の要約情報を集める質問が大半をしめた。もちろん，相互作用や出来事の具体的な事例を想起して，詳細に語ってもらうことは，可能だし大切だ。だが，そのようにしたとしても，「ありのまま」というよりも，当事者の「色眼鏡」を通して記憶にレジスターされたものを聞き出すことになるだろう。逆に，インタビューデータの「主観性」を逆手にとって，これを調査の主要対象に据えるという戦略も考えられる。どんな経験をして，それをどのように語るのかを手がかりに，「主観的な意味世界」を明らかにしようとするのだ。社会学では，シンボリック相互作用論の立場からの研究にこのようなものが多い。自己や情緒をテーマとする研究が思い浮かぶ。

2.6　語りデータと観察データ

内容が「行動」の要約であるという点を語りデータの特徴とするなら，「観察データ」は「ありのまま」を言語化しようとするものだ。語りデータは当事者が生み出し，観察データは調査者が産出するという対比をしてきたが，実は，観察している調査者が語りデータを生み出すことも多い。当事者が観察データを生み出すこともある。フィールドリサーチの伝統が長い人類学におけるフィールドノーツは，語りデータが中心を占めてきた（というのは言い過ぎか。儀礼など相互作用レベルで詳細に記述されてきたものもある。また，「フィールドノーツ」の内実については人類学者のあいだでも見解の相違がある（Jackson, 1990）。一つひとつの相互作用の記述は「メモ」であり，「フィールドノーツ」は「メモ」をもとに「語り」形式で書き上げたものだという見解・用語法がひとつの主流のようだ）。そのため，相互作用の「ありのまま」にこだわるアプローチは，「ミクロ民族誌」（エリクソンの用語）や「形式主義的物語」（Van Maanen, 1988）などと特別の名前で呼ばれている。

本書の主題であるＡＶ機器利用について論じる際には，「メモ」にあたる粗データ（raw data）が問題となる。この段階においては，「観察データ」は調査者，「語りデータ」は当事者が言語化するものとしておくのが適当だろう。繰

り返しとなるが，調査者が「語り」をしないというわけではない。研究論文や民族誌という作品を仕上げるのは調査者であり，その段階では「語る」ことがかならず必要となるのだから（Richardson, 1990）。

2.7　ＡＶ機器と言語化

インタビューでの語りが，「いまここ」の相互作用の「ありのまま」の記述として不十分であるのは，人間の知覚能力を考えると当然のことだ。これは，調査者が直接観察をしている場合も変わらない。さらに，インタビューの場合は，相互作用が生じた「いまここ」からしばらく時間が経過してから言語化されることが多いため，時間経過の影響を大きく受ける，記憶という要素も絡んでくる。そこで，ＡＶ機器の出番となる。

インタビューの場合には，オーディオテープレコーダーが多く使われてきた。言いよどみやパラ言語は，これで再現可能となる。だが，ノンバーバルな視覚情報はビデオカメラがないと記録できない。できれば，インタビューにおいてもビデオカメラを利用したいところだ。著者の場合，インタビューはテープ録音したのみであった。ビデオカメラがいつでも使える状況になかったことや，8ミリビデオのテープが安くないなどの理由もあったが，基本的に語りデータを採取することを目的としてインタビューを行ったためである。インタビュー時の表情やインタビューを実施した場所などの情報は，フィールドノーツに記録したのみだった。いざ分析ということになって不足を感じることもあったが，それほど大きなものではなかった。

ＡＶ機器がとりわけ威力を発揮するのが，「いまここ」に持ち込んで相互作用を記録する場合だ。詳細なトランスクリプト作成には，ＡＶ機器が欠かせない。Ｔ１のトランスクリプトのようなものなら，「いまここ」でメモを取って，これをもとにあとで作成するということも可能だろう。だが，Ｔ２となるとそうはいかない。ビデオカメラで録画したものをなんども視聴することが必要だ。テープレコーダーが発明されて，初めてトランスクリプト作成が可能となったと言われているほどだが，テクノロジーが研究のあり方を根本から変化させた好例だろう。

注意しておきたいが，ＡＶ機器を使用すれば場面のすべてを再現することができるというわけではない。カメラの視野角は決まっているし，マイクの指向性も限られている。カメラやマイクをどちらに向けるかというのは，重要な調査上の選択なのだ。音声の場合は，2人以上が同時に話したりすると，録音か

らそれらを聞き分けるのがむずかしい。授業場面を観察して録画する場合には，教師にカメラが向けられることが多いが，そのために記録されていないことやものにも思いをめぐらせる必要がある。

　ＡＶ機器を利用した場合，ＡＶ記録を再生しながら，調査者はオフィスでゆっくりと言語記述を作成するということになるだろう。このときに，調査者は，当事者の助けを借りることもできる。次回の訪問時にＡＶ記録を教師に見てもらって，なぜあそこで山田君を指名したのか尋ねるといったことだ。これは，ＡＶ記録の助けがなくともできることだが，その回答の「信憑性」はＡＶ記録の視聴後の方がはるかに大きい。ＡＶ記録が相互作用の「忠実な」再現であり，教師がそのときの「心情」に立ち返る助けとなるからだ。

2.8　語りデータと観察データの長短

　インタビューによって収集される要約的な語りデータと，観察データの違いについてまとめておこう。語りデータを使用する研究では，効率的な情報収集ができる。ただし，そのデータの質や信憑性は，語る当時者の記憶力や観察力に完全に依存している。報告者が報告内容を意図的に歪曲することも可能だ。また，語りデータを引き出すためには，データ収集に際して質問文（すなわち，調査の焦点や仮説）が，ある程度明確になっている必要がある。

　観察データは，語りデータと比較すると原材料に近い。調査者が分析視点を設定して，その観点からこれを視聴し記録，分析する必要がある。語りデータの分析に比べて，分析にははるかに多くの時間と労力がかかる。反面，記録されているデータ内容が，その場面に登場している人びとによって意図的に歪曲されたりする余地は小さい。（ただし，場面で生じていることが「やらせ」であったり，日常のルーティンと異なる「演出」だったりするといったことは，別の問題だ。）

　観察データの方が，社会生活のデータとしては信憑性が高く厳格であるという点を強調した。だが，語りデータの強みのひとつは，当時者の解釈枠組みがうかがえる点にある。たとえば，ある経験をしたときに，それを「いじめ」と見なすかどうかは，その人の解釈枠組みにかかっている。その場面を観察したうえで，どのように本人がそれを報告し意味づけるのかを知ることで，解釈枠組みについての情報を獲得することができるのだ。また，「いまここ」を超える現象を扱うのは，観察データだけでは難しい。発達や社会化といった，子どもの研究において興味あるテーマがその例である。しかし，言語発達研究のよ

うに，観察データによって効果的な研究を蓄積している分野もある。データの蓄積と方法の洗練によって，この制約も克服されていくのかもしれない。

2.9 子どもについての語りデータ

いずれにしても，自分がどのようなデータを収集しようとしているかを自覚しておくことが大切だ。ＡＶ記録を収集するとしても，その使用方法に応じて収集のしかたも変わってくるからだ。実は，著者自身は調査時にこの違いをよく理解していなかった。ビデオカメラをなぎさ学園などに持ち込んで収集した貴重なデータが，研究をまとめるに際してほとんど使えなかったのは，そのためもある。「アメリカの現地校になじんでいるか」という問いに，観察データを使用して回答するのは容易なことではない。「アメリカ人の友達は多いか」というふうに言い換えてみても，この問題は解決しない。そもそも，「友達」は観察していても「見えない」のだ。太郎が一緒にボール遊びをしている金髪白人の男の子は，「友達」なのだろうか。休み時間に一緒に遊んでいることが多いから，「ジョンとは友達なの」と太郎に聞いてみて，「いや，ちがうよ」ということばが返ってくるとどうすればいいのかということになってしまう。友達かどうかを確定するという一見単純に思えることも，本人の解釈枠組みが絡んでくるやっかいな問題なのだ。

学習が順調かどうかという問題の場合，観察によってこれを判定するには，当該パフォーマンスを評定する能力が調査者に求められる。現地校の4年生の授業で人体の骨の名前を覚えてくるという課題があった。人骨模型で各部位を指さしながら，その名前をあげていくという「テスト」が行われた。日本人児童が指名されてやったが，それらしき骨の名前を解答しているようだった。だが，部位を間違えたようで不合格，再度覚えてくるようにと教師に言われていた。この場合，著者は直接観察の機会があったにもかかわらず，英語力や知識の限界からそれを生かすことができなかったということになる。教師の評価を「観察」して，この子どもがあまり「できなかった」ということを知ったわけだ。これも「観察」だと主張することは可能だ。しかし，その場に居合わせなくとも，インタビューで教師に尋ねて，「花子は，20個の骨のうち5個しか正確に言えなかったよ」という報告データは引き出すことができるという反論も可能だろう。

学校に「なじんでいる」，生活に「適応」しているといったことも，学習の評価の問題と同じく，「ありのまま」の行動というよりも評価や解釈を含んだ

ものだ。たとえば，子どもが授業中楽しそうに過ごしていても，家では腹痛を訴えていたりすることはよくある。子どもの「適応」が順調に進んでいると子ども自身や母親が考えているかどうかは，ある場面での観察だけから引き出すことは不可能なのだ。最終的に著者の研究が「母親の心配や関心事」に照準することになったのは，母親とのインタビューでの語りを主要データとしたことの帰結であった。

　だからといって，語りデータがあれば観察データは必要ないと著者が考えているわけではない。逆に，インタビュー法を柱に据えるフィールドリサーチにおいても，フィールド観察は不可欠であると主張したい。行動レベルでの経験が社会生活の根本要素であり，インタビューで引き出せる報告は，これに〈ついての〉思考や語りだからだ。語りデータの内容を理解するためにも，語りで言及されている行動を調査者が直接観察したり，行動が生じた場面やその参与者を知っていたりすることが欠かせない。先の例をとると，著者が人骨テストの場面を観察していなくても，花子が20個中5個しかできなかったということは理解できるだろう。だが，他の子どもはどうだったのか。あるいは，花子が自信たっぷりに解答したのか，それとも，小さな声で答えたのか，また，周りのクラスメイトの反応はどうだったかなどは，インタビューで教師から聞き出そうとしても限界があるだろう。

3節　インタビュー中心のフィールドリサーチにおけるデータの収集
　　　　　——フィールドへの参与と調整

3.1　フィールドへのエントリー

　一口に子どもの「生活経験」の日米での変化といっても，何をどのように見ればよいのか，著者は当初手探り状態だった。アメリカでの生活場面のひとつとして，日本語補習授業校のなぎさ学園を選択して参与観察をすることにした。というよりも，興味を引くフィールドとしてなぎさ学園があった。文化と社会化，アイデンティティなどの理論的・実体的テーマは設定していたが，それをどのように調べるかは当時は見えていなかった。

　まず，なぎさ学園でどのクラスを観察するのかという選択があった。1990年4月からフィールドリサーチを本格化するにあたり，小学校1年から高校3年までの23クラスの中から，小学校の1年1組にしばらく入り込むことにした。

アメリカで補習校に新1年生として入学し慣れていくプロセスが，社会化の一ステップとして興味深いだろうと考えたからである。高学年になると，子どもたちになかなか受け入れてもらえないのではないかという危惧もあった。

なぎさ学園の校長先生と1年1組の担任の先生には事前に了承をもらって，入学式の日に学校へと出かけて行った。校庭での入学式，教室での顔合わせ，講堂での2年生と3年生による歓迎の歌とハーモニカ演奏（「お迎えの会」）の視聴，ランチエリアでの昼食などと観察したが，本格的なフィールドリサーチの経験の少ない著者にとって，場面で生じている「こと」をフォローしてノートに書きとめるのがやっとというありさまだった。

3.2 調査の焦点の形成

フィールドで生じていることを「社会生活」と呼んでいるが，これのどの側面をどのように記録するのかは，すでに述べたように，選択の積み重ねで決まる。調査者の理論的・方法的バックグランドや問題意識，調査疑問などに導かれると同時に，フィールドでの交渉や観察を通じて調整され，かたちづくられていく。その意味で，フィールドでの初期は，幅広く対象をとらえることが望ましい。著者も，なぎさ学園の小学校1年1組の生徒にずっとついてまわった。ノートを抱えながら，「子どもにとっての海外生活経験とは何か，補習授業校はその中でどのような部分を占めるのか」を理解しようとした。

このような観察と，関連文献の読み込み，なぎさ学園の教職員とのおしゃべりの中から，調査の焦点が形成されていった。先行研究としては，箕浦康子のものがあった（1984）。海外家族や帰国家族の母親の体験記なども参考になった。当時，なぎさ学園に文部省から派遣されてきていたのは，海外派遣3回目という教師だった。彼が，以前に赴任していたアジアのある国の全日制日本人学校の保護者はエリートばかりで，子どもの教育についてもしっかりしていたと話してくれたのは，著者の心に残った。「家庭の教育力」という概念をひとつのテーマとして，親の学歴もインタビューで聞いてみようと考えるようになったのは，これがきっかけである。

3.3 インタビュー調査の計画

インタビュー調査を計画する際に決めなければならないのは，誰に（対象者）いつ（調査の時点・時期）何を（質問項目）聞くかということである。著者の

調査では，追跡調査も考えていたため，近々日本に帰国する予定がある家族を調査対象とした。時期としては，1991年の4月から7月まで日本で調査をすることにして，家族との接触は90年の10月以降となった。子どもに話を聞くということも考えられたが，帰国後いじめられるのではないかなどと心配しているところに，そのことについてどう感じているかを尋ねるのはさらに意識させることになって好ましくないと考えて，母親に話を聞くにとどめることにした。

帰国を間近にひかえた家族の母親にインタビューするに際して，著者は34項目からなるインタビューガイドを用意した。それは，家族と子どもの簡単な履歴，渡米に際しての気持ちや準備，アメリカでの生活や教育，家族の教育方針，帰国計画と関心事などについてのものであった。たとえば，日本語教育に関する質問として，「お子さんの日本語力について（滞米中）心配されましたか。もし，心配があった場合，これまでどんなことをなさいましたか」というものを用意した。こういった質問文は，そのままのかたちで使用したことは少なく，ことば遣いや表現を変更して使用した。「もっと詳しくお話ししていただけませんか」といった表現を多用して，できるだけ詳しく語ってもらうように努力した。話の流れから，こちらから聞き出すことなしに，子どもの日本語力についての心配が話題となることもあった。そのような場合には，話をさえぎることなく，相手の話の流れに沿って聞きたいことを聞き出すことが大切だった。これに失敗して話の腰をおって，その後のインタビューがスムーズにいかなくなってしまうことがあった。また，一度出た話題について，インタビューガイドの順番にとらわれて再度尋ねたりすると，「それはさっき話したでしょう。あんた，ちゃんと人の話を聞いてるの」とでも言わんばかりの表情が返ってきたりもした。

3.4 インタビューにおけるネゴシエーション

著者は，調査のデータ収集場面も，人と人との相互作用・コミュニケーションから成り立っていると考えている。相互作用には，ネゴシエーション（交渉・調整）がつきものだ。ネゴシエーションや調整といっても，権謀術数を駆使して自己の利益となるところを成し遂げようとするという意味ではない。同じ挨拶をするにしても，「おはよう」と言うのと「おはようございます」と言うのとでは，相手の受けとめ方やその後の対応が変わってくるといった，相互依存的で不確定要素の多い側面を強調しているのだ。

著者のインタビューでは，父親と母親の出身地や学歴，結婚当時の状況など

も尋ねたが，これらについて質問するときには神経を使った。子どもの帰国適応を研究テーマとして調査への協力を要請しており，親の学歴が関係あるのかと不審に思われるのではないかと恐れたのだ。そのために，できるだけ事務的にインタビューの冒頭で聞いてしまうようにしたのだが，少し気まずい雰囲気が残ることもあった。しかし，親が子ども時代を海外で過ごしたとか，父親は海外での活躍を希望して商社に就職したといった，子どもの海外帰国生活に密接に関連していると思われる家族の側面が見えてきたのは，これらの質問への回答を通じてである。母親に英文学科卒業の人が多かったこと，また，英文学科卒業なのに英語があまりうまく話せなくてそれを気にしている人が少なくないなどということもわかった。ただ，家庭の教育力と親の教育水準との関係については，あまり明確な結果はえられなかった。

3.5　インタビューガイドの改訂

インタビューのときには，テープレコーダーで録音している場合でも，手書きでメモをとることが必要だ。話の要点を記録して，さらに詳しく聞きたいところやその場で思いついた新たな疑問をメモし，折を見て尋ねるためである。インタビューを終えるにあたっては，インタビューガイドとメモとを見直して，聞き漏らしがないかをチェックする。メモには，印象に残った表情や相手の服装なども書きとめておこう。

インタビューテープは，できるだけその日のうちに聞き直すことが望ましい。聞き忘れたことがないか，あるいは，次の機会に聞くべきことがないかをチェックする。また，新たに聞くべき項目が出てきた場合，インタビューガイドに質問文を付け加えていくことも必要だ。調査の進展につれてインタビューガイドの内容が変化していくことは，フィールドインタビューの特徴であり，その強みの源泉なのだ。もちろん，誰にどのバージョンを使用したかを記録しておくことも必要だ。

3.6　インタビュー調査におけるフィールドノーツ

インタビュー中心のフィールドリサーチであっても，フィールドノーツを作成する必要がある。これには，インタビュー前後の相手の様子やインタビュー中の特徴的な音声表現，表情や身ぶりで印象に残ったものなどを記録する。また，研究者自身の印象も記録しておくべきだ。「ちょっと緊張している様子で，

あまり本音を話していないようだ」とか「リラックスして楽しそうに話してくれた」などといったコメントは，インタビューの内容がどれほど信頼できるものかについての情報を提供してくれる。後になってインタビューの状況を思い出すことができるように，できるだけ詳しく具体的に記述しておくことが望ましい。

というのも，インタビューも相互作用であり，参与者が自己呈示をしていると考えられるからだ。子どもの成績が良くないことを恥ずかしく思って隠そうとする親がいる一方，調査者にアドバイスを求めようとして，問題点を積極的に訴える親もいる。調査の対象者がインタビューをどのような場面としてとらえ，振る舞っているかについては，調査者は細心の注意を払って観察し記録すべきなのだ。

3.7 フィールドへのアクセスと倫理問題

調査協力者が調査者をどのようにとらえ，調査場面についてどのような状況の定義をもつかといったことを大きく規定するのが，アクセスのプロセスである。調査者は，フィールドへのアクセスを確保するに際して，まず，そのフィールドの監督者・責任者の了解を得る必要がある。そのときに，自分が何者であり，どんな目的でどんな調査を行うのかといったことを書面で伝える。調査の趣旨説明書に盛り込むべき事項としては，調査結果の発表方法や個人情報の秘匿（仮名使用など），調査の拒否権の明示などもある。

著者は，母親とのインタビューに際しては，簡単な趣旨説明の文章に，調査協力に同意するという署名欄を付け加えたものを作成した。冒頭にそれを読み上げて一応の了承を得てから，テープレコーダーのスイッチを入れてインタビューを始めた。インタビューの終了後，特にデータとして使用することに差し障りのある話が出てこなかったことを確認してから，同意書に署名してもらったものを2部作成し，調査協力者と著者とが1部ずつ持った（同意書について詳しくは，Neuman, 1997, p.450 を見よ）。インタビュー終了後に問題が指摘されたことはなかったが，インタビュー中にテープレコーダーを止めてくれと言われて，「オフレコ」にしたことはあった。

インタビューでは，テープレコーダーを常に見えるところに置いた。意識させることになりかねないが，インタビューが終わったところで，使用されては困る話をしたからこのテープは破棄してくれと言われるよりはましだとの判断があった。インタビューの最初は少し気にしても，すぐに気にならなくなる人

が多いようだった。インタビューを終えてテープレコーダーを止めたところで，自分の方言が気になっていたのでホッとしたと言われたことが一度だけあった。

4節　フィールドを読むこと——データの解釈と分析

4.1　ＡＶ記録の文脈情報

　フィールドで何が起こっているかを理解することが，フィールドリサーチの目的であるとするならば，ＡＶデータの解釈という作業においては，それがフィールドのどの側面でいつ採取されたものであるかをまず確認する必要がある（「解釈」と言ったときに，データの解釈と調査結果の解釈とを区別する必要がある。ここでは，データの解釈に話題をしぼっている）。インタビューの場合，とりわけ，事前に設定して行うインタビューの場合は，その状況が研究対象である社会生活やフィールドと切り離されていることが多い。著者の母親とのインタビューの場合は，その家庭を訪問して行うことが多かった。家庭は子どもの生活時間の半分以上を占める場所ではあるが，アメリカ生活や帰国後の学校生活の「フィールド」ではない。これに対して，子どもの担任教師にインタビューしたのは，給食時間だったり放課後だったりと，「フィールド」内部でのことだ。それでも，その文脈が研究対象「そのもの」ではないという点では同じだ。

　これに対して，教室でのやりとりのテープ録音やビデオ録画は，研究関心の対象「そのもの」であり，その視聴や解釈に際して，記録が行われた状況についての文脈情報が大きく関係してくる。つまり，語りデータと観察データとでは，記録された文脈についての情報の重要性が異なる。たとえば，ビデオの授業が修学旅行の前日に録画されたものだということであれば，子どもたちがどことなく落ちつかないことの解釈も変わってくる。「学級崩壊」というよりも，修学旅行の前日だからという解釈が優先されるべきだろう。ある子どもがアメリカに６年半滞在して，１ヵ月前に帰国したばかりという情報も，画面に現れるものではなく背景情報・文脈情報であり，そこから読みとるべきものとなる。ナチュラルな英語で授業中にしゃべり出したりすれば，その現れということになるのだろう。

第3章 フィールドに参与することとフィールドを読むこと　　95

4.2　生態カタログづくり

　著者が重要だと考える分析作業のひとつに，生態カタログづくりがある。これは，ある一人の子どもを分析単位とした場合には，その生活時間づくりというかたちをとる。たとえば，図3-1は，著者の調査した海外子女小学生の生活時間を，平日と土曜日について示したものである。この小学生の生活場面としては，家庭と現地校，現地校のアフタースクール（学童保育に似たもの），そして土曜日の日本語補習授業校とに大別できる。生活の言語が日本語である場面と英語である場面にいる時間の分布がどれぐらいかを知るために作成したものだ。現地校でも日本人のクラスメイトと話したり，家庭でもアメリカ人の家庭教師の英語のレッスンを受けたりしているので，さらに細分していく必要があるかもしれない。

　この小学生の在籍している現地校や補習校の教室風景を録画した場合，それは，このような全体の生活時間の一部として理解される必要がある（図3-1では，日曜日については作成していない。決まった予定が入っていないためである。日帰り旅行に行ったり，ショッピングに行ったりというところだろうが，父親か母親と一緒にいるというのが基本であろう）。生態カタログは，ある場面について主張された命題がどの程度の一般化を許すのか考量する際の基本資料となるものだ。

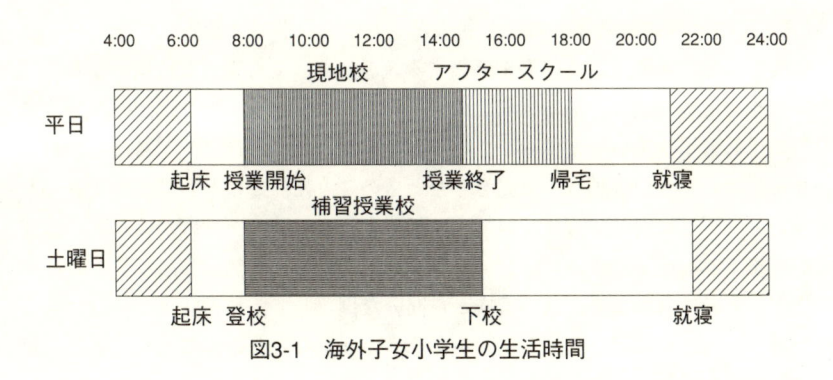

図3-1　海外子女小学生の生活時間

4.3 ミスコミュニケーション

　記録されたデータの解釈に際しては，調査上積み重ねられてきた選択を自覚しておくことが大切である。インタビュー調査の場合，発話の解釈も選択プロセスの一部をなしている。さらに詳しくその話題について聞くか，それとも次の話題へと進むのかが，その場での調査者の解釈にかかっているからだ。例として，ミスコミュニケーションの問題を取り上げよう。テープレコーダーでインタビューを録音して聞き直すという作業は，調査者の解釈枠組みによって，発話が「歪曲」されないようにするためにも重要である。テープを聞き直して，自分の勘違いに気づくことがあるし，ミスコミュニケーションの理由を考えるきっかけともなる。

　ミスコミュニケーションの例として2つ紹介したい。ある母親に海外へ出発するプロセスについて尋ねていたときである。「子どもは飛び上がりましたけど」と笑いながら言われた。それほど喜んだのかと著者はやや驚いた。確認のために「喜ばれました」かと尋ねたところ，「いえいえいや」と否定された。「飛び上がる」ほどショックで，行きたくないと言い張ったのだという。ここからは，著者が海外生活に誰もがあこがれると思いこんでいたことと，小学校低学年の子どもに「外国に行く」と言ってもぴんと来ないということがわかっていなかったこととがうかがわれる。

　子どもが海外生活を喜んで受けとめるわけではないということは，調査での「発見」というにはあまりにもお粗末だ。しかし，著者の調査の歴史としては重要なことであり，調査結果を評価する読者にとっても貴重な情報となる。

　もうひとつの例は，ある家族との帰国後のインタビューで「帰国されて，日米の生活習慣の違いなどでお子さんがとまどわれたことには，どんなものがありましたか」という趣旨の質問をしたときのことだ。このときは，お父さんもインタビューに応じてくれていて，父母二人にこの問いを投げかけた。すると，それまでテンポよく質問に応じてくれていた二人が，突然押し黙ってしまったのだ。著者はあわてて，他の家族から聞いた例として，和式トイレで用が足せないという例をあげた。すると，ああそういう話ならということで，車の左側通行や料金を徴収する高速道路などに子どもが驚いた話を愉快そうにしゃべりだしてくれた。

　インタビューの構成としては，この質問以前に，帰国後の学校生活や友達関係，英語などについて聞いているので，「生活習慣」ということばでは，これ

ら以外の側面を指したつもりだった。だが,「生活習慣」ということばが何を意味するのかわかりにくかったのだろう。具体的に「和式トイレは大丈夫でしたか」と聞けばいいところだが,子どもがとまどう可能性があるものには多くのものが考えられ,すべて列挙するというわけにもいかない。また,どのようなものが一番最初にあげられるかも著者の関心だった。ぼかして「生活習慣」と尋ねたつもりだったのだが,そのマイナス面がでたということだろう。

4.4 分析とは

分析とは何だろうか。たとえば,東大教養学部の研究法の入門テキストであり,ベストセラーにもなった『知の技法』の冒頭において,編者の一人である小林は,「学問とは,一定の対象に関する普遍的な記述を与えること」(1994, p.4)だと言っている。「普遍的な記述」とはいわゆる「理論」であり,それによって「理解」や「説明」,「予測」が可能となるものだと考えられる。

ここで,何が「普遍性」を保証するのか考えておこう。鍵となるのは,抽象的な「概念」だ。一つひとつの出来事や事例,その観察の共通点を吸い上げてカテゴリー化したものが概念であり,「理論」という「普遍的な記述」は,「概念」(「変数」や「要因」などと呼ばれることもある)の関係として表現される。

それでは,AV機器を使用したフィールドリサーチの到達目標は何だろうか。探索や仮説導出のためにAV機器を使用したフィールドリサーチを行うことも可能であるし,説明や仮説検証,予測といった目的のためという立場もあるだろう。ここでは,質的データの分析作業に含まれるものを整理したリストを提示しておこう。

1. 観察やインタビューを行って作成したフィールドノーツにコードをつける。
2. フィールドノーツの余白に内省などのコメントを書き込む。
3. これらの材料を分類したりふるいにかけたりして,類似のフレーズや変数間の関係,パターン,テーマ,下位グループ間のきわだった差異,共通の連鎖などを特定する。
4. これらのパターンやプロセス,共通性や差異を分けて,次のデータ収集段階でフィールドに持ち出す。
5. データに見られた一貫性をカバーするような一般化命題の小さなセットをだんだんと洗練していく。
6. 構成概念や理論といった形式的な知識と,これらの一般化命題とを照らし

合わせる。
　（Miles & Huberman, 1994, p.9）

　1の「コード」は「概念」の候補となるものだ。3のプロセスは、「普遍的な記述」の候補を列挙するものだ。4と5は、次項で取り上げる、フィールドでの検証のプロセスを述べている。6で示されているのは、分析に関するマイルズとヒューバーマンの立場が帰納的アプローチであり、既存の「構成概念」や「理論」とのすり合わせを、研究の最終段階に据えるという姿勢だ。演繹的な実証主義経験研究の場合には、既存の「理論」から出発するところだ。

4.5　サンプリングと一般化

　普遍化された記述と言おうが一般化命題と呼ぼうが、分析の結果導出された結論は、広く適用できるものほど良いとされる。では、普遍性や一般化可能性、代表性を確保するにはどうすべきなのか。フィールドでは、選択の連続だということを強調してきた。この選択性という問題は、分析といろいろな面で関係している。ここでは、サンプリングと結果の代表性との関係を指摘しておきたい。

　著者の補習校調査では、日本に帰国する予定のない子どもたちは調査対象としなかった。帰国後の「適応」や日米での生活経験の違いをテーマとしていたからだ。しかし、そのような子どもでも、状況の変化によっては日本に帰国することがあり、帰国後の苦労は大きいということがうかがわれた。帰国後の「再適応」に苦労する帰国子女は90年代初頭にはそれほど多くないという結論に著者は達したのだが、これは、このような子どもを調査対象に含めなかったからである。また、著者は、海外でのフィールドリサーチはなぎさ学園のみでしか行わなかったが、そのことによるバイアスも考慮する必要がある。これを克服するために、日本での調査時には、アメリカでなぎさ学園以外の補習校に在籍した子どもや海外で全日制日本人学校に通学した子ども、その母親たちからも話を聞いた。

　調査対象者のみならず、調査対象の場面もサンプリング、選択の対象と考えることができる。算数の授業ではそれほど苦労していない帰国子女も、漢字の書き取りでは四苦八苦ということもある。どの場面に注目するかというフィールドでの観察時の選択も、友達はアメリカ人と日本人とどちらが多いかを質問するというインタビュー時の選択も、どちらも理論的サンプリングなのだ。そ

こから引き出した知見がどれだけ一般化可能なものであるかは、これらの選択、サンプリングと突き合わせて考量する必要がある[1]。選択の記録としてのフィールドノーツのもつ意義は、この点に関しても大きい。

4.6 フィールドに参与することはフィールドを読むこと——知見の検証

フィールドリサーチとはフィールドに参与することであり、フィールドに参与することは調査上の選択を行うことだというのが、本章の主張であった。これが、フィールドを読むことであり、その読みの正しさを検証するものでもあることを指摘して締めくくりとしたい。

フィールドにおける選択は、調査者のフィールド理解、フィールドの読みを反映するものである。「生活習慣」がわかりにくいだろうと具体例を出した例をとろう。同じ質問文を繰り返すというオプションもあったわけだが、著者は即座に具体例をあげることを選択している。これは、「生活習慣」と言われても、いろいろありすぎてどんな回答が求められているのか迷ってしまうことがあるという著者の理解を前提としている。

この父母にとって「生活習慣」が関心事であったことは、具体例を聞いて、即座にいくつかの項目が列挙されたことからも明らかだ。「生活習慣の違い」と尋ねても、「何もありません」という回答がどの家族からも返ってくるようであれば、この問いは意味をなさないことになる。調査者の問いが調査対象者にとっても意味をなすということは、その適切さを支持する証拠である。適切な問いを発することでフィールドに参与することは、フィールドを正しく読んでいることを反映するものと考えられるのだ。

データを数量化して統計的な仮説検証をするという手続きをとらない質的調査には、結果の適切さについて疑義が呈されることが多い。しかし、フィールドにおける適切な選択の積み重ねとしてデータが収集されるフィールドリサーチでは、検証プロセスはデータ収集時の選択に埋め込まれていると言うことができる。積み重ねられた選択をきちんと記録し報告して、データの分析にも反映させるという手続きが重要なものとなる理由である。

文 献

Barker, R. G. & Wright, H. F., 1951, *One boy's day: A specimen record of behavior*,

---

[1] Bottorff（1994）が指摘しているように、観察者効果も考慮に入れる必要がある。

Harper.

Bottorff, J.L., 1994, Using videotaped recordings in qualitative research. In Morse, J.M. (ed.), *Critical issues in qualitative research methods*, Sage.

Emerson, R.M., Fretz, R.I., & Shaw, L.L., 1995, *Writing ethnographic fieldnotes*. (佐藤郁哉・好井裕明・山田富秋訳, 1999, 『方法としてのフィールドノート——現地取材から物語作成まで』新曜社.)

Erickson, F., 1992, Ethnographic microanalysis of interaction. In LeCompte, M.D., Milroy, W.L., & Preissle, J.(eds.), *The handbook of qualitative research in education*, Academic Press.

Jackson, J. E., 1990, "I am a fieldnote": Fieldnotes as a symbol of professional identiy. In Sanjek, R. (ed.), *Fieldnotes : The makings of anthropology*, Cornell University Press.

小林康夫, 1994, 「学問の行為論——誰のための真理か」小林他編『知の技法』東京大学出版会, pp.1-14.

Lofland, J. & Lofland, L.H., 1995, *Analyzing social settings : A guide to qualitative observation and analysis*, 3rd. ed. (進藤雄三他訳, 1996, 『社会状況の分析——質的観察と分析の方法』恒星社厚生閣.)

Miles, M.B. & Huberman, A.M., 1994, *Qualitative data analysis: An expanded sourcebook*, 2nd. ed. Sage.

南 保輔, 1997, 「言語能力の帰属と異文化間コミュニケーション——聴覚・視覚・触覚・背景情報が発話の解釈に及ぼす効果についての実験的研究」『コミュニケーション紀要(成城大学大学院文学研究科)』第11輯, 79-120.

南 保輔, 2000, 『海外帰国子女のアイデンティティ——生活経験と通文化的人間形成』東信堂.

箕浦康子, 1984, 『子供の異文化体験——人格形成過程の心理人類学的研究』思索社.

Neuman, W.L., 1997, *Social research methods : Qualitative and quantitative approaches*, 2nd. ed. Allyn and Bacon.

Richardson, L., 1990, *Writing strategies: Reaching diverse audiences*, Sage.

Van Maanen, J., 1988, *Tales of the field: On writing ethnography*, University of Chicago Press. (森川渉訳, 1999, 『フィールドワークの物語——エスノグラフィーの文章作法』現代書館.)

第4章　　　　　　　　　　　　　　　　　　　　　◎結城　恵
フィールドに基づいた理論の構築を目指す
エスノグラフィー的調査でのAV機器の活用

　本章では「フィールドワーク（fieldwork）」を，研究対象とする集団での人びとの活動に間接あるいは直接参加しながら，現象を生成する行為者の「視点と実践」を理解し解釈するための現地調査（藤田，1998）ととらえる。それは，研究対象とする集団・場での長期間の参与観察を前提とする「野良仕事」（佐藤，1992）であり[1]，そこで生活する人間，その社会・文化を理解する理論を，現場から立ち上げていくための基礎作業である[2]。

　こうしたフィールドワークを前提とする研究方法のひとつに，エスノグラフィー（ethnography）がある。エスノグラフィーでは[3]，現象を生成する行為者の「視点と実践」を理解し解釈するために，調査研究の過程では固定化した見方をしないであるがままに現象をとらえることを重視する。この研究方法には，（1）データの収集と平行して，データの分析と仮説生成の作業を行い，しかも，これらの作業を「らせん型」のように繰り返す，（2）収集したデータに基づいて仮説を修正したり，その結果をもとに，調査の手段や方向性を柔軟性に変化させていく，という2つの特徴がある（Spradley, 1980 ; Hammersley & Atkinson, 1983）。

　エスノグラフィーでは，こうした「らせん型」作業に耐えうる網羅的かつ詳細なデータ収集をすることが課題となる。また，収集されたデータを分析し，解釈するための概念は，データ収集に先行して設定されるものではなく，調査

（1）「フィールドワーク」へのイメージや技法は多様である。この点については，Lofland & Lofland（1995），須藤（1996），箕浦（1999）を参照。佐藤（1992）は，短時間ですむ単発式サーベイ調査やインタビュー調査を「ワンショット・ケース・スタディ」「ヒット・エンド・ラン型調査」として「フィールドワーク」とは区別している。
（2）Glaser & Strauss（1967）の Grounded theory を発見するため基礎作業。Grounded theory は，「データに根ざした理論」あるいは「データに根拠をもった理論」と訳されている。
（3）エスノグラフィーには，「フィールドワークという調査の方法あるいはその調査プロセスそのもの」という〈方法としてのエスノグラフィー〉と「フィールドワークの結果をまとめた」という〈記述としてのエスノグラフィー〉がある（佐藤，1992）。

で現れるさまざまな事例に照らし合わせて精緻化されるていく（感受概念：sensitising concept：Blumer, 1954）。したがって，こうした概念の精緻化作業に耐えうるものの見方を調査者がしていくこと，つまり，〈活動の多様性〉〈意味空間・活動空間の多元性〉〈ストーリーの複線性〉を射程に入れて収集したデータを分析し理解することが課題となる（藤田, 1998）[4]。

ＡＶ機器は，これらの課題に接近する有用な道具となる。筆者の経験では，ＡＶ機器で収集できる情報量は，人間の視覚や聴覚を通して収集できる情報量をはるかに凌いでいた。ビデオやカセットテープで集めた記録は，設定した場面を忠実に，かつ，何度でも再現し，臨場感をもって過去の場面やその状況を体験することを可能にしてくれた[5]。さらに，上記の記録は，自分が観察した内容に偏りはないか，固定的な見方で解釈していないかなど，記録と繰り返し対話する作業を可能にしてくれた。そうした作業を積み上げることは，現象を生成する行為者の「視点と実践」を読み解く重要なアプローチとなった。

筆者は，日本の伝統的な保育形態のひとつと見なされる幼稚園で，エスノグラフィー的調査を行った（結城, 1992, 1993, 1994, 1996, 1997, 1998a, 1998b, 1998c, 結城・藤田, 1992）。「自由・勝手・気ままなアヒルさんたち」と形容された新入園児が，学年が上がるにしたがって，みんなと一緒に行動したり，力を合わせて誇らしげに競技や演奏をするようになっていく。子どものそうした変化がどのように生まれるのか。この問いの謎解きをする「らせん型」作業の過程で精緻化された概念のひとつに「集団」があった。この調査で使用したＡＶ機器（カメラ，ビデオカメラ，カセットテープレコーダー）で収集した情報は，筆者が無意識のうちに，「集団」に関する定説や思いこみをもってものごとを見ていたことに気づかせてくれた。そうした経験を繰り返すうちに，「集団」を形づくる先生方や子どもたちの「視点と実践」は，現場で収集した情報の中にこそ埋めこまれていると実感するに至った。

以下では，「集団」概念を精緻化するプロセスのうち，ＡＶ機器の貢献が特徴的に現れた部分に焦点を合わせて紹介し，エスノグラフィー的調査におけるＡＶ機器の有用性について検討したい。

---

(4) 藤田（1998）は，こうした記述・分析をめざす主要な方法として，「厚い記述」法，エピソード的方法，パターン分析／スクリプト分析，コード分析，構造分析，シーケンス分析の6種類を挙げている。
(5) 佐藤（1992）参照。

1節 「集団」への定説から離れる
——写真が示していた「集団」の多様性

　入学・卒業式，朝礼，班を活動単位とする学級活動など，小学校以降の学校教育段階で見られる生活・学習形態を幼稚園でも目にすることは少なくはない。しかも，集団単位の活動では，集団全体が揃って行動したり，全員が同じものを身につけていたり製作したりする場面が多少なりとも観察される。保育者が意図しているしていないにかかわらず，幼稚園ではそうした活動形態が定着していた[6]。

　筆者が幼稚園でのエスノグラフィー的調査を開始した1992年当時，集団単位での教育活動は，欧米のさまざまな研究者の注目を集めていた。学力の国際比較で高い水準を見せた日本の教育力の源泉が，教育の場で育成される「日本的集団主義」にあると考えられたからである。集団の一員として，みんなで協力し努力して頑張れば，できないこともできるようになる——欧米の研究者は競うように日本の学校教育のそうした様相を描いた[7]。このような研究の流れの中で，幼稚園は，日本的集団主義を育成する初期的社会化機関と位置づけられていった[8]。

　アメリカで幼稚園の教員養成教育を受けた筆者の目にも，帰国後しばらくは，日本の幼稚園の日常生活が，欧米人研究者らが指摘するように日本的集団主義を育成するものに見えた。自分自身がかつて日本で受けた教育が，当たり前ではないように見えてくるおもしろさ，それを文化的な違いとして解釈する新鮮さに引き込まれた。在籍園児数，園の保育形態，宗教の有無，園の所在地等の異なる幼稚園をいくつか観察したが，欧米研究者らが指摘したように，どの幼稚園にも意識的・無意識的に「集団」活動に重要な意味が付与されていることを再認識した。たとえば，在籍園児数が8名しかいない都内の公立幼稚園では，2～3名単位，4名単位，8名全員のいずれかの集団活動を用意し，子どもを

---

(6)「一人ひとり」の活動を重視し，意図的に「集団」単位をつくらないような保育形態をとる幼稚園も少なくはなかった。しかし，そうした幼稚園でも，入園式・卒業式，朝礼，おかえりなど，「集団」単位の活動は随所に残っていることが観察された。
(7) Cummings (1980), Duke (1986), Stevenson, et al. (1987), Rohlen (1989) など。
(8) Lewis (1984), Hendry (1986) Tobin, et al. (1989), Peak (1991) など。

個人名ではなく集団名で呼ぶ様子が観察された。そこで,「日本的集団主義」の初期的社会化機能を担うと解釈されてきた「集団」活動がどのように展開されているのかを詳細に観察すべく,伝統的な保育形態のひとつと見なされたS幼稚園で長期間にわたるエスノグラフィー的調査を始めることにした。

調査は,S幼稚園の全面的な協力もあり快調に進んでいった。フィールドノーツはどんどんと書き溜められた。フィールドノーツを読み返しながらそこに現れる項目を整理し,小仮説を書き出し組み立てていく作業を行っていたある日,自分があるジレンマに陥っていることに気づいた。どんなに情報や事例を収集しても,整理できる項目はそれに比例して増えていなかったのである。膨大なデータを集めても,それらへの解釈はほとんど変わっていなかった。ここに自分の調査の限界を感じ,毎日通っていたS幼稚園を10日あまり休むことにした。フィールドノーツを読み返す気もしないほど,調査から離れたい,気の重い日々だった。

やがて調査に戻る約束の日も近づき,気持ちの焦りを押さえつつ,正直に言えば,仕方ないという気持ちで,自分がS幼稚園で撮った何十枚かの**写真**をぼんやりと眺めてみた。集団活動を撮った写真のみを集めて並べてみると,女の子ばかり集まっているものと,女の子と男の子が混ざっているものがある。後者には,その比率が半々に集まっているものとそうでないものがある。写真をもう一度シャッフルして,今度は何人か特徴のある子どもを思い浮かべて,それぞれが,どの集団に入っているのかに注意しながら写真を分類してみた。すると,子どもがどのように集団に編成されているのかが気になりだし,この視点からフィールドノーツを最初から詳細に読み返すことにした。こうして,ぼんやり眺めていた写真は,今まで意識していなかった「集団」の編成様式に目を向けるきっかけとなった。それは同時に,「個人」に対する「集団」という,それまでの研究で定着していた図式から自由になるきっかけともなった。「集団」の多様性に目を向け,「集団」を精緻化する作業が,ここから始まった。

2節 「集団」の編成様式
——手がかりになったカセットテープの記録と写真

S幼稚園では,どのような「集団」が編成され利用されているのか。それらの集団は,**写真**からは,全体の子どもが空間的に区切られる場面,ならびに子どもたちが共通の色や物を身につけている場面で確認された。同様に,**カセッ**

トテープからは,「ちゅうりっぷさん」「りすグループさん」など,先生が個人名以外で子どもを呼ぶ名称から確認された。このようにして確認された集団単位は,幼稚園,学年,学級,性別グループ,座席グループ,そして,カリキュラム活動を前提としたリトミック,鼓笛,劇,お茶会,ゲームの活動グループの,10種類を数えた。これら10種類の集団は,幼稚園生活での子どもの活動単位となる集団であり,以下では「集団単位」と呼ぶことにした。

次に,上述した10種類の集団単位それぞれについて,どのように子どもを編成しているのかに焦点をあてて,これまで集めたデータを整理・分析した。この点は,現場での観察記録からは明確に浮かびあがっていなかったものであり,特に,座席グループやリトミックの活動グループなどの編成については,その詳細を先生にインタビューした**カセットテープ**が役に立った。その結果,集団単位間の編成の違いは,次の3点にあることが判明した。第一は,その集団単位は子どもの何を基準に編成されるのか,第二は,その集団単位のメンバーはどのように集められたか,第三は,メンバーの入れ替えは行われるのか,入れ替えられるとしたらどれくらいの頻度で行われるのか,である。以上の点を,それぞれ「編成基準」「メンバーの質」「持続性」と呼び,これらの視点からS幼稚園で編成・利用される10種類の集団単位の編成様式を整理したのが,表4-1である。

上述した10種類の集団単位のうち,使用される集団単位は学年・学級によって異なっていた。幼稚園,学年,学級,性別グループ,座席グループは,どの学年・学級でも利用されるが,カリキュラム活動を前提とする集団単位は,学年が上がるにしたがって増える。このため,ひとりの子どもが組み込まれる集団単位の種類は,年少組で6種類,年中組で7種類,年長組で10種類となる(結城,1998,表2-4 (p.34))。

これらの編成形態には,ひとつの共通する特徴があることも判明した。それは,個人間ならびにグループ間にある能力・技能,レベルや性向の違いを顕在化させない編成になっていることである。たとえば,評価型編成形態をとる座席グループの場合,先生は詳細に子どもの個人差を把握する。そして,各グループのレベルが均質になるように,子どもを巧みにグループに配分していく。その結果,グループ間で競争しても,特定のグループが常に優位に立つという状況はほとんど生まれない。また,ランダム型編成形態をとるゲームの役割別グループの場合でも,ゲームのたびにメンバーが入れ替えられるため,特定個人や特定グループの技能レベルが突出することはない。

この特徴を確認するもうひとつの手がかりとなったのは,集団単位の活動場

表4-1　集団単位の

集団単位			編成基準					
			年齢	月齢	性別	性向	技能・能力	その他
基本的集団単位	幼稚園		○	○				
	学年		○	○				
	学級		○	○				
	性別グループ				○			
	座席グループ	年少			○	○		仲間関係配慮。2学期以降は子どもが自由に座る。
		年中		*○	○			仲間関係配慮。2学期以降は性別に分けてくじびき。
		年長				*○	*○	仲間関係配慮。2学期以降は性別に分けてくじびき。
活動の集団単位 カリキュラム	リトミック				○	○	○	
	鼓笛				○		○	子どもの希望も配慮。
	劇				○		○	子どもの希望も配慮。
	お茶会							ランダム。
	ゲーム				*○			ランダム。導入時には性別。

（出典）結城, 1998a, pp.56-57.

面の写真である。写真には，色分けされた名札やはちまきなどの子どもが身につけているもので所属する集団単位がわかる目印があることを示していた（結城, 1998, 表2-2（p.35））。たとえば，リトミックの活動グループには，赤，青，白の３つのグループがあり，子どもたちは自分のグループを示す色の「はちまき」を頭に縛ってリトミックを練習する。リトミックの活動グループも座席グループと同様に，先生は，一人ひとりのリトミックに関する技能・能力について実に多角的かつ詳細に評価し（結城, 1998, Pp.42-45），その結果をもとにそれぞれのグループ内にはレベルの異なる子どもが混合になるように，グループ全体の質はグループ間で均質になるように子どもを配分する。グループごとにしめる同じ色のはちまきは，子どもにとっては，「年長さんだけに与えられるあこがれのもの」であり，「みんなが同じ」「頑張れば誰でもできるようになる」ことを視覚を通して実感させるものとなっていた。したがって，はちまきは，能力・技能・性向面での個人差を子どもには見えにくくする効果があった。

　個人差をできるだけ目立たせないようにする集団編成には，次のような先生方の意図があることがカセットテープに収めたインタビュー記録から明らかになった。それは，特性の異なる子ども間に活発な相互作用を促し，集団内の仲間意識を高めることで，根気よく活動に参加させるというものである。さらに，そうした集団のもつ〈教育力〉をもとに，生活面やカリキュラム面の指導の効

編成様式　　　　　　　　　　　＊時期によっては編成基準とならないもの

編成基準の根拠	メンバーの質	集団の持続性		編成形態
		再編可能性	再編頻度	
属性	同質	なし	固定	属性型編成
	同質	なし	固定	
	同質	なし	固定	
	同質	なし	固定	
評価	混合・均質	あり	1学期毎	評価型編成
	混合・均質	あり	1学期毎	
	混合・均質	あり	1学期毎	
	混合・均質	あり	期間中固定（1年間）	
	混合	あり	期間中固定（2学期間）	
	混合	あり	期間中固定（1〜2カ月）	
ランダム	混合・ランダム	あり	活動の度に数回再編	ランダム型編成
	混合・ランダム	あり	活動の度に数回再編	

率を向上させる意図もあった。このように意味づけられた編成をもつ多様な集団の枠組みの中で，子どもたちは諸々の経験を積み上げていくことがわかった。

3節　「集団」呼称に着目する
　　　　——カセットテープから繰り返し聞こえてきた「集団」名

　子どもたちとのやりとりのなかで，先生方は先に見た10種類の集団単位をどのように利用しているのだろうか。おそらく先生方は，これらの集団単位を，ある時は意識的に，ある時は無意識的に意味づけながら活用しているのだろう。集団単位の無意識的な利用の様相をとらえるうえでも，できればインタビューではない方法でこの課題にアプローチしたいと考えていた。そのような折，S幼稚園の教室内で先生と子どもたちの日常のやりとりを録音した**カセットテープ**を文字におこす作業をしていると，先生の独特の言い回しが耳に入ってきた。それは，次のような言い回しである。

　　どこの**グループ**さんが一番早く準備ができるでしょうか？　あれれっ？　いつまでもお耳の聞こえない方たちがいますよ。青**グループ**さんの，……お話に夢中になっているお嬢さんたち。ほら，えなちゃん，まるでおまめさんみたいで

すよ。今度は<u>大きいお組さん</u>になるんですからね，<u>大きいお組さん</u>らしくしなくっちゃね。

　この事例のように，先生方は，子どもに話しかけるときに，「青グループさん」「大きいお組さん」のように，集団名（下線部）を多用していた。個人名（波線部）で子どもを呼べるような場面でも，先生はあえて集団名を使用している，という印象を持った。そこで，先生が子どもに指示・伝達する際に，子どもをどのような呼び名，すなわち「呼称」で呼んでいるのかに注目して，これまでの**カセットテープ**の記録を分析するとともに，その後も音声記録をカセットテープに継続して収録していくことにした。

　表4-2は，平成3年の4月と5月の2ヵ月間に**カセットテープ**に収録した各学年の学級活動から，それぞれ90分間の記録を取り出し，その記録から，先生が子どもに用いた呼称が，「個人名」か「集団名」かを抽出した結果を示す。この表に示すように，入園直後から個人名に加えて集団名が使用されること，ならびに，学年が上がるにしたがって，個人名の使用が増加することがわかった。

表4-2　先生が用いる子どもへの呼称（1）：学年別比較

（単位：%　カッコ内は回数）

名称＼学年	年　少	年　中	年　長
個人名	62.4 (108)	31.4 (49)	17.6 (37)
集団名	37.6 (65)	68.6 (107)	82.4 (173)
合　計	100.0 (173)	100.0 (156)	100.0 (210)

（出典）結城，1998a，p.169より抜粋。

　表4-3は，一定期間のフィールドノーツと**カセットテープ**から，先生が集団名で子どもに指示・伝達する際に用いた呼称を集団単位別に集計したものである。この表からは，学級や性別グループはとりわけ多用されることがわかると同時に，2節で整理したような10種類の集団単位以外の集団も多用されていることがわかった。「その他」にまとめたこの集団の使用頻度は，全体の18.22%を占め，その存在は無視できないものとして注目された。

　そこで，「その他」の集団にはどのようなものがあるのかを，フィールドノーツと**カセットテープ**の記録から再整理した。その結果，「お姿勢がよいお友だち」「用意ができた人たち」「早生まれの方」などのように，ある共通した特性をもつ複数の子どもをひとつの集合体として扱う集団が抽出された（表4-4）。

表4-3　先生が用いる子どもへの呼称（2）：集団単位別比較

（エピソードの総数186）

集団単位	回数(回)	頻度(%)
幼稚園	5	2.12
学年	22	9.32
学級	93	39.41
性別グループ	45	19.07
座席グループ	13	5.51
リトミック	4	1.69
鼓笛	4	1.69
劇	5	2.12
お茶会	2	0.85
ゲーム	0	0.00
その他	43	18.22
合計	236	100.00

（出典）結城，1998a，p.137.

表4-4　先生が用いる子どもへの呼称（3）：「その他」の集団単位

基準	「その他」の集団単位	回数(回)
達成レベル	〜ができる・できた	7
	〜ができない	1
	お歌の上手な	1
性向評価	お耳がいい	4
	姿勢がいい	3
	姿勢が悪い	1
	お行儀が悪い	3
	あわてんぼう	3
	よい子	1
	きちっと座る	1
	おりこうさん	1
	けじめがつかない	1
	いつまでもおしゃべりしている	1
	泣き虫	1
	おこりんぼう	1
月齢	はや生まれ・おそ生まれ	5
	おまめ	2
年齢	5歳になった	2
国籍	フランスさん	2
その他	「お客様」	2
合計		43

（出典）結城，1998a，p.137.

表4-4と表4-1を照らし合わせてみると，興味深い事実が浮かび上がった。それは，「その他」の集団単位の基準が，実はS幼稚園で編成される10種類の集団単位の編成基準と共通していることである。しかも，10種類の集団単位のメンバー編成では，子どもの個人差が顕在化しないように配慮されたのに対し，「その他」の集団単位は，まさにその個人差を指し示す集団となっていた。

4節 「目に見える集団」と「目に見えない集団」の存在
―― 「集団」名称として聞こえるのか，「集団」の境界は見えるのか

　目立たないようにしていたはずの個人差を指し示すという，一見矛盾する編成をもつ「その他」の集団がなぜ使われるのか。それらは，10種類の集団単位とは，使い分けられているのだろうか。この新たな課題を解く糸口は，フィールドワークや分析作業を繰り返してもなかなか見えてこなかった。しかし，調査も後半に入って撮影し始めたビデオによる記録を視聴していたときに，集団間に〈可視性〉の違いがあることに気がついた。つまり，カセットテープでは確認できた呼称の対象が，ビデオテープに「集団」として目でとらえられる場合ととらえられない場合があった。カセットテープから集団呼称として聞き取れる集団と，ビデオからひとまとまりの集団としてその境界が見える集団とは，必ずしも一致しなかった。ここで，「目に見えないが処遇は受ける集団」の存在が浮かび上がってきた。そこで，新たに，集団の可視性という視点も射程に入れて，これまでのフィールドノーツとビデオテープの記録を見直し，さらにその後のフィールドワークでは，可能な限りビデオテープで記録をとり分析の対象とした。

　その結果，先生方の集団の利用の仕方には，図4-1から図4-5に示す5つのパターンがあることがわかった。図4-1から図4-5はいずれも，S幼稚園の3つの学年・学級，すなわち，年長・きく組，年中・うめ組，年少・ちゅうりっぷ組がひとつの活動場面にいる場合を例に，集団呼称の使用場面の特徴を示している。図の色は，子どもたちが身につけている所属する学年・学級の名札の色を示す。

　図4-1は，朝礼で学年・学級別に整列している場面で，先生が年長組に対して「ねんちょうぐみのみなさん」と呼びかけて指示をする場合を示す。「ねんちょうぐみのみなさん」が指し示す対象は，真ん中に一列に整列し同じ緑の名札をつけている集団として，ひと目でとらえることができる。また，年長組に

所属するメンバーが特定されており，該当する子どもには年長組への帰属意識がある。そのため，子どもは，「ねんちょうぐみ」と先生が呼ぶ対象をひと目でとらえることができるし，その対象に自分が該当するかどうかも判断できる。

　図4-2は，異なる学年・学級の子どもが混在している場面で，「きくぐみのみなさん」と先生が呼びかけて指示をする場合を示す。「きくぐみのみなさん」が指す対象を示す名札の緑は赤やピンクの中に分散していて，ひとまとまりの集団としてとらえることはできない。しかし，きく組に所属するメンバーは特定されており，該当する子どもにもきく組への帰属意識がある。そのため，子どもが，「きくぐみ」と先生が呼ぶ対象をひと目でとらえることはできなくても，その対象に自分が該当するかどうかは判断できる。

　図4-3は，うめ組の子どもたちが集まっている場面で「きくぐみさんになる」「ちゅうりっぷさんにもどる」と先生が言う場合を示す。「きくぐみさんになる」あるいは「ちゅうりっぷさんにもどる」ということを子どもたちが，きくぐみさんになった自分たち，ちゅうりっぷさんにもどった自分たちとして目でとらえることは不可能である。しかし，先生が「きくぐみさんになる」あるいは「ちゅうりっぷさんにもどる」可能性があると説明する対象が，自分たちだということを子どもは判断できる。すなわち，子どもは，「きくぐみさんになる」「ちゅうりっぷさんにもどる」と先生が説明する対象を目でとらえることはできないが，その対象に自分が該当するかどうかを判断できる。

　図4-4は，異なる学年・学級の子どもが混在している場面で，「いつまでもガサガサしている人たち」と先生が呼びかけて注意する場合を示す。この場合，学年・学級を示す名札の色は意味をなさない。図中の点線で囲った子どもが先生の言う「いつまでもガサガサしている人たち」だとしても，名札のような目印はなく，その該当者をひとまとまりの集団として子どもがひと目でとらえることはできない。また，「いつまでもガサガサしている人たち」に誰が該当するかは状況により変わり，今回は誰を指しているのかは個人名では特定されない。しかし，先生が「いつまでもガサガサしている人たち」と言って，子どもの側がその心当たりがあると自覚できれば，その子どもは実質的な該当者となる。そのため，子どもは「いつまでもガサガサしている人たち」と呼ばれる対象を目でとらえることはできないが，実質的に先生からの処遇を受けることになる。

　図4-5は，学年・学級ごとに整列している場面で「いつまでもガサガサしている人たち」と先生が呼びかけて注意をする場合を示している。学年・学級を示す名札の色が意味をなさないこの場合は，図4-4の場合と状況は同じである。

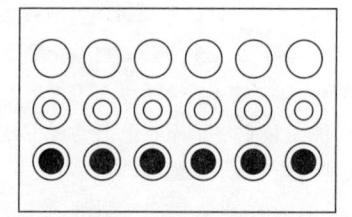

図4-1 例：朝礼で学年，学級ごとに整列している場面で，年長組に対して「ねんちょうぐみのみなさん」と先生が呼びかけて指示をする。

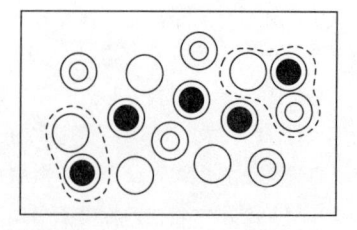

図4-4 例：異なる学年・学級の子どもが混在している場面で「いつまでもガサガサしている人たち」と先生が呼びかけて指示する。

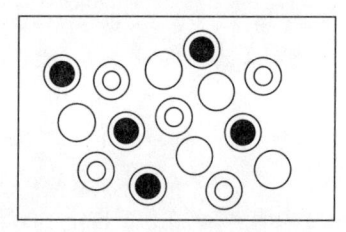

図4-2 例：異なる学年・学級の子どもが混在している場面で「きくぐみのみなさん」と先生が呼びかけて指示をする。

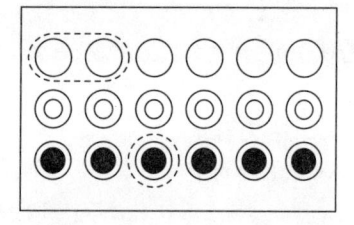

図4-5 例：学年学級ごとに整列している場面で「いつまでもガサガサしている人たち」と先生が呼びかけて注意をする。

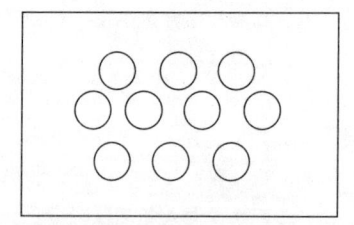

図4-3 例：うめぐみの子どもたちが集まっている場面で「きくぐみさんになる」「ちゅうりっぷさんにもどる」と先生が言う。

注）◎年長・きく組・緑
　　○年中・うめ組・ピンク
　　●年少・ちゅうりっぷ組・赤

（出典）結城，1998a, pp.154-155.

そのため，この場合も「いつまでもガサガサしている人たち」は，子どもたちには「目に見えないが処遇は受ける」対象となる。

図4-1から図4-5に示された場面で集団呼称が示す対象は，「活動単位としてどれだけ可視化されるか」に違いがある，と考えられる。その違いをもたらすのは，（1）集団呼称が示す対象に物としてのシンボルが存在するか，（2）集団呼称が示す対象にはメンバーが特定されているか，（3）集団呼称で示される対象に子どもが帰属意識をもっているか，（4）集団呼称が示す対象に空間的な境界が存在するか，（5）先生が意図的にメンバー編成をした10種類の集団単位を前提としているのか，という4つの要因である。これらの視点から図4-1から図4-5の集団呼称を整理すると，表4-5に示すように〈図4-1〉〈図4-2と図4-3〉〈図4-4と図4-5〉の3つの類型に整理された。これら3つの類型をそれぞれ順に，「目に見える集団単位名」「目に見えない集団単位名」「目に見えない集合名」と呼ぶことにした。

表4-6は，これら3つの類型に整理された集団が学年ごとにどのような頻度で使用されているかを整理したもである。この表が示すように，「目に見える集団（単位）」の使用頻度は，年少組の2倍の頻度で年中組で使用されるが，

表4-5　メンバーの可視性にもとづく集団呼称の類型とその特徴

メンバーの可視性	集団呼称の類型		
	目にみえる集団単位名（図4-1）	目にみえない集団単位名（図4-2・図4-3）	目にみえない集合名（図4-4・図4-5）
①物としてシンボルが存在するか	存在する	存在する	存在しない
②メンバーが特定されているか	特定されている	特定されている	特定されていない
③空間的に集団の境界が存在するか	存在する	存在しない	存在しない
④10種類の集団単位を前提としているか	している	している	していない

（出典）結城，1998a, p.155.

表4-6　先生の用いる子どもへの呼称の学年別比較

（単位：％カッコ内は回数）

学年			年少	年中	年長	
個人名			62.4(108)	31.4(49)	17.6(37)	I
集団名	目に見える集団		16.2(28)	34.0(53)	34.8(73)	II
	目に見えない集団	単位	11.0(19)	16.7(26)	14.3(30)	III
		集合	10.4(18)	17.9(28)	33.3(70)	IV
		計	21.4(37)	34.6(54)	47.6(100)	V
	計		37.6(65)	68.6(107)	82.4(173)	VI
合計			100.0(173)	100.0(156)	100.0(210)	VII

（出典）結城，1998a, p.169.

年中組と年長組ではほとんどその数値に開きがない。一方,「目に見えない集団」は,年少組,年中組,年長組と学年が上がるにしたがってその使用頻度が増加している(Ⅴ欄)。さらに,各学年ともに「目に見えない集団」の使用頻度は「目に見える集団」のそれを上回っている(Ⅵ欄)。また,「目に見えない集団単位」の使用頻度は,学年間に顕著な違いは見られないが(Ⅲ欄),「目に見えない集合体」の使用頻度は,他の学年に比べて年長組でとりわけ高い(Ⅳ欄)。

次に,先生が子どもと相互作用する過程で,これらの集団がどのように使い分けられているのかという視点から,フィールドノーツやビデオテープを再吟味することにした。まず初めに,先生が集団名を用いた呼称を子どもに対して用いる場面として,4つの場面が抽出された。(1)準拠枠:子ども全体を一度に行動させると混乱が予測される場合に,子どもをいくつかの集団に分割して任意に順番を決めて行動させたり,数人の子どもを抽出して行動させる場合に便宜的に分ける枠を設ける,(2)同調誘導:その場,あるいはその後に要求される知識や行動を,子どもが自発的に表現するように誘導する,(3)逸脱修正:子どもが表現した知識や行動が,逸脱したものとして現れた場合に注意を与える,(4)説明:新たな知識や行動の指導,指示,説明を行う対象を明言する,である。次に,「目に見える集団(単位)」「目に見えない集団単位」「目に見えない集合体」がそれぞれ上記4つのどの場面で使用されているのかを分析した。表4-7は,その結果を示す。

「目に見える集団(単位)」は,準拠枠として(34.0%),あるいは同調誘導場面で(55.3%)使用される頻度が高いが,逸脱修正場面ではほとんど使用されない(0.5%)。また,説明の対象としての使用も特徴的に認められる(10.2%)。「目に見えない集団」が,同調誘導や逸脱修正などの教室秩序を維持する場面に多用され,特に,「目に見えない集合体」は逸脱修正場面に顕著に使用される傾向にあることがわかる。これに対して,「目に見えない集団単位」は,準拠枠としての使用(19.0%)も同調誘導場面での使用(35.2%)も少なくはない頻度で確認されるが,逸脱修正場面での使用頻度は顕著に高くなる(43.8%)。さらに,「目に見えない集合体」は「目に見える集団単位」の場合とは対照的に,逸脱修正場面での使用(71.8%)がその大半を占め,準拠枠としての使用(7.3%)や同調誘導場面での使用(20.9%)は少なくなる。

次に,これらの集団の具体的な用い方を一つひとつフィールドノーツにもどって整理してみると,次のような特徴があることがわかった。

まず,「目に見える集団」が使われるときは,特性の違いに関係なく子ども

表4-7 場面別集団呼称の類型と使用頻度

( )は全186エピソード中の使用回数

集団呼称			準拠枠	同調誘導	逸脱修正	説明	合計
目に見える集団単位名	属性型	幼稚園	(0)	(11)	(0)	(1)	(12)
		学年・学級	(19)	(70)	(1)	(0)	(90)
		性別グループ	(11)	(5)	(0)	(0)	(16)
	評価型	座席グループ	(13)	7	(0)	(0)	(20)
		リトミック	(10)	(14)	(0)	(4)	(28)
		鼓笛	(6)	(5)	(0)	(6)	(17)
		劇	(4)	(0)	(0)	(6)	(10)
	ランダム型	お茶会	(5)	(2)	(0)	(1)	(8)
		ゲーム	(2)	(0)	(0)	(3)	(5)
	小計		(70) 34.0%	(114) 55.3%	(1) 0.5%	(21) 10.2%	(206) 100.0%
目に見えない集団単位名	属性型	性別グループ	(20)	(15)	(26)	(0)	(61)
		学年・学級	(0)	(22)	(20)	(2)	(44)
	小計		(20) 19.0%	(37) 35.2%	(46) 43.8%	(2) 1.9%	(105) 100.0%
目に見えない集合名	属性型	月齢	(5)	(2)	(26)	(0)	(33)
		年齢	(0)	(2)	(5)	(0)	(7)
		国籍	(0)	(0)	(3)	(0)	(3)
	評価型	能力・技能	(0)	(3)	(10)	(0)	(13)
		性向	(3)	(16)	(31)	(0)	(50)
		「お客様」	(0)	(0)	(4)	(0)	(4)
	小計		(8) 7.3%	(23) 20.9%	(79) 71.8%	(8) 0%	(110) 100.0%

(出典)結城,1998a,p.160.

は平等かつ調和的に扱われていた。この場合,子どもたちは,特性の異なる子ども同士が活発に関わり合えるよう,仲間意識と参加意欲を高めることで全員に同じレベルの知識,技能,規範が獲得されるよう方向づけられていた。この方向づけを効果的に促すと見なされていたのが,集団内や集団間を先生が意味づけていく方法である。「目に見える集団」が使用される場合は,以下に示すように,所属集団の一員らしさを強調する集団単位内の統合関係,すばやく揃った行動を競わせる集団単位間の比較競争関係,学年間に形成する「あこがれ・あこがれられる」関係がつくられていた。

　「さすがS幼稚園のきくぐみさんだ」って言われるように頑張りましょうね。
（統合関係）

　どこのグループさんが一番でしょうか？　あっ,ひょうグループさんが早い！

りすグループさんもいいお姿勢になりました。くまグループさんも……はい，みなさん，とてもいいお姿勢になりましたね。(比較・競争関係)。

　さすが，年長さん！　お声も大きくてお姿勢もピッチしてすばらしかったですね。小さいお組のみなさんも，もうすぐあこがれの年長さん，年中さんになりますからね。大きいお組さんのように頑張って練習しましょうね。(あこがれ・あこがれられる関係)

　一方，「目に見えない集団単位」や「目に見えない集合体」が使用されるとき，子どもの特性の違いが強調され，その違いが価値・序列づけられている。この場合，先生は，逸脱行動をとっている子どもに対して，「目に見える集団」の一員としてふさわしくないことを意味する匿名のラベルを貼って，子どもを一時的に居心地の悪い状態に追い込んでいくような話し方をし，子どもが「自発的に」みんなと歩調を合わせるように導いていった。子どもがもし行動を自分から修正できれば，他の大多数が所属する集団の一員としてその子どもを「包摂」するが，そうでなければ，異質な存在として「お客様」扱いにするか，所属集団から引き離す可能性があることを示唆して「排斥」した。こうした包摂／排斥関係は，次の２つの例にも典型的に現れている。

　さぁ，〈ごちそうさまのご挨拶〉しますよ。男のみなさんはどうしたんでしょう？　女のみなさんは，みんなお行儀いいわよ。お嬢さんはお姫様。おぼっちゃんは腕白ぼうず！　お嬢さんは，大きいお組さんになれると思うんだけど，おぼっちゃんはどうかしら？

　せいちゃんは，もう５歳になったんだから，みんなのお仲間入りしないと。それとも，もう一回，おまめさんに逆戻りしちゃいますか？

　以上に示すように，幼稚園では可視性の異なる集団を媒介として，集団と集団，ならびに集団と個々の子どもとの関係を操作していることが判明した。子どもに協同でひとつの活動を展開させ，知的あるいは技術的にも高度な活動をさせる過程には，先生の子どもに対する個別的かつ直接的な働きかけよりもむしろ，所属集団らしさを強調する統合関係，集団間の比較・競争関係，「あこがれ・あこがれられる」関係，可視性の異なる集団を利用した包摂／排斥関係という集団関係の操作を通した働きかけが存在していた。子どもはそうした重層的な集団関係の中で経験を積み重ねることにより，自分と集団との関係を読

みとり，「自発的に」集団活動で求められる行動に同調するように方向づけられていくことがわかった。

5節　データを分析するための概念の精緻化とAV機器

S幼稚園でのエスノグラフィーから明らかになったことは，幼稚園で利用される「集団」は，多様な集団で構成され，状況によって使い分けられることだった。「集団」は，編成様式と可視性の異なる多様な集団により構成されていた。それぞれの集団は，同調行動を誘導する場面や逸脱行動を修正する場面など，状況に応じて，集団間や集団内の関係（あこがれ・あこがれられる関係，比較競争関係，統合関係，包摂－排斥関係）が定義されていた。これまでの研究では，「集団」対「個人」という二項対立の図式で「集団」がとらえられていたが，この調査では，多様な編成をもつ集団とそれらの集団の集団関係の操作のなかで，「集団」における「個人」の位置関係や意味づけが変わるものとしてとらえられることが示唆された。

本研究が得たこれらの知見は，収集したデータの分類・整理をとおして現れる視点でデータを再分析・収集する，という「らせん型」作業を繰り返すことで得られた。振り返って非常に興味深いのは，この作業過程で，AV機器が，それぞれの特性に応じた視点をとおして「集団」概念を精緻化する道具となっていたことである。

たとえば，写真は，集団を〈目〉とらえる視点を提示していた。写真は，多様な集団に設定されている「シンボル」の存在や集団間の「境界」の意味を考える契機となった。カセットテープレコーダーは，集団を〈耳〉でとらえる視点を提示していた。カセットテープを聞くことで，集団呼称の存在に気づき，それらを分類・整理することで，意図的組織的に編成される「集団単位」と状況に応じて定義される「集合体」の存在と意味を考えることにつながった。さらに，ビデオ記録は，集団を〈目〉でとらえるものと〈耳〉でとらえるものの関係をとらえる視点を得た。ビデオの使用により，それまでは，写真とカセットテープで別々に，〈目〉と〈耳〉でとらえていた現象を，同時にとらえることが可能になった。このことにより，〈目〉と〈耳〉でとらえられるものが必ずしも一致しないことに気づき，その意味を考えることが可能となった。

このことは，われわれが調査をおこなう場合に，AV機器の特性を充分に意識し，AV機器の種類によって収集する情報の質が異なることを認識しておか

なくてはならないことを示唆している。カセットテープレコーダーは聴覚的な情報を収集し，ビデオカメラは視覚的な情報と聴覚的情報を収集する。ビデオカメラでは継時的な映像を収録し，カメラは一時的な映像を記録する。このような特性を意識しておくことで，それまでの分析の視点の可能性と限界を把握できるのと同時に，新しい視点を獲得することもできるだろう。

以上に示したように，エスノグラフィー的研究においてＡＶ機器は，機器それぞれの特性に応じた視点をとおして，データ分析のための概念を精緻化する道具となっていた。この作業をすすめるうえで，ＡＶ機器はもうひとつの側面で重要な貢献をしている。それは，フィールドで現れている現象の傾向を，数値的に分析することを可能にしたことである。エスノグラフィー的研究では，一般に，解釈の妥当性が重視される。しかし，根拠にあげられる事例がどれくらい代表性があるのかは必ずしも明らかにされない（Emerson, et al., 1995）。読者は，報告者を信用してエスノグラフィーを読み進めるしかない。しかし，事前にストーリーラインが引かれていたのではないか，都合のよい事例がうまく並べられたのではないかという疑念を読者が抱いても，それを検証することはできない。

本研究では，この問題を克服する試みとして，「集団」概念を精緻化する過程で生成された概念をもとに，収集したデータを分析する際に，その結果を数値で表すようにした。たとえば，編成の異なる集団や可視性の異なる集団が，それぞれどのような状況でどのくらいの頻度で現れるかを数値で把握し，全体の傾向を把握するようにした。その結果に基づき，フィールドノーツから質的な分析を行うという作業手順を踏んだ。この方法で，多少なりとも事例の代表性を示しつつ解釈の妥当性をより高めていくことができると考えられる。方法的にはさらに精度を高めていく余地は残されているが，質的分析と量的分析を統合し，より妥当性の高い解釈を生み出す有効な手段として，今後もＡＶ機器の活用が注目されよう。

文　献

Blumer, H. 1954, What is wrong with social theory? *American Sociological Review.* **19**, 3-10.

Cummings, W.K., 1980, *Education and equality in Japan,* Princeton : Princeton University Press.（友田泰正訳, 1981,『ニッポンの学校』サイマル出版会.）

Duke B., 1986, *The Japanese school : Lessons for industrial America,* New York : Praeger Publishers.（國弘正雄・平野勇夫訳, 1986,『ジャパニーズスクール』講談社.）

Emerson, R.M., Fretz, R.I., & Shaw, L.L., 1995, *Writing ethnographic fieldnotes.* The University of Chicago. (佐藤郁哉・好井裕明・山田富秋訳, 1999,『方法としてのフィールドノート——現地取材から物語作成まで』新曜社.)

藤田英典, 1998,「現象学的エスノグラフィー——エスノグラフィーの方法と課題を中心に」志水宏吉編著『教育のエスノグラフィー』嵯峨野書院.

Glaser, B.G. & A.L. Strauss, 1967, *The Discovery of grounded theory : strategies of qualitative research*, Adline Pulishing Company. (後藤隆・大出春江・水野節夫訳, 1996,『データ対話型理論の発見』新曜社.)

Hammersley, M. & P. Atkinson, 1983, *Ethnography: Principles in practice*, Tavistock Publications.

Hendry, J., 1986, *Becoming Japanese : The world of the pre-school child.* Manchester University Press.

稲垣恭子, 1999,「書評 結城恵著『幼稚園で子どもはどう育つか——集団教育のエスノグラフィー』」『教育社会学研究』日本教育社会学会, 第64集, 232-234.

Lofland, J. & L. Lofland, 1995, *Analyzing social setting*, Wadsworth. (進藤雄三・宝月誠訳, 1996,『社会状況の分析——質的観察と分析の方法』恒星社厚生閣.)

Lewis, C., 1984, Cooperation and control in Japanese nursery schools. *Comparative Education Review*, Vol.28, No.1, 69-84.

箕浦康子, 1999,『フィールドワークの技法と実際——マイクロ・エスノグラフィー入門』ミネルヴァ書房.

森 楙, 1998,「子ども研究の動向と課題」『教育社会学研究 特集 子どもを読みとく』日本教育社会学会, 第63集, 75-95.

Peak, L., 1991, *Learning to go to school in Japan : The transition from home to pre-school life*, Berkeley and Los Angeles : University of California Press.

Rohlen, T., 1989, Order in Japanese society: Attachment, authority, and routine. *Journal of Japanese Studies*, Vol.15, No.1, 5-41.

佐藤郁哉, 1992,『フィールドワーク——書を持って街へ出よう』新曜社.

志水宏吉, 1998,「教育研究におけるエスノグラフィーの可能性」志水宏吉編著『教育のエスノグラフィー』嵯峨野書院.

Spradley, J.P., 1980, *Participant observation*, Holt, Rinehart and Winston.

須藤健一, 1996,『フィールドワークを歩く——文化系研究者の知識と経験』嵯峨野書院.

Stevenson, H.V., Stigler, J.W., Lucker,G.W., Lee,S., C.Hsu, & K.Kitamura, 1987, Classroom behavior and achievement of Japanese, Chinese, and American children. In Glaser, R. (ed.), *Advances in instructional psychology.* 3, 153-204.

Suttles, G., 1976, Urban ethnography. *Annual Review of Sociology, 2*, 1-18.

Tobin, J., D.Wu & H. Davidson, 1989, *Preschool in three cultures*, New Haven and London : Yale University Press.

結城 恵, 1993,「幼稚園における集団呼称の社会的機能」『教育学研究』日本教

育学会, 第60巻, 第4号, 21-30.

結城　恵, 1994,「社会化とラベリングの原初形態――幼稚園における集団カテゴリーの機能」『教育社会学研究』第55集, 91-106.

結城　恵, 1996,「幼稚園における集団構成とその社会化機能に関する研究――家庭生活から学校生活への移行過程」(博士論文).

結城　恵, 1997,「集団活動における個性育成――S幼稚園のエスノグラフィをもとに」萩原元昭編著『個性の社会学』学文社, 77-97.

結城　恵, 1998a,『幼稚園で子どもはどう育つか――集団教育のエスノグラフィ』有信堂.

結城　恵, 1998b,「幼稚園・保育所の文化」萩原元昭編著『幼児教育の社会学』放送大学振興会, 97-104.

結城　恵, 1998c,「教授・学習の集団的文脈――目に見える集団と見えない集団」志水宏吉編著『教育のエスノグラフィ』嵯峨野書院, 123-149.

結城　恵, 1998d,「幼稚園における集団構造の比較研究――共生空間の形成のために」『家庭教育研究所紀要』第20号, 115-125.

結城　恵・藤田英典, 1992,「幼稚園における集団の編成原理」『東京大学教育学部紀要』第32巻, 157-167.

第5章　　　　　　　　　　　　　　　　　　　　　　　　　◎石黒広昭
ビデオデータを用いた相互行為分析
日本語非母語児を含む「朝会」の保育談話

1節　相互行為分析とは何か？

1.1　相互行為分析の意味

　相互行為とは，英語の interaction の翻訳である。interact が「act on each other（「相互に作用（影響）する）」（Oxford, 1980）という意味で使われるように，一般には相互に影響を与え合うような事態を意味する。したがって，それは，物体間の関係を示すために物理的な事態に対して使われることもあるし，生体あるいは生体と人工物（artifact）との間の関係に対しても用いられている。本章では，このように実体的に物体間や生体間，さらには物体と生体との間に存在する相互作用のことを「やりとり」と呼ぶことにしたい。本章で取り上げるのは，社会的な事態である。人は何らかのやりとりを通して，コミュニケーションを実現する。こうして原稿を書くとき，書き手がキーボードの端末に触れながら，ディスプレイ上に文字を置いていくことは人間と人工物のやりとりである。しかし，同時にそれが誰かに向けられているとき，実はそれは人間間のやりとりでもある。

　学校における学習でも，家庭における学習でも，そこに他者や社会的に伝承されてきている人工物が関わっている限り，それは社会的な出来事（social event）であり，実際に何らかのやりとりが存在することが多い。これに対して，本章では現象に対する分析視点としての「相互行為（interaction）」を考えてみたい[1]。こうした分析視点の背後にある思想は，「知識や行為はそれが用いられる活動や状況から分離不可能な過程である」（Brown, Collins & Duguid, 1988）というものである。それらは誰かの頭の中に突然発生したものではなく，

---

(1) 西阪（1997）は相互行為分析という視点を強調している点で，本章と同じ分析戦略をとるが，本章ではエスノメソドロジーの立場をとっていない点で差異がある。

その人が息づくコミュニティ内での他者とのやりとりに埋め込まれたものである。つまり，「状況に埋め込まれていない知識や行為は存在しない」（Lave & Wenger, 1991）という理論的前提が相互行為分析という視点には存在する。したがって，社会的実践として知識や行為を見ることが相互行為的な分析視点ということになる。

相互行為的に見るということは，一見表面的にはやりとりが知覚されないような場面に対しても，そこに「何かが関わっている」というまなざしで見ることである。したがって，詳細な分析を進めていくうちに，実際の「関わり」，つまりやりとりが明らかになることが求められる。このように考えると，相互行為分析とは，ある現象に対してその現象を「さまざまな関わりの織物」としてとりあえず見なす視点である。そしてその理論的前提を前提として不問に付すのではなく，実際のやりとりとして記述可能にする作業を通して，それを構成するリソース（この例では，繊維）やその絡み合い方（この例では織物の織りなされ方），そして織りなされた全体の意味（この例では，模様）を明らかにしていく研究方法であると言ってよい。相互行為分析とは，このような点である実践を可能にするリソースの分析であるととらえることもできる。

相互行為的視点を採用することは，教育や保育にとってどのような意義があるだろうか。これに関しては，マクダーモットとゴールドマン（McDermott & Goldman, 1983）やシュルツら（Shultz, Florio, & Erickson, 1982）がまとめているように，学校でうまく振る舞うことのできない子どもたちに対して，教師などにその見方の変化を引き起こすリソースを提供できることがあげられるだろう。たとえば落ちこぼれと言われる子どもたちがなぜ存在することになるのか。心理学が伝統的に採用してきた個体中心主義的な視点（佐伯・宮崎・佐藤・石黒，1998）によれば，それは子どもの能力や性格の問題として説明される。他方，社会科学が伝統的にとってきた規範的な立場によれば，それは階級などの社会構造の問題とされる。このように問題の源泉を個人の内側にあるのか外側にあるのかという二項対立的な見方に対して，相互行為的な視点は，そうした問題が，参与者間の相互行為の産物であるという見方を提供する。それによって，時には変容不能と思えるような問題であっても，その原因を個人や社会に帰属することなく，相互行為上の問題として基本認識を組み替えることが可能になる。

1.2 相互行為分析の目的——意味（sense）をとらえる

相互行為分析の目標は何であろうか。それは一言でいえば，そのやりとりに参加している人びとの達成する意味をとらえることであると言ってよいであろう。しかし，それは「これがその意味です」と語られたことばや行為の本当の意味を発見し，それに置き換えることではない。おそらくそんなことはできないだろう。重要なのは，それを背後の文脈とともに切り取り，その意味を分析者が解釈することである。

意味とは何か。これを考えるのに適切な例がある。ヴィゴツキー（1934/1962）とバフチン（1929/1989）が共に引用したドストエフスキーの『作家の日記』の中の引用である。そこでは6人の酔っぱらった工具が同じたったひとつのことばで，それぞれ異なる意味を表明することが可能であった。バフチンはこのことから，「単語はイントネーションのための支えでしかない」（邦訳，p.162）と言い，ヴィゴツキーは「語義（meaning）は意味（sense）の建物の石材にすぎない」と言った。このことは意味は辞書にのっているような語義をリソースとして実現され，その制約を受けているが，同時にその束縛から解放される動きがあることも示している。人がことばを使ってコミュニケーションを行う限り，必ず，そのことばを使うことによって制約を受ける。しかし，それにもかかわらず，それぞれの発話はそれ独自の意味を実現可能なのである。

この意味をとらえることが，相互行為分析の課題となる。そのことは，当事者の意味といったときに，それは当事者が主観的に抱えているその場面ややりとりについての意識化された評価を指すわけではないことに注意が必要である。実際のやりとりの中で当事者はほとんどのことを自覚なしに行う。しかし，その行いの過程に意味が埋め込まれているのであり，このやりとりの中で交渉されている，誰か個人の主観的な意味ではなく，「社会的な」意味を拾い出すことが相互行為分析の課題となるのである。

束縛と解放という緊張関係は，実際に話される状況の中で実現される。話し手と聞き手が交替することを考えれば，話されるものはすべて両者の対話として産出されるものであり，何ひとつ個人に帰属できるものはない。そうなると，実際の発話や行為の意味をとらえる作業はある意味では無限に続く対話に対して，そこで了解される意味をつかむために，どこまでを焦点化される意味の「環境」として切り取るのかに依存してくる。この環境の切り取りに失敗すると本来ある行為や発話がその状況において担った意味を取り出し，記述するこ

とができない。

2節　エスノグラフィーとしてのビデオを用いた相互行為分析

2.1　参与観察とビデオを用いた相互行為分析

　文化人類学の先駆けとなる研究をしたマリノフスキー（Malinowski, 1936）は，「発話の意味は状況の脈絡（context of situation）の中において初めて明瞭になる」と述べている。つまり，焦点化された出来事の意味を知るためには，その文脈を十分とらえることが必要になるのである。しかし，この文脈とはやっかいなもので，「ハイこれです」と取り出すことができるようなものではない。
　文脈は2つの次元でとらえることができる。そのひとつは，やりとりそのものがつくり出す文脈の次元だ。発話や行為は先行する発話や行為への応答としてなされる（Bahtin, 1929/1989）。この応答の連鎖がそれぞれの発話や行為にとっての文脈となるのである。このような発話や行為の相互制約性を相互反映性（reflexivity）と呼ぶ（Gee & Green, 1998）。これに対して，ある発話や行為の背景知識としての民族誌学的文脈（ethnographic context）（Jordan & Henderson, 1994）と言われるものがある。

2.2　織りあげられる文脈——相互反映性

　相互行為分析者は実際のフィールドにおいて参与者と同じようにその意味を知覚できるようになりたいと考える。そして，さらに，その意味が読者に聞こえるように，あるいは見えるように状況を記述したいと考える。それはどのように可能になるのか。
　ケンドン（Kendon & Ferber, 1973/1996）は私的なパーティーに集まる人びとの挨拶行動を分析した。それぞれ個々の動きは千差万別であるが，人びとの挨拶に至る行動のシーケンスを分析してみると，そこには挨拶する相手に対する「認知」，「接近」，「近接」というステップが見られた。その中で，認知から接近へと移行する際には，一方が他方を認知しても他方が見返さない限り，接近は開始されない。ここで重要なことは，これは挨拶に訪れた単独の人の行動シーケンスの分析ではないということである。その人の向こう側には確かに後に挨拶を交わす他者がおり，その両者のやりとりが分析されているのである。

お互いの行為は他方の行為にとってそれを規定する文脈であると同時に、またそれに規定されている。行為はお互いにお互いにとっての文脈を構成しながら、絡み合っている。

グッドウィン（Goodwin, 1982）はこれまで話し手個人の内的な理由によってなされてきたと考えられてきた言い直し（restate）や休止（pause）が、聞き手との関係によってなされていることを明らかにした。ここでいう言い直しとは、「We went t-I went ta bed（私たちは行った　私はベッドに行った）」のように、完結しない発話（We went）に続いて一貫した文（I went ta bed）が話されるような場合の話し手の言い直しのことである。聞き手が話し手に視線を向けていないときに発話の中断が起こり、その視線を向けられたときにこの言い直しが生じた。すなわち、言い直しは聞き手が自分の方を見たり、見なかったりすることと関連している。言い換えれば、話し手は話すから話し手なのではなく、聞き手がいるからこそ話し手になりうるのであり、話し手は聞き手によって初めて話し手として存在可能なのである。

ここでの話し手と聞き手のように、それぞれの行為が社会的に共同構成（joint construction）されているという観点が相互反映性である（Gee & Green, 1998）。「発話は、それ自体が話し手と聞き手との相互関係から生まれた所産」（Bahtin, 1927/1980, 邦訳, p.188）であり、当然、発話は常に誰かによって話されるものであるが、同時に「誰かに向けられた」ものである。この発話の対話性、状況性をここでは相互反映性としてとらえている。

相互反映性を逃さないためには、やりとりの中の連鎖をつかまえることだ。エスノメソドロジーの中でも特に会話分析と総称される研究集団の関心の中心はそこにある。たとえば、「こんにちは」に対して「こんにちは」と返されたとき、このペアは単位として「挨拶」を達成している（Psathas, 1995/1998）。「こんにちは」に対して「何だよ文句あるのか」と返されたときには別の何かを達成している。「こんにちは」というひとつの発話要素を取り出しても、その意味はわからない。その意味は、「こんにちは」の発話者が所有しているものではない。その意味は、それを受けてなされた対話者の応答によって観察可能となる。意味はどこかにあるものではなく、このように応答の連鎖の中で意味がつくり出され、その連鎖を適切にとらえることが、意味の交渉過程を記述することになるのである。

ビデオによる相互行為分析は、このようなやりとりの連鎖の必要最小限の単位を切り出すことによって、その意味をとらえようとする。たとえば、教室における授業の必要最小限の単位は、教師によって開始される発話（Ⅰ）「今何

時だ?」に対して生徒による応答(R)「10時です」,そしてそれに対する教師の評価(E)「よろしい」といった三項シーケンスからなることがわかっている(Mehan, 1979)。サーサス(Psathas, 1995)は「意味の問題は,初めに,二番目に,そして順々に何が起こったのか観察したり,何があることに先行して行われたのかに注目したり,また当事者によって実際に何がなされ語られたのかを考察することで,実際の相互行為の過程を厳密に照合するならば概ね明らかにされる(邦訳, p.116)」という。これはエスノメソドロジーの基本的な方法論的スタンスであるが,意味を観察可能なものとして取り扱ううえでの基本的態度として受け入れてよいであろう。もちろん,その場合の応答には言語的発話(トーク)以外の非言語的なさまざまな行為も含まれなければならない(Erickson, 1992)。

2.3 分析の焦点場面決定のためのエスノグラフィック・コンテクストの記述

発話や行為を個々バラバラにするのではなく,それを意味のある単位として取り出すためには,やりとりの連鎖をとらえなくてはならないことを述べた。しかし,その前に調査者にとって頭を悩ますことは,膨大なビデオ素材の中から,いったいどこを切り出してくればよいのかという分析の焦点となる場面の決定である。

ヒース(Heath, 1982)はエスノグラフィーの目標はある社会集団の生き様を記述することであり,その記述は理想的には自然場面におけるある社会集団の存在の全体性を扱うことであるという。ある文化を全体としてとらえることが理想とされたとしても,実際はあるコミュニティのすべてを調査することなどできない。そこで,文化のミニチュア(minutiae)とでもいえる断片を記述・分析するシステムが求められる。たとえば,授業内で行われるやりとりは学校に関わる文化的現象を作り上げる断片であり,そうした活動は各々組織化されて,顕在的な,そして潜在的な規則集合をもっている。各々の断片としてのやりとりは常に,その上位にある社会・文化システムとの関わりが考慮されるべきだというのである。つまり,ある授業が取り上げられたとき,その授業がなぜ取り上げられたのかという,その場面を選択した理由,言い換えれば全体に対するその場面の切り出し理由を述べることが,エスノグラフィーには欠かせない。

焦点場面を同定するためには,序章で述べた民族歴史的調査に加えて,なに

よりも，フィールドリサーチにおいて，調査者が見たもの，聞いたもの，そして感じたもののすべてを記述することが大切である。調査者は，ビデオの設置とは別に，それらをメモ(2)し，それをその日の調査終了後，できるだけ早く，フィールドノーツ(3)としてまとめることである。その日記録したビデオテープには，その日の活動のおおまかな流れとビデオ記録の時間（始まりと終わり），その日の観察で特に印象的だった顕著な特徴程度は書いておくとよい。こうした記録が，後に微細なやりとりを分析するポイント決めるリソースとなる。フィールドノーツを後から読み返してみると，調査者のフィールドに対する立ち位置と視野が見えてくる。

　分析の焦点場面を機械的に決定することはできないが，まず，活動全体を眺めてみて，おおよその空間，時間的な区切りを見つけ，分節化してみることを勧めたい。たとえば，学校であれば，登校，朝の会，授業，休み時間などといくつかの活動が分節可能である。それら分節化された個々の活動には始まりと終わりがあると同時にチャイムが鳴ってもしばらく授業が始められないように，2つの活動の間には余白的時間が存在する。この余白時間は，主たる活動に対して調整弁的な役割を果たしており，しばしば重要な場面となることがある。また，当然それぞれの活動は階層的な構造をもっている。たとえば，授業はさらに，授業開始挨拶，教科書に関するやりとり，雑談，テスト，授業終了挨拶などから構成されている。また，授業には独自のリズムがあり，それが授業の枠付けを行う。このリズムの崩れを押さえることも場面理解には重要である（Erickson, 1996）。空間的にも，授業時には子どもたちは椅子に座っているのが普通であり，廊下に出たり，机の周りに立っているのは，授業中の動きとしては普通ではなく，何らかの差異を露呈していると考えてよいだろう。保育園ではしばしばすねた子が，子どもたちの集団から離れたところにいるのを目撃することができる。これは空間的な差異の表示行為である。黒板への板書から子どもたちへのプリントの配布へと，教師が用いる人工物（artifacts）の行為の変化を押さえるのも重要である。子どもたちが授業に飽きてだらけてから，教師に叱責されて授業に戻るまでの活動の復旧過程も興味深い場面である。こ

---

(2) これをそのメモをもとに観察後に書くフィールドノーツと区別するためにフィールドメモと呼ぶことにする。
(3) フィールドノーツの作成と分析への利用については『方法としてのフィールドノート』（Emerson, et al., 1995）を参照にするとよい。単に記録するためでなく，いかにフィールドリサーチから分析ポイントを見つけるのか，そのためのフィールドノーツの利用の仕方が丁寧に論じられている。

のような時間・空間的な大きな変化をまずとらえることから，場面の分節化が可能になり，それに基づいて関心のある場面が焦点化されてくる。

3節 保育園のフィールドリサーチ

3.1 関心の所在

私は1980年代の後半から急増したニューカマーと呼ばれる外国籍の子どもたちの日本の就学前施設や学校での状況について関心があった。そのときの私の基本的なスタンスは，そのような場は「多文化・単言語状況」であろうというものである。それは日本語以外の言語を「指導言語」としては使用しないという保育・教育場面における日本の言語政策の現状を反映したものである。たとえば，さまざまな国籍の子どもがいる保育園を覗くと，服装や親の保育園に対する期待の持ち方などに文化的な多様性が見られるが，そこで保育者が用いる言語は日本語であり，子どもの母語使用を制度的に補償することは少ない。小学校においては一部に子どもの第一言語が使用できる日本語教育用の特別教員を配置しているところもあるが，それも日本語教育のための媒介言語としてであり，子どもの第一言語を補償したり，それ自体を教育しようとするためではないのが普通である。日本語というひとつの言語だけがそこでは流通を許されている。そのことが子どもたちの関係に，あるいは指導者である大人と子どもたちの間の関係にどのような影響を与えているのか検討しようと考え，そうした状況を観察できるフィールドを探した。以下では，その中の一保育園での調査（石黒, 1999)[4]の一部を紹介している。

3.2 調査フィールドの概要

私は，定期的に観察できることを前提に，自分の所属先から近い保育園を探すことにした。そこで，まず，その市の保育園における外国籍児の受け入れ状況を調べた。当時，同市の保育園には外国籍幼児は合計26ヵ所に，58名が在籍していた[5]。保育園に在籍しているこれらの子どもの親の多くが，就労ではな

---

[4] この調査は，平成8年度～平成9年度文部省科学研究費助成金（基盤研究 (C) (2)）の支援を受けた。

く，国立大学大学院に留学している点に調査対象市の特徴がある。このことから，この子たちの日本滞在は長くなく，親は母国においてはエリートであることが多い。

　観察フィールドとしては，外国籍児と日本語を第一言語とする人たちとのやりとりに関心があったので，まだ日本語に習熟していない日本語非母語児が新たに入園してくる園を探した。年少児（3歳）あたりまでだと，日本語を第一言語とする子どもたちであっても，まだ言語使用が流暢ではないことが予想されたので，言語的コミュニケーションが特に重要な役割を果たすと考えられる年中児（4歳児）以上，できれば年長児（5歳児）クラスを探した。最終的に，上記の条件に適切な園の年長児クラスを調査対象とすることにし，長期観察の許可を同市保育課，当該保育園の責任者，クラス担任，主たる観察対象児となる外国籍児の親から得た。

　その外国籍児ADが参加する年長児クラスには，20名（男子15名，女子5名）の園児がいたが，途中で中国語母語者の男児が他の保育園に移動したため，卒園時には19名となっていた。担任は，10年以上の保育経験をもつ保育者一名であった。ADの両親はウクライナ出身である。当時，ADの父親は国立大学の大学院の博士課程に在籍していた。ADの両親によれば，ADの母語は両親と同じロシア語である。

　園長によれば，調査当時，当保育園には中国，朝鮮人民共和国，韓国，ウクライナから4ヵ国5家族の子ども8名が在籍していた。ADは5月からの途中入園であった。

3.3　調査手続き

　対象クラスを選択する際に，外国籍児の把握が，4月過ぎにならないとできなかったことや，実際に保育園を訪問して，許可を得るなどの手続きに時間がかかったことなどから，入園直後から観察に入ることはできなかった。実際にビデオカメラを使った本調査（観察）に入ったのは，AD入園後1ヵ月経った6月になってからであり，ADの卒園の3月まで約10ヵ月間観察することになった。

　調査者は，基本的に，一人で観察期間内に週1回程度，保育園を訪問し，参

---

(5) 調査年度の調査対象市の保育課発行の「保育所における除去食」と呼ぶ調査冊子による。

与観察を行った。調査者は児童の登園時間から保育場面に参与し，その様子をメモした。子どもたちの午前の活動が終了する食事場面あたりで観察者は観察を終了することが多かった。主要な観察場面は，子どもたちの自由遊び場面と保育者に指導された集団保育場面である。ADがいるときには，その集合保育場面を中心に各日約2時間のビデオ撮影を行った。ビデオを部屋に設置する場合には，ADを中心に部屋の隅から広角で，スタンドを使用して撮ることを基本とした。子どもたちの動きに合わせて，スタンドごとカメラを移動し，子どもたちに移動があるとまたカメラを移動するということを繰り返した。カメラ内にADを中心とするやりとりが写っている間，調査者は自由に動き，子どもたちと会話したり，メモをとったりしていた。ADを中心としたやりとり以外にも，子どもたちが絵本読みで保育者の周りに集まる場面や園庭に集まる場面など，クラス全体の活動の変化の節目となるような行為はその移動の前後も含め，できるだけ撮影した。カメラは1台で，調査者も一人であった。カメラを手に持って移動しながら撮影することもあったが，これは園庭での動線をとらえたりするような，特別な場面の撮影に限定された。

3.4　焦点場面の決定

　日本語のみの単言語使用状況における日本語非母語者の参入過程を検討するうえで，どのような場面を取り上げるのが適切であろうか。一日の保育活動の中にはさまざまな場面が含まれているが，今回は，調査者が「朝会」と呼んでいる場面を分析することにした。子どもたちは親などに連れられて，それぞれ朝登園してくるが，集合保育が始まるまでは，鞄などを各自の所属する部屋においた後は，園庭やホールで自由に遊ぶことができる。「朝会」とは，その後の集合保育の開始場面のことである。つまり，各部屋ごとに子どもたちが集まり，その担当保育者との間で挨拶や出欠確認などが行われるクラス別の保育活動の最初の場面である。

　フィールドリサーチを通して，この場面を分析の鍵場面として選んだ理由は，いくつかあるが，まず，もっとも単純であるが重要な理由は，それが繰り返し，ほぼ毎日行われる活動場面であるということである。マイケルズ（Michaels, 1981）はアメリカの小学校におけるフィールドリサーチで，「お話の語り合いの時間（Sharing time）」を選んだが，その理由のひとつが，それが繰り返される活動であるということだった。繰り返される活動は長期観察の中で変化するものと変化しないものを観察する上で適している。

ここで、「出来事（event）」と「エピソード（episode）」の区別をしておきたい。エピソードとは時間と場所が特定された1回ごとの状況で生じる何事かを示す。つまり、それはユニークである。それに対して、出来事はある程度の抽象度において、繰り返し実現される何事かを示す。たとえば、ある時間ある場所における挨拶は、それ1回限りのエピソードである。別な場所で生じた挨拶も、同様に唯一無二のエピソードである。しかし、どちらも挨拶という共通の出来事である。

こうした区分は3つの点で重要である。そのひとつは、多少の変動があるにせよ、出来事としてそれぞれの場で慣習化された活動をとらえることができることである。こうした活動が「文化」として知覚される源泉となる。また、あるエピソードがどのような出来事なのか特定化することによって、エピソード間の特殊性が浮かび上がる。たとえば、2つのエピソードをどちらも挨拶という出来事としてとらえることによって、挨拶として両者は何が同じでどこが違うのか議論することが可能になる。教育や保育の研究において、活動の不変項と可変項を見つけることは非常に重要であり、出来事とエピソードの区分はそのための概念的な手がかりとなる。この調査において、私はADの参入によるクラス全体の参加者のやりとりの変化に関心があった。その際、調査ごとに、繰り返し行われる「朝会」は、その中での振る舞いの変化を観察するには格好の場面であった。

2つめの理由は、朝会は、焦点化された集まり場面（focused gathering）（Goffman, 1963）であることから、焦点をもたない集まりである自由遊び場面などと比較して、参加者間のやりとりの詳細が観察しやすく、しかも三脚をおいて定点撮影しやすいことである。子どもたちは、部屋の中、さらには保育者の周りに集まるという空間的な凝集性を示すと同時に、クラス全体で共通の話題を取り扱うために、そこで実行されるやりとりもある程度方向づけられている。

3つめの理由は、それが保育園の中では例外的な学校的な集合談話場面であるということだ。保育園では保育者は個別に子どもに語りかけることが多いが、「朝会」では、保育者は前に立って、子どもたち全体にしばしば語りかけた。年長児は卒園後、小学校に入る。朝会はそうした小学校の集合談話を先取りしていると考えられ、就学前施設における年長の活動としてきわめて重要度の高い活動であると考えられる。したがって、ここには、保育であることによる談話特性と「もうすぐ小学校に入る」ことからくる学校的活動の予備活動的な談話特性があると考えられる。

3.5 焦点場面の分析

3.5.1 焦点場面を取り出したビデオの編集

最初に，フィールドメモに基づいて，観察回すべてのマスターテープ集から焦点場面である朝会が含まれているものを選択し，その中からさらに，「朝会」場面だけを取り出して，「朝会」だけのコピーテープを編集した。分析にはけしてマスターテープを用いてはいけない。何度も見ているうちに，テープは摩耗するので，コピーを使うべきである。また，ダビングするときには，焦点場面となる朝会の前後の余白時間を少し入れておく。これは，実際には何度も見ているうちに，ある活動の始まりだと思っていたところが，実はそうではなく，少し前からその活動に入っていたということがあるからである。また，焦点場面への移行過程でのやりとりが焦点場面の理解に役立つことも多い。

観察は全部で22回だった。そのうち，朝会のビデオ記録のある15回分の朝会の記録をビデオによる分析資料とした。

3.5.2 「朝会」という「出来事」のプロット

「朝会」がどのような「出来事」なのか，10ヵ月間の「朝会」の分析を通して，その基本構造を抽出することにした。この「出来事」は出欠確認など比較的定型化されたやりとりを複数含む行動場面（behavior setting）（Barker, 1965）としてとらえることができる。行動場面は「行動場面プログラムと呼ばれる序列化された一連の行事を実行するために協調的にやりとりする置き換え可能な人および人以外の構成部分からなり，境界のある，自己調整機能をもった階層システム」（Wicker, 1984）のことである。「朝会」という行動場面がどのような下位活動から構成されているのか，その目録（inventory）を明らかにし，さらにその下位活動の継時的なシーケンスである基本スクリプトを取り出すことによって，ADの相互行為がどのような状況でなされたものであるのか，そのコンテクストが明らかになるものと考えられる。

分析した15回の朝会場面について，保育者のひとつの発言で終わるようなものではなく，クラス全体で何らかのやりとりのある活動を取り出し，朝会の構成場面を整理してその活動の構成項目の目録を示すと（1）朝会への導入 [12]，（2）歌 [6]，（3）カレンダー確認 [10]，（4）出欠確認 [15]，（5）欠席者確認 [11]，（6）当番確認と当番への仕事の依頼 [15]，（7）待機時活動 [13]，（8）給食報告 [13]，（9）行事説明 [5]，（10）クラスメンバー確認 [1]，（11）

薬所持者確認［1］,（12）楽器演奏［1］,（13）喧嘩［1］となった（［　］内は15回のうちの出現数）。

　13のやりとり場面は, すべてが均等にどの日の朝会にも出現したわけではなく, その出現数には偏りがあり, 多数現れている場面と一度しかない場, 数回の出現が見られた場面があった。多数回現れた場面は, 朝会の基本プロットを構成する場面だと考えることができる。1回しか現れなかった場面は, 喧嘩に代表されるように, イレギュラーな場面で, 当日の偶然の産物であると考えられる。歌, 行事説明, 楽器演奏も必ず朝会に含まれているものではない。それぞれ, 朝会の時間の調整や特別な出来事のために設定されていると考えることができる。そこで, 朝会という出来事の基本場面を整理すると以下のようになった。

（1）朝会への導入　［12］
（2）カレンダー確認　［10］
（3）出欠確認　［15］
（4）欠席者確認　［11］
（5）当番確認と当番への仕事の依頼　［15］
（6）待機時活動　［13］
（7）給食報告　［13］
　＊［　］内の数字は朝会記録全15回中のそれぞれの場の出現頻度を示す。

　朝会への導入は, 前の活動との境界を形成する移行時間である。保育者が子どもたちの手洗いの状態を確認したり, 着席を指示したりすることによって, 前の活動から次の活動へと移行を進める場面である。したがって, そこでの着席を指示するようなことばである「もう　うごかないで」などは, 次の活動へと変化することを示す境界標識語（boundary marker）であると考えることができる。
　次の, カレンダー確認, 出欠確認, 欠席者確認, 当番確認はどれも,「その日の」状態の確認であり,「その日」が前日とは異なる新しい日であることをクラス全員で確認する作業となっている。したがって, この当日を確認するということに関わるそれぞれの場面は,「今日が新しい日であり」,「保育園の今日が始まる」ことを子どもたちと保育者が共有する活動であると考えることができる。つまり, 保育活動における, 昨日と今日の区切りをつける境界活動である。「今日は何日ですか？」のような問いは, 保育者と子どもたちがその日

が新しい日であることを確認する境界標識語になっているとも言えるだろう。

当番への仕事の依頼，待機時活動，給食報告は当番の仕事に関わるものである。当番がいなければ，どれも成り立たない活動である。当番を確認した時点で，当番と他の子どもたちのやりとり，たとえば「今日のお給食は何ですか？」のような給食確認のやりとりがなされることから，一斉活動のある部分を当番である子どもたちに任せる学校の授業運営に似ている。待機時活動で全員がなぞなぞのような課題に答えていくことも学校教育の一斉授業に似ていると言えるだろう。上記7場面の出現順序は番号に従っている。この7つの項目を含んだ，その出現順序を朝会という出来事の基本プロットということができる。

3.5.3 「朝会」の構成場面の特徴と新参者の参加

朝会の出来事の構造が明らかになったことで，日本語非母語者であり，この保育園への新参者であるADの参加状態を予測することが可能になる。朝会への導入を除く各場面の特徴を「行為あるいは発言の宛先」，「内容の安定度」，「強制力」といった3点から整理してみると，表5-1のようになる。

表5-1 「朝会」の構成場面の特徴

	宛先	安定度	強制力
カレンダー確認	クラス全体	―	弱い
出欠確認	個人	高い	強い
欠席者確認	クラス全体	―	弱い
当番確認	クラス全体	高い	弱い
待機時活動	個人	低い	強い
給食報告	クラス全体	低い	強い

注：「―」は一概にどちらともいえないことを示している。

宛先とは誰に向けられた行為あるいは発言なのかを示す。たとえば，カレンダー確認は保育者が前に立って，子どもたち全員に「今日は何日ですか」と尋ねることから始まる。これに対して，出欠確認は個別の子どもに語りかけるのである。内容の安定度とは語られること，行われることの自由度の幅を指す。たとえば，出欠確認では，基本的に自分の名前を呼ばれたら，「はい」と答えるだけなので，その応答は単純で，やりとりも安定している。強制力とは子どもが行為しなければならない度合いが高いことを意味する。たとえば，待機時活動では，子どもは保育者になぞなぞを個別に問われれば，皆の前で必ず「答え」を言わなくてはならなくなる。

このように整理すると，新参者の参加に対して次のような予測が可能になる

であろう。新参者，特にＡＤのようなクラスで使われている言語が自分の母語でない場合，参加しがたい場面は，個人が宛先となる場面で，しかも，安定度が低く，強制力が強い場面である。それに該当するのが待機時活動である。これに対して，出欠確認は個人が宛先であり，強制力も強いが，安定度が高いので容易に応答可能である。観察の中で，保育者はしばしば出欠をとった後，それぞれの子どもに，「今日は木登りすごかったね」のようなコメントを返していた。これは，個人的なことがらを皆の前で披露する大変重要な機会であったと思われる。したがって，出欠確認は新参者がクラスの活動に参加していることを，その新参者にとっても，他のクラスメンバーにとっても表示するよい機会になりうる。また，カレンダー確認，欠席者確認，当番確認は保育者がクラスの皆に問いかけるものである。したがって，答えたい子が答えればよいものであり，強制力は低い。このような場合，新参者は，その慣れとともに，次第にその応答者になっていくことが予測される。給食報告は，子どもがクラス全体に言う場面であり，毎日メニューが変わることから安定度も低く，必ず当番になると言わなくてはならないという点で，強制力も強い。この調査した集団では保育者は，最初はＡＤを当番にはせず，しばらく経過したところで当番メンバーとして加えた。この措置は上記の予測に合致している。

4節　やりとりの微視的分析

4.1　「花の仲間集め」のやりとり

「朝会」に対して日本語非母語者である新参者ＡＤがどのように，参加をしていたのか，その軌跡を詳細に描くことは紙面の都合で本章ではできない。そこで，ここでは，分析の一例として先の「朝会」の構造分析により，日本語が流暢ではない新参者にとってうまくこなすことが困難であると考えられる待機時活動場面のやりとりを紹介し，その特徴を示したい。

例示するのは最初の朝会の待機時活動「花の仲間集め」の場面である。ここで注意すべきは，発話や行為を取り出す際に，それが伝える意味が不明にならないように，その前後の文脈を適切に切り取ることである。相互反映性への配慮である。そこで，ここでは，保育者がＡＤに近づいていきながら，問いかけるところからＡＤの応答を承認して次の子へと質問を開始するまでを切り取った。保育者は最初，子どもたちに，何をして待っていたいのか尋ねた。子ども

たちは，しりとりやなぞなぞと，口々に応えたが，保育者はそれに応じず，「花の仲間集め」にすることを宣言した。「花の仲間集め」とは，単に知っている花の名前を言うだけのゲームで，なぞなぞやしりとりのように難しくはない。年長クラスの子どもであれば，当然誰でも「正解」を言うことが可能だと思われるゲームである。次ページにそのトランスクリプトを示す。

　このやりとりは大きくは3つの部分に分けることが可能である。まず最初は，1から12までのやりとりである。保育者はADのところに来て，ADに向かって最初の質問「花　知ってる花　何　ある＝？」(3)をする。これに対してADが首を傾げる。保育者は実物の花のある黒板の方を指さしながら，「お花わかる？　花ね」(5)と言い換え，質問を再び繰り返す。それに対して，ADが「わかる」(6)と応じ，それを保育者が「わかる？」(7)と確認した後，「お花の名前知ってるのある？」(8)と3度目の質問をする。これに対して，ADはまた首を傾げ，保育者は「何知ってる＝？」(10)と4度目の質問を繰り返す。そしてさらに「お花の名前わかんない？」(12)と5度目の質問をする。短い時間に，実に5度同じことが尋ねられている。次の部分は，OSの「梅って言ったよ　今」(13)から始まる。これは保育者とAD二人のやりとりに対する割り込みである。それは，保育者に聞き取られるが，15で切れてしまった。15では保育者は「梅知ってるの？」と尋ねながら，その発話に続けて「チューリップは？」と質問している。ここが第3部分である。これに対して，ADがうなずき，保育者が「あ　チューリップ知ってる」と承認（acknowledgement）を与え，ADの番が終わる。

4.2　日本語非母語新参者ADを含むやりとりの特徴

4.2.1　保育的シーケンス

　保育者とADのやりとりの特徴は次のように描くことができる。まず，そのやりとりの基本構造は，「保育者による質問（Question）――ADの応答（Reply）――保育者の承認（Acknowledgement）」である。このシーケンスはミーハン（Mehan, 1979）の示した授業活動の基本ユニットである「開始―応答―評価（ＩＲＥ）」構造と似ている。しかし，ミーハンの評価では肯定的なもの，否定的なもの，それぞれの応答に応じて多様な評価が想定されている。それに対して，ここでは，子どもの応答に対してそれを肯定的な意味で認めるという「承認」を項として含んでいる。教育場面では，「できた」，「できなかった」ということに対する評価としてのフィードバックが必要となるが，保育場面では，

第5章 ビデオデータを用いた相互行為分析

トランスクリプト

1	18:47	T	：はいじゃ　待っている間今日は何しようかな　今日は　仲間集め　今日は仲間集め　何にしようかな＝
2	19:08	C	：はな　はな
3	09	T	：花　花の仲間ね(ADにところに来て頭をADの方へ差し出すように)花　知ってる花　何　ある＝？
4	14	C(AD)	：(首をかしげる)
5	＊	T	：花(黒板の方を指しながら)お花わかる？花ね
6	17	C(AD)	：わかる
7		T	：わかる？
8	19	T	：お花の名前知ってるのある？
9	21	C(AD)	：(首をかしげる)
10	22	T	：何知ってる＝？
11	24	C(AD)	：(小さな声で)うめのはな（？）　うめない（？）
12	24	T	：わかんない？お花の名前わかんない？
13	28	C(OS)	：(Tの方を見て)梅って言ったよ　今
14	29	T	：梅って言った？今(ADを指さす)言ったよね今(OSの方に頭を向けて)　梅って言った？
	32	C(OS)	：(うなずく)
15		T	：梅知ってるの？チューリップは？
16		C(AD)	：(うなずく)
17		T	：(ADを指さし，OSを見ながら)あ　チューリップ知ってる

表記：一番最初の数字はトランスクリプト番号，その次の左の数字は朝会開始からの経過時間（分：秒），CはAD，OS以外の子ども，Tは保育者。＊は発言が前の発言に重複していることを示す記号。その行の文頭位置が重なりの最初の位置。（？）はその前の音が不明瞭で記載が不正確であることを示す。＝は最後の音が延ばされて発音されたことを示す。（　）内は，動作。発話の終わりの？は上昇イントネーションで発話が終了していることを示す。

「よくやったね」というようなその出来不出来には関係のない子どものした行為に対する肯定的な了承という意味で評価がなされていることが多い。したがって，ここでは承認ということばを使った。17における「あ　チューリップ知ってる」は，知っていることを認めていることの表示である。

　この「質問―応答―承認」シーケンスが可能になるためには，保育者にとって子どもから返ってくる応答が「承認」できるものでなければならない。もしも，子どもの応答が承認できないものであったならばどうなるであろうか。教育場面では，それには否定的な評価が随伴する。つまり，「だめだな。はいじゃ他の人」と次の子どもとのやりとりに移行可能である。これに対して，常に「承認」することを前提とするならば，保育者は承認可能な応答を「待つ」しかない。これは時には，承認可能な応答を「引き出す」ことにもつながる。ここでの保育者はADが応答しない，あるいは不明確な応答をするとき，それで

会話を終了させるのではなく，質問を言い換えたり，繰り返したりして何とか応答を引き出そうとしていた。その結果，最後の部分の「チューリップは？─（うなずく）─あ　チューリップ知ってる」で初めて，「質問─応答─承認」が完成することになり，ＡＤとのやりとりを終えることができたのである。こうした「質問─応答─承認」シーケンスは，保育中の他のやりとりでも同様に取り出すことができた。

4.2.2　同一言語を繰り返すことによる「能力」表示機能

　ここで保育者が質問を繰り返していた点について検討を加えてみよう。一般的に，幼い子どもに対して質問の意味が通じていないと話者が理解したときには，先行する自らの質問に対してより平易な，おそらく聞き手にとってわかりやすいであろうことばに言い換える。しかし，そこには二重の機能があると考えることができるだろう。ひとつは理解促進機能である。ただし，それが実際に理解を促進するかどうかはそれぞれの場面で異なり，今回の事例では，やりとりの中にそれを確認することはできなかった。もう一方の機能は，問われた子どもの能力を皆に表示する機能である。この事例では，ＡＤはロシア語が母語であることから，言い換えが理解促進効果をもつとすれば，ロシア語に言い換えることである。ところが，ロシア語ができない保育者は日本語を繰り返すしかなかった。大人であれば言語が異なる人びととの会話の場合，もしも一方が他方の言語を使用できるのであれば，そのことばに言い換えるであろう。その場合には言語の種類というものが強調され，何が問題なのかといえば「それはコミュニケーションの言語コードそのものなのだ」ということが皆に示される。

　これに対して，同じ，そしておそらくは聞き手が理解できないことばを言い換えながら何度も繰り返していくことは，聞き手の問題が言語コードという媒体ではなく，同じ言語内での語彙や文法の欠如として表示されてしまう可能性がある。このことは，母語ではないことばで語りかけられる人に対する他者の評価を低下させる可能性があり，注意が必要である。これは言語的なマイノリティに対する働きかけの問題として議論すべき重要な問題である。特に，単言語状況をとっている日本の学校では，このような繰り返しによって，子どもたちがどのような他者評価を受け，さらに自己評価を形成しているのか十分検討する必要があるだろう。

4.2.3　「通訳」的他者の働き

　「花の仲間集め」場面のやりとりの独自な点は，保育者とＡＤの相互行為の

途中で他の子ども（OS）が参入した点である。保育者が「何知ってる＝？」(10) とADに尋ねるとADははっきりと聞き取れないような小さな不明瞭な声で何か（「うめのはな（？）　うめない（？）」(11)）と言った。これに対してOSが保育者の方を見て「梅って言ったよ　今」(13) と宣言する。OSがADに向かってではなく，保育者に向かってそのように言ったということは，この発言が，保育者に向けられたものであり，保育者が本来このADの発言に応答すべき人であることを認めている発言であると理解することができる。それに対して，保育者は「梅って言った？　今（ADを指さす）言ったよね今（OSの方に頭を向けて）梅って言った？」(14) と応じる。これにOSがうなずいて応答する。これは，ADに向かって言われたものではなく，OSと保育者がADについて語り合っていることばである。つまり，ここでは，保育者がOSのADの発言に対する解釈に応じることによって，発話の当事者ではない，その聞き手間で発話者の発話の意味を確定する作業を行っていたことを示す。こうした2人のやりとりは，ADは発話の当事者であっても，自分の発話の意味を確定できない存在として，このやりとりの中で位置づけていたことになる。三者のやりとりの中でのOSの役割は，「通訳者」と呼べるものである。

　このような通訳機能を果たす存在が言語が異なる人の間に介在すると，その通訳者は主たる使用言語の同じ一方の相手にとって，聞き手性（Goodwin, 1982）を獲得してしまう。実際，保育者はADの発したことばの意味を，ADとの間でではなく，OSとの間で確認しようとした。したがって，このような通訳的他者は，一方ではADをその場に参加させているともいえるが，他方では，その場の主役（聞き手あるいは話し手としての主役）から外すという機能も果たしてしまう[6]。

5節　おわりに

　本章では，紙面の都合で微視的なやりとりの分析は一事例しか紹介することができなかった。すでに述べたように，観察期間内の推移をとらえるためには，複数の場面を比較検討することが必要である。

　本章では，ビデオ分析はそれ自体独立した手法として考えてはいない。参与観察を含んだエスノグラフィーの中に位置づけようとしている。それは本章の

---

(6) この点についての理論的検討は Ishiguro（In Press）を参照されたい。

事例でいえば,「朝会」という出来事の構造分析によって,ビデオ分析を行う焦点場面が特定化されていったことからもわかる。ただし,事前の文献的調査や観察における直観などをそのまま説明変数として採用することはしない。それらを観察と分析の手がかりとしつつも,実際のやりとりの中に,そこで達成されている意味を探るという方法を用いる。

参与者にとっての行為や発話の意味を明らかにすることは,観察やインタビューそのものによっては達成されない。「見ればわかる」,「聞けばわかる」というのは,素朴な経験主義の立場(茂呂,1999)を前提としている。ギアツ(Geertz, 1973)は単なる瞬きと目くばせとの違いを記述することの困難を指摘し,それを可能にすることがエスノグラフィーの使命であると述べた。この両者の差異を記述することは大変難しいことであるが,それを行い,それを見ている実践者には容易にその差異が知覚できることもまた事実なのである。実践者は「行う」が,日常,それを記述したり,説明したりすることは少ない。意味の探求者である研究者は,これに挑戦するのである。

ヴィゴツキー(1925/1971)は意識化されたものだけを研究対象とすることを否定し,「間接的方法」の重要性を指摘した。彼は,それを裁判官の仕事になぞらえている。仮にある容疑者の証言が誤りだとしても,それと他の証言や物的証拠を付き合わせることによって,裁判官は真実を確定するという。意味の探求者としての研究者はやりとりの行為や発話を含む物的証拠によって意味を「再現」する他なく,そのための方法論を常に必要としている。ビデオテープという人工物は,そこに真実が書き込まれているから,意味の探求に有用なのではない。そこに今までは取り上げることができなかった「物的証拠」を記録できるからこそ重要な道具になりえるのである。そしてそれには再現の理論と手法が必要である。この理論と手法は多くの事例を分析していくことによって洗練されることはあるかもしれないが,完成することは絶対にない。本章ではあらゆる事態を相互行為として眺めることを理論的前提とした,ビデオを用いたエスノグラフィーについて述べた。

文　献

バフチン, M., 1927, 北岡誠司訳, 1980,『言語と文化の記号論』新時代社.
バフチン, M., 1929, 桑野隆訳, 1989,『マルクス主義と言語哲学』未来社.
Barker, R.G., 1965, Exploration in ecological psychology. *American Psychologist, 20*, 1-14.
Brown, J.S., Collins, A., & Duguid, P., 1988, Situated cognition and the culture of learning. *Institute for Research on Learning Report*, No.IRL88-0008.

Emerson, R.M., Fretz, R.I., & Shaw, L.L., 1995, *Writing ethnographic fieldnotes*. The University of Chicago.(佐藤郁哉・好井裕明・山田富秋訳, 1998『方法としてのフィールドノート——現地取材から物語作成まで』新曜社.)

Erickson, F., 1992, Ethnographic microanalysis of interaction, In LeCompte M.D., Millroy, W.L., & Preissle, J. (eds.), *The handbook of qualitative research in education*, Academic Press, pp.201-225.

Erickson, F., 1996, Going for the zone: the social and cognitive ecology of teacher-student interaction in classroom conversations, In Hicks, D. (ed.), *Discourse, learning, and schooling*. Cambridge University Press, pp.45-49.

Gee, J.P. & Green, J.L., 1998, Discourse analysis, learning, and social practice: A methodological study, In Pearson, P.D. & Iran-Nejad, A. (eds.), 1988, *Review of research in education*. American Educational Research Association, pp.119-169.

Geertz, C., 1973, *The Interpretation of cultures*. Basic Books.(吉田禎吾・柳川啓一・中牧弘允・板橋作美訳, 1987,『文化の解釈学』岩波書店.)

Goffman, E., 1963, *Behavior in public places: Note on the social organization of gatherings*. Glencoe, IL: Free Press.(丸木祐・本名信行訳, 1980,『集まりの構造——新しい日常行動論を求めて』誠信書房.)

Goodwin, C., 1982, Conversational *organization interaction between speakers and hearers*. Academic Press.

Heath, S.B., 1982, Ethnography in Education: Defining the essentials. In Gilmore, P. & Glatthorn, A. A. (eds.), *Children in and out of school : Ethnography and education*, The Center for Applied Linguistics.

石黒広昭, 1999,「異文化コミュニティへの参加過程に見られる談話特性——多文化・単言語状況における教師と子どもの相互行為に対する談話分析」平成8年度~平成9年度科学研究費助成金(基盤研究(C)(2)談話),研究成果報告書.

Ishiguro, H., In Press, The stimulus-means as interpretative actions. The Collected Papers for the 3rd Conference of Sociocultural Research. Unicamp, Campinas, Sao Paulo, Brazil.

Jordan, B. & Henderson, A., 1994, Interaction analysis: Foundations and practice. *IRL Report*, No.IRL94-0027.

Kendon, A. & Ferber, A., 1973, A Description of some human greetings. In Michael, R. P. & Crook, J. H.(eds.), *Comparative ecology and behaviour of primates*, Academic Press. pp.591-668(菅原和孝・野村雅一編, 1996,「人間の挨拶行動」『コミュニケーションとしての身体』大修館書店, Pp.136-188.)

Lave, J. & Wenger, E., 1991, *Situated learning: Legitimate peripheral participation*. Cambridge University Press.(佐伯胖訳, 1993,『状況に埋め込まれた学習——正統的周辺参加』産業図書.)

McDermott, R.P. & Goldman, S.V., 1983, Teaching in multicultural settings. In Lotty v d Berg-Eldering, Ferry, J.M. de Rijcke, & Louis, V Zuck (eds.), *Multicultural education : A challenge for teachers*. Foris Publications, pp.145-164.

Malinowski, B., 1936, The problem of meaning in primitive languages, In Ogden, C.K. & Richards, I.A. (eds.), *The meaning of meaning*. Kegan Paul: New York, Harper.（石橋幸太郎訳, 1967,『意味の意味』新泉社, Pp.385-430.）

Mehan, H., 1979, *Learning lessons*. Harvard University Press.

Michaels, S., 1981, Sharing time : Children's narrative styles and differential access to literacy. *Language in Society, 10*, 423-442.

茂呂雄二, 1999,『具体性のヴィゴツキー』金子書房.

西阪仰, 1997,『相互行為分析という視点』金子書房.

Psathas, G., 1995, *Conversational analysis*. Sage Publication.（北澤裕・小松栄一訳, 1998,『会話分析の手法』マルジュ社.）

佐伯胖・宮崎清孝・佐藤学・石黒広昭, 1998,『心理学と教育実践の間で』東京大学出版会.

Shultz, J.J., Florio, S., & Erickson, F., 1982, Where's the floor? In Gilmore P. & Glatthorn, A.A. (eds.), *Children in and out of school*. Harcourt Brace Jovanovich Inc. and The Center for Applied Linguistics, pp.88-123.

ヴィゴツキー, L.S., 1925, 柴田義松・根津真幸訳, 1971,『芸術心理学』明治図書.

ヴィゴツキー, L.S., 1934, 柴田義松訳, 1962,『思考と言語』明治図書.

Wicker, A.W., 1984, *An introduction to ecological psychology*. Cambridge University Press.（安藤延男監訳, 1994,『生態学的心理学入門』九州大学出版会.）

第Ⅲ部
ＡＶ機器でとったデータの利用
フィールドにデータを戻すこと

第6章　　　　　　　　　　　　　　　　　　　　　　　　　　◎斉藤こずゑ
実践のための研究，研究のための実践
実践者と研究者の共同研究を可能にする
媒介手段としてのＡＶ機器

1節　実践者と研究者の共同使用に寄与する道具としてのＡＶ機器

　本章では，筆者の研究例を紹介し，ビデオ使用を実践者と研究者の共同研究を可能にする媒介手段として考察する。単なる物理的な道具としてではなく，実践と研究活動の架橋を可能にし，子どもをめぐる知識の共同構成を促す媒介手段として，ビデオ撮影活動や共同視聴が果たす，映像の意味づけの共同行為の問題を考察したい。
　基礎的な発達研究をする研究者にとっては，実践と研究という2つのことばが関わると，「実践に役立つ研究とは何か」という問いが強迫的に浮かび，逆に「研究に役立つ実践とは」という問いは，暗黙の研究倫理上表だってことばにしてはいけないことであるかのように，問われることはまずない。しかし，逆の方向の動きをもつ問いを不問にすることで，むしろ実践と研究の相補性が問われないままになってしまったように思われる。家庭や保育現場に発達研究者として参加してきたものの，筆者は，一方向的に実践に役立つ研究の可能性には懐疑的だった。しかし，相補性を保障するためにはどのような関係が実践と研究の間に成り立つべきなのかについては，正直なところ曖昧なまま，現場でのビデオによる観察を中心とした研究を続けていた。

2節　意図的共同レベルでの実践と研究の相補的な関係

　そのような折り，筆者の関わる研究で長期縦断観察を行っていた園での観察期間が終わり，新たな研究の場が小学校へと移ったときに，懇意にしていた園側から，園のために月1回の縦断観察記録をとってほしいという依頼があった。しかもそれまでとは違い，午前中に数クラス分の保育実践を2～3時間録画した映像を，夕方から2，3時間かけての園内研修会で保育者全員参加の下で視

聴し，話し合うという第2ラウンド付きの提案である。始まってみると終日の大変な労力ではあるが，それに見合うおもしろさを発見し，この「園内研究」（仮にこのように呼んでおく）はすでに6年も経過している。

当初，筆者の意図から始まった研究ではなかったために，いわゆる狭い既成概念での研究範疇には入らず，この園内研究を公表することは最近まで考えもおよばなかった。そのせいもあって，今こうして書いているときにも，いわゆる研究報告の体裁というよりも日誌か自伝的物語のようで書き慣れないのに加え，さらに逆に動機面での自己関与の深さが客観的な文章化を阻むため，非常に遅筆になっている。そこで以下では，この園内研究の今までの研究との違いや，おもしろさのカギがいったいどこにあるのかを考察することによって，これが果たして研究と呼べるものなのか，単なる日常の仕事集団への部外者の参入体験にすぎないのかの検討を行い，そこから発達研究に対するどのような提案が可能なのかを吟味してみたい。

この園内研究が今までの研究と違う点は，第一に，研究主体が明確に実践者と研究者の共同であることであって，両者が自発的自律的に参加し合っているということである。当初こそ，受け身であった筆者も，ビデオ記録の開始を待たずにすでに最初の計画の話し合いの段階で，ただ受動的な参入で研究の場を共有するといった無自覚な暗黙の共同レベルではなく，コミュニケーションの相互性に基づく自覚的な意図的共同レベルに変化していた。しかも，この園内研究では，保育者や研究者としての役割だけではなく，それぞれの個人のさまざまなアイデンティティを総動員せざるをえないような，課題の緊迫性，重要性があるため，参加者の自己言及的なコミュニケーションが活性化され，自覚的な参加がいっそう促されることになる。

そのために一方向的に実践に役立つ研究といったこと自体が，矮小な問題意識に感じられ，無理にその体裁を繕う必要もない点で，筆者にとっては納得のいく自然体で居心地のよい研究の場となる。それは，筆者の求めていた実践と研究の相補的な関係に近いものである（斉藤, 1998）。

3節　実践と研究の媒介手段としてのビデオ

改めて考察すると，このように，意図的共同レベルでの実践と研究の相補的な関係が成り立つには，ビデオの媒介する働きが非常に大きい。多くの点で研究者が単独で行う研究とは異なる，この園内研究の特性を見ていきたい。

第6章 実践のための研究, 研究のための実践　　　　　　　　147

　その特性のひとつは, 目的が日常生活の外ではなく内側にあるということである。たとえば, ある日のこの研究では, 日常生活から切り離された普遍的文脈の中での不特定の子どもの一般的発達ではなく, 特定クラスのメンバーである固有名をもったある子どもの最近の発達を, 家庭の様子や, クラスでの仲間関係, 健康状態などを参照しながら見きわめることが目的となる。保育実践の日常生活の場には, 枯渇することなどあり得ないほど多くの, 次の吟味を待つ個別的な課題のリストが無限に連なり生成され続けている。そこで, その時々の事情に合わせて臨機応変にそのリストから今日の吟味の食卓に上がる項目がピックアップされるという, 非常に贅沢な「研究目的」の選択が行われている。そしてこのような即興的とすらいえる目的となる課題の選択方法は, ビデオによる媒介を予定し中心に据えている点で保育実践現場の日常の営みそのものではなく, かといって研究のために準備された非日常的行為でもなく, 両者の必要から派生した新しい方法だということができる。

　これに加え, ビデオの媒介の予定された毎回の課題において生ずる, リアルな出来事の即興性, 情報量の多さ, 解釈の意味の深さ, 視点の多角性などは, 仮説検証的な研究の洗練されたシンプルさの対極にある諸特性で, 研究者にとってもビデオ利用や観察方法など, 研究概念そのものの刷新を要請するものである。

　「ビデオデータを, 誰が, いつ, どこで, どういう目的で使用するかの問題」として, ＡＶ機器の使用をめぐっては, 次の6種の行為主体が分類できる。(1) 現場でのビデオ撮影計画（場所, 長期および短期の時間, 撮影内容）を立てる, (2) 現場でビデオカメラで撮影する, (3) 現場でビデオカメラの被写体になる, (4) ビデオデータを視聴する, (5) ビデオデータを分析し結果を利用する, (6) ビデオデータを保存管理する。このビデオカメラをめぐる行為主体には現場に参加している人の間で行為遂行上のアンバランスがあるのが普通である。この園内研究では, ビデオを媒介手段として重視しているのだが, 以下のように, ビデオをめぐる行為の主体は, 研究者だけによる研究の場合とは異なっており, 主体が同じでもその役割の意味は変化していることが多い。

　第一に, 現場でのビデオ撮影計画（ターゲットクラスや子ども, 時間, 保育実践内容）を立てるのは, 朝の撮影開始前に行われる, 園長と複数の主任保育者, 筆者の話し合いでの合意に基づく。前回の課題を参照しつつ園側の要請によって, 最近気になるクラスや子どもを録画することもあれば, 0歳から5歳クラスまでまんべんなく記録することもあるし, 行事や特定クラスの保育活動

を担任保育者の希望で記録したり，研究者の興味のある活動に焦点化することもある。

第二に，現場でビデオカメラを操作するのは筆者に限られている。研究者単独の研究と変わらないようだが，意味づけは異なる。たとえばこの役割を筆者のように部外者である研究者が遂行することで，実践者はのちの共同視聴で映像から発見することが多くなるという。また，筆者は，この役割によって映像内容を優先的に先に知ることによって，圧倒的に実践者側に豊富な園や子どもの情報について，あらかじめ予習するようなかたちで共有し研究者の視点から意味づけておくことができる。

第三に，現場でビデオカメラの被写体になるのは子どもと保育者で，園側の要請によって個別的な実践者の行動に焦点化することもある。合意のうえだからといって実践者がこだわりなくカメラの被写体になれるわけではないが，研究者主導の研究での撮影と違って，撮影後の共同視聴を予期することができるため，実践者の行動はよい意味でも悪い意味でも，日常の保育活動そのものの遂行に近づく。

第四に，ビデオデータを視聴するのはほとんどの場合，園の保育者全員と筆者である。参加者全員で同時に，クラスやテーマごとに再生映像を見ながら自由に話した後，口頭でコメントをやりとりしたり，個別に意見を文章化する。実践者と研究者は，研究者がビデオの操作をする以外は，まったく同じ活動を行う。現場にいながら唯一視聴に参加しないのは子どもたちである。これは残念なことだが今後の課題となっている。

第五に，ビデオデータを分析し結果を利用することについては，この研究では，発達研究のように相互作用行動を計数するようなことはないが，実践者も研究者も，撮影日以降もビデオ視聴を繰り返し，個人の意見を深めたうえで文章化したり，全員の意見文書のコピーを回覧して他者の見解を吟味する機会を設けたり，その意見のカテゴリー分析を行った結果を実践者主導で学会で発表したりすることもある（加藤他，1999）。そこで，園内研究の活動は，園および観察当日に限定されず，園外および日常生活の一部に拡張されていく。今現在の筆者の執筆活動もその一環といえるだろう。

第六に，ビデオデータを保存管理することは，テープのコピーによって実践者と研究者の両方で行っている。編集についても実践者側の必要に応じて，個別クラスの加齢に伴う変化を追うなどの目的で行われている。また機密厳守のため，園内で保護者に視聴してもらう場合を除いてビデオ視聴の公開はしない。

この園内研究のすべてを報告することはとうていできないが，以下では，実

践と研究の媒介手段として中心に据えられたビデオの機能を検討するために，（1）ビデオ撮影活動および，（2）映像の意味づけの共同行為について，エピソードを紹介しながら考察したい。

4節 実践現場への参加とビデオ視聴の共同行為

　もっとも具体的な意味で実践と研究が相補的な関係になることを目標に，実践と研究の乖離を埋めるにはどうすべきだろうか。この園内研究で行われたことは，研究者が実践者に近づくのでも逆でもなく，「ビデオを主役」にすることである。そうすることで，実践と研究の具体的接点として2つの共同行為の場が保障される。

　第一の共同行為の場は保育実践現場であり，実践者には仕事場として，研究者には撮影の場としてそこへの参加が正当なものとなる。参加者の共同行為の場といっても，実践現場での体験は断片的で，実践者と研究者あるいは個々人で異なる意味をもち解釈に多様なずれが生ずる。しかも，研究者にとっては観察という体験しかできないものの，ことばだけによる説明とは違って，保育実践現場についての体験に基づく記憶を可能にし，のちのビデオ視聴時のビデオ映像との比較対照が可能になる。

　第二の共同行為の場は，ビデオの共同視聴の場である。実践現場の相互行為をさらにビデオ録画資料として物象化することは，幾度もの再経験とその意味づけの可能な媒体を提供する。そして，このビデオ媒体の共同視聴は，ことばによる相互交渉を伴うことによって，単に物理的な場の共有ではなく，幾度もの意味づけやその交渉の反復が可能な媒介過程として，参加者相互の視点のずれや，共通性の発見といった，視点の理解を促し，その媒介過程自体の共有体験を保障する。

　しかし当然だが，ビデオ映像は，現場の現実の断片であって，カメラマンまで含めて，誰の視点をも忠実に写し取らず，しかし，その現場を体験した参加者の記憶にどこかで部分的にオーバーラップするといったモザイク的な性格をもつ。だからこそビデオ映像は，その再生視聴に参加する者を，このジグソーパズルの隙間を埋める断片を探すかのように，曖昧なイメージを完成させる行為に駆り立て，現場の記憶の喚起や，現場で目撃しなかった事象を組み入れた会話を促進し，新しい意味の生成を媒介する役割をもつのである。

　このように，ビデオ資料を，実践者と研究者の相補的な関係，あるいは共同

行為を果たすための媒介として用いるためには，単に映像化した資料の反復再生といったことが重要なのではなく，ビデオ資料をめぐる保育実践現場と共同視聴という2種の状況への参加が重要な要件になる。一日の中にこの2つの要件を埋め込んだ園内研究の枠組みアイディアは，なんといっても，この研究の発端をつくった実践者集団に負うところが大きい。午前中にひとつめの要件であるビデオ撮影を行い，夕方から2つめの要件である共同視聴と園内研修会という話し合いをするというハードな計画は，時間的にも，心身的にも負担のかかるものだと思われる。それにもよらず，実践者たちが全員参加で熱心に継続している点からは，ビデオを媒介手段として，仕事場の活動や具体的環境および自己や他者について知り，意味づけを修正し刷新していくことに，単なる知識習得以上の動機づけがあることがうかがえる。

4.1 ビデオ撮影現場におけるカメラの与える影響の問題

子ども，実践者，そして研究者にとって，日常のビデオ撮影は，研究者単独の研究の場合と，実践者と研究者の共同研究の場合では，異なる影響や状況定義をもたらすだろうか。

「園内研究」でビデオが撮られ，夕方保育者たちが視聴して話し合っていることに関しては，子どもたちは知らない。ただ，園内研修の日は保護者に告げ，早く迎えに来てもらうよう協力を要請しているので，年長児には「先生のお勉強の日」ということがわかる可能性がある。しかしそれとビデオ撮影とは直接関連づけられていないはずである。そのせいもあり，子どもたちは，なぜビデオを撮るのかについて，カメラマンに問うことが多い。研究者単独の研究でもそうだが，やはりこの研究でも，ビデオの共同視聴の場を子どもに共有させたい誘惑にかられる。その結果が，子どもによる，撮影者を含んだ現場の状況定義に影響することは必至である。それに加えて，ビデオ視聴の予期が，日常保育現場での子どもの行動に変更を加えることも十分考えられる。子どもは人との相互作用における自己の行動の記憶を結構もっているし，その調整も不可能ではない。

この園内研究で起こった劇的なエピソードを取り上げてみよう。いわゆるクラス崩壊の保育園版である。2歳から3歳になるとクラスの担任は3人の複数担任から，急に一人になる。たいていは2歳時の担任の一人が持ち上がりになるので，互いに慣れた関係なのだが，20人くらいの3歳児に対して一人の担任は大変で，例年問題の起こりやすいクラスといえる。それが，その年度は春か

らトラブル続きで，さまざまな対策がとられたが，何人かの元気すぎる「問題児」を中心に，保育活動の統制がとれない状態が続いていた。たとえば，遊びや課題への参加が勝手気ままであったり，給食の集合ができなかったり，いわゆる集団活動のできない一部の子どもたちがいて，保育者がそれに振り回されると，クラスの他の子のケアが行き届かなくなり，あちこちでトラブルが発生し，その連鎖が絶えないといった具合である。

担任保育者は，中堅のベテランで遊びの指導も行き届いた人なので誰の目にも意外だったのだが，クラスの状態が悪くなると，しかったり懇願したりしたあげく，為す術なく呆然としてしまい，保育計画も中途半端になってしまう。そこで気になるクラスという意味で，ビデオ撮影の機会も多くなった（研究者主導なら撮影を遠慮したり拒絶されるところだが，園内研究では，子どものためという至上の目的のためには，トラブルを記録することを厭わない実践者集団の潔さには敬服した）。

カメラ撮影をしながらも，惨状を記録することには抵抗が伴うものだが，子どもたちの反応には興味深いものがあった。たとえばクラスの中でおとなしい子どもはカメラマンに救いを求めるように寄り添ってきた。逆に，そういったクラスの状況を映像化することに対する嫌悪感からか，撮影拒否ともとれる言動を示す子どもも出てきた（「撮っちゃだめ」，「あっちいって」）。この子どもはクラスでも幼く神経質な子どもで，自身がトラブルを起こすことも多かったので，この子どもの撮影拒否行動は，保育者にも意外だったようだ。さらにこの子どもが，次の月にクラスが落ちついた状態だったときには，前月の言動をうち消すかのようにカメラマンに「撮って」と要請したのにも，みんな驚いた。

この子のようにクラスのことなどお構いなしに見える子どもでも，クラスの状態を敏感にとらえ，部外者のカメラマンに見せてよいか否か，誰が視聴するか不明ながら記録に撮られてよいか否かといったことを状況定義に入れながら，カメラマンを意味づけ排除したり受容したりしていたのである。当然だがカメラと撮影者の存在は，子どもによっていつも同じく扱われるものではなく，ビデオデータを，誰が，いつ，どこで，どういう目的で使用するかの問題は，ビデオ撮影現場の状況変数によってさまざまな脚色を付される。

「園内研究」の場合には，実践者および研究者にとっての撮影時の状況定義が，研究者主導型研究の場合と違うことはいうまでもないことである。上記の例でもわかるが，実践者が実践を研究することの動機は，子どもにとってのよい保育の探求という点にあるので，その保育者としてのプロ意識に根ざした目的のためには，何ものをも厭わないところがある。それも，どこかの子どもに

とってのよい保育ではなく，自分たちの園の，特定クラスの特定の子どもたちであるところに，動機づけが高くなる理由がある。したがって，研究者主導研究の研究目的が，実践者のプロの誇りにそぐわなければ，実践者は興味をもたないか，内容によっては撮影拒否にも至るのに対して，実践者の目的と共有された目的をもつ研究者ならば，研究者が遠慮してしまうような場面にも，快くカメラを招き入れてくれる。研究者の方でも，研究者単独の研究用の目的では，おのずとその範囲を無難な問題に限ってしまうが，実践者との目的を共有した場合には目的とする問題の範囲が大きく広がり，撮影にも影響する。

それが可能になるもうひとつの重要な前提条件としては，そういった現場のネガティブな情報を含む問題の公表を研究者だけの判断で行うことはないということが，実践者との間で了解事項になっているという点である。この保障がない限り，否定的場面の記録には，実践者の不安が伴い，研究者にはたとえ公表しなくても罪悪感が伴ってしまう。

4.2 ビデオ映像の意味づけの問題

研究者にとっては，自らの撮影したビデオ映像という点では同じはずだが，単独研究の場合と比べて，実践者との相補的共同研究の場合は，第一に，すでに見てきたように，撮影の時点で単独研究のときをはるかに越えるバラエティの実践現場を目撃し記録することができるのに加え，第二に，実践者とのビデオの共同視聴と会話から得られる情報が圧倒的に多い。その多くの情報は，ビデオ映像に含まれているのではなく，むしろ映像をめぐる会話の中で新しく提供され，生成されていく。

そのメカニズムを例をあげながら考察する。

4.2.1 ビデオ映像にないものを見る共同視聴から協同へ

園内研修会という場で行われているビデオの共同視聴時の相互作用では，会話や，個別に意見をまとめる筆記記述が行われるが，トピックは次のようなことである。

1. ビデオ映像を理解する多重の表象化——現場の体験記憶，映像，ことば

ビデオ映像を理解することは，映像化された事象を認識するだけではなく，何が写っていて何が写っていないかを比べることであり，ビデオを媒介にした現実の共同構成である。写っていないことは，映像化された場にいた参加者の

ことばで説明される（「その横に〇〇ちゃんがいたの」，「私は給食室にいっていていない」）。この説明と映像を重ねたりつないだりすることで，参加者には映像化された範囲を超えて撮影現場の広がりが理解される。その広がりは，撮影現場の外的世界だけではなく，映像の中の参加者の行為の意図や動機なども含むため（「〇〇ちゃんもやりたくて順番待っていた」，「〇〇ちゃん気づいていないから」）内的世界にもおよぶ。そのため映像で実際に見える事象以上に可視化された事象が，映像の意味の精緻化や整合性ある意味づけに寄与する。

　さらには，映像に写っていることも言語化することがあり（「またたくさん持ってきました」），映像をことばでなぞり映像とことばで二重に表象化する。これは冗長なようだが，それを取り立て強調する意図を伝える働きをする。強調したいのは，保育行為の評価や子どもの言動への感情的反応であることが多い（「拭いてあげてるね」，「もう友達を〇〇って呼べてる」）。

　このような視聴時のことばによる補完行為は，撮影現場の現実がビデオの映像と自分たちの記憶に分散していることに気づいていることでもある。それは，ビデオを媒介とした共同視聴状況で具体的かつ累積的に気づかれたものである。しかも，ビデオ撮影現場にいなければ現実の一部を担うことはあり得ないため，撮影現場の共有体験をしなかった人が共同視聴に参加しても，その人のことばは現場の記憶に基づく補完の役割をもたない。そういう点でビデオ共同視聴時のビデオ映像とことばは，いわゆる社会的に分散された知覚に類似した性質をもつ。グッドウィンらの管制塔でのリアルタイムのモニター映像と，園内研修会でのビデオ映像は，状況的にはまったく異なるが，同じく視覚情報の読みとりと会話の関係が重要だという点で比較検討する意味はある。管制官らには，現実の第一の表象であるモニター上に表された空港の遠隔の事象の表象が，同時に第二の表象システムである会話の言語（ストーリー形式，感情表出，などの一般的相互作用手続きからなる）を用いることで，管制官の仕事に関連した知覚事象として理解され形成されていくという（Goodwin, 1996）。この点は，保育者たちによるビデオの共同視聴時のビデオ映像の理解と会話のことばの関係とよく似ている。しかし，ビデオの共同視聴ではビデオ撮影現場を知っていることが，ビデオ映像とことばとを結びつける条件として特に重要だった。それは，現場の体験が，ビデオ映像とことばの両方の理解に必要だからである。管制官たちの場合にはリアルタイムのモニターを見ているため，現場とモニター映像が時間的に同期しており，現実の現場の体験的知識がモニターの理解にとって必要条件であることが分離されていないように思われる。

2．その日の保育実践を知る——局所的保育実践知識による推論

　保育実践者たちの中でビデオの共同視聴をしていると，筆者が撮ったビデオにもかかわらず，筆者が曖昧な判断しかできない映像に，保育者たちが洗練された解釈をしていることに驚くことがある。映像の中のわかりにくい子どもの動きなどから，子どもがしようとしている意図を読みとることなどが速やかで，皆に共有されており，一貫性がある。このような，ビデオ映像からの洗練された因果性の理解や，手段目的関係の理解は，どのようにして可能なのだろうか。

　矛盾するようだが，ビデオに関する見解を聞くと，ほとんどの実践者は，欠点としてビデオ映像の不完全性に気づいており，現実をすべて写し取ったものではなく，偏っており，一面にすぎないと見なしている。ところが，この認識は，自分の園やクラスでの実践，自分の写った映像に関してであって，よその園の映像を見るときには異なる。つまり，現実の現場を体験していない場合には，映像と現場の差異が把握しにくいため，映像を事実ととらえ，むしろ現実よりリアルに感じてしまう。それに対して，現場を知っていて，そこで保育実践のシナリオを実践している自己の園の映像では，欠損した部分によく気がつく。

　映像の不完全さに気づくのは，現場の完全な姿を知っているためというよりも，現場に整合性のある意味づけができ，欠損部分を推論できることを示している。したがって，保育実践上の現場での行為の欠損にも，ビデオ撮影結果の映像における表象レベルでの欠損にも，共に敏感である。たとえば，保育実践に関わる知識は研究者は持ち合わせていないので，現場に参加していても気づかないのに対して，実践者は全般に自覚的で，映像視聴を媒介にすぐに指摘することができ，当日の実践の反省にもむすびつく（「どうしておしぼりないの？」，「濡れたの着替えさせたの？」，「後ろで押さえてやっているのが写ってないけど」）。

　このように，自己の専門の現場やその表象に敏感になる理由が，状況における専門的知識の喚起にあることは，飛行場の管制官のモニター等の機器をめぐるチームワーク研究（Goodwin & Goodwin, 1996）でも指摘されている。管制官は飛行機に燃料供給するトラックが所定位置に来ていないことを予期し，モニターで確認すると予想どおり，あるはずのものがなかった。モニターに写っていないものを専門の仕事に関連するしかたで読みとる能力は，状況に依存した局所的な文化的知識によると説明される。

第6章　実践のための研究，研究のための実践　　　155

3．個々の子どもや子どもの関係を知る——発達をめぐる時空を超えた読みとり

　個々の子どもやその関係について理解することは，保育実践者と発達研究者に共有された目的である。同じ園内で過ごしていても，2階建ての園で，クラスが6つもあると，すべての保育者が各クラスの子どもたちに毎日接するわけではない。それにもかかわらず，保育実践者たちは，園のほとんどの子どもの名前と顔を覚えていて，特にきょうだい関係などは共有された知識になっている。これは地域の限定される保育園だからこそだが，昨日のことのようにすでに卒園したきょうだいの言動との比較が，映像化された子どもの理解のために引用される。このように映像の補完のために時空を超えた知識が参照される。

　このようにして，実践者たちは，映像から，長短期のタイムスパンにおける個々の子どもの変化（発達，問題行動など）をよく読みとることができる。クラス全体や子ども同士の関係についても敏感である。こういった例は毎回特に豊富なので，ほんの一例だが，たとえば，前述のクラス崩壊の例については，少し改善された頃に「今日の3歳クラスは前回に比べて落ちついていた」，「3歳の今日の遊びはのっていたので楽しかったのではないか。大人に待たせるのを楽しんでいる，わからんちんでやってるのでなく変わってきた。先生がそれをいかに活かしていくかが重要で，この時期を見逃してはいけないと思う」などのコメントが出ている。

4．これからの保育実践の指針を得る——問題の可視化への志向性

　この園内研究では，実践者も研究者も，ビデオを媒介にした相互作用（現場撮影および共同視聴と会話）を利用しているからこそ，豊かな情報交換が可能になっている。ビデオを介在させず，直接的な相互作用だけ（現場観察および園内研修の会話）で保育実践の共同研究ができるかといえば，前述したように，ことばだけの相互作用になると，ことばで現実を表象しても実践者と研究者の乖離が際立ち，相互理解を欠くので共同研究は困難なように思われる。あくまで現場の映像の媒介が重要だが，ビデオ映像は，そのままではなく，共同視聴し会話を交わすことによって初めて共同行為を促進する機能的な道具になるといえる。

　特に，この園内研究では，クラス崩壊のようなトラブルの発見と手当の全経過を，担任と園長や主任だけではなく，映像を媒介に全保育者が共有できたことが，良い結果を導いたと当事者たちに認識されている。通常だと担任の問題を指摘するにしろ手当を施すにしろ，園長が担任との交渉で行うので密室的になり，他の実践者にはことばでの説明しか与えられず，不信を招きかねないと

いう。今回ビデオでクラスの様子も担任の保育もあからさまになったので，日常すでに散見され発覚していたトラブルの内容が保育者全員につぶさにわかり，文字どおり保育実践が可視化された。見えるものにはオープンな実践指導ができ，誰の目にも不公平でないやりとりができたという。ビデオ映像という道具に対するこういった実践者のポジティブな認識自体が，ポジティブな結果をもたらす主要な原因だと思われる。

　また，実践者集団では，メンバーの問題が可視化されると，問題を担任個人に帰さずに共有し，解決に協力しやすくなるというメリットもあった。また子どものトラブルの原因についても，現場である日の午後にとらえた原因とは異なる因果関係が，午前中のビデオに記録されている場合などもあり，トラブルの原因を今，ここにいる個人にでなく時間空間的に可視化可能な外部の環境に探すことが模索されるようにもなる。さらには，ビデオ映像のみでなく，子どもへのインタビュー，研究者の視点の参照，感想コメントの記述など，あらゆる媒介手段で保育実践のありさまを可視化しようと試みる傾向が生まれる。以下に示すように，多様な記述，多視点の葛藤をむしろ受容するような考えが実践者集団で起こってきたのも，ビデオ映像をめぐる共同行為で，事態が可視化によってむしろ多様に解釈できることを経験したことから派生してきたのかもしれない。

　トラブルを個人に帰さないとはいっても，前述のクラス崩壊の場合には，担任保育者に対しては，結局，年度途中の異例の交替という措置がとられた。その後のクラスが見違えるように沈静化したのもビデオで可視化され，事件は終結したようだった。しかし，保育者の良し悪しの判断は，本来子どもの視点からのものであるべきではなかったのかという園長の反省をきっかけに，子どもが落ちついてきた時点で，個別インタビューによって3歳児クラス全員の子どもの意見を聴取することになった。インタビューはトラブルを知らない学生に依頼し，さまざまな質問で，クラス崩壊時のクラスの様子や担任についての感想と，沈静化した現時点のそれとを比べた。

　その結果は，実践者も研究者も予期しないものであった。まず，子どもたちは，クラスの状態の変化をよく把握し，沈静化した現時点のクラスを居心地よく感じていることがわかった。それにもかかわらず，担任への印象は，クラス崩壊時の担任を好ましく思わない子どもはむしろ少なく，問題児で担任にしかられることの多かった子どもですら，担任を好んでいることを示した。他方で新しい担任も正当に評価されており，子どもの判断能力の高さが見えた。

　結局，身近な自己のクラスの居心地のよさや，逆の崩壊状態は正しく判断で

きるが、その状態をそれぞれの担任と結びつけて個人に帰す論理では考えず、荒れた言動を示していた問題児たちですら、担任を好んで慕うことと、しかられたこととは両立させて平気なことらしかった。子どもたちのこの寛容で、多視点の併用に葛藤を感じない観点によって、実践者も研究者も、自分たちの固定した論理の矮小さに気づかされた。このように、異例中の異例だと思うが、3歳クラスの子どもの意見をまともに聞き入れることで、このトラブルは本当の終結を迎え、担任だった保育者も異動先の園で順調に新しい保育実践を行っている。

5. 保育実践経験によらない参加による学び合い——共同から協同へ

　園内研修では、保育実践の初心者も熟達者も一緒に同じように参加している。それができるのは、誰でもが公然と観るだけで実践現場の映像にアクセスできる環境としてビデオが機能しているからだともいえる。すでに見てきたように、実践者と研究者が共同できるのも同じ理由からだった。もともと、園では初心保育者は一人で担任にならず、複数担任制で2、3人のチームの一人として熟達保育者の保育実践を参照しながら保育活動を始めるので、正統的周辺参加に見合うシステムになっている。そのような状況に加えて、園内研究のビデオ映像が、担当クラス以外の異年齢のクラスの子どもやその保育実践を初心者に提供してくれるので、ビデオ映像という表象を通してではあるが、本来ならば何年もかかるはずの多様な園内環境へのアクセスが比較的容易に達成される。

　園長は園内研修の共同視聴の会話を、初心者のみが学ぶのでなく、初心者の意見から熟達者も学んで変わるべき相互的な学習の場と見なしている。よくあるように、研究者が何か役立つ知識を提供するというような固定観念もなく、園内研修の場では研究者の視点も多様な視点の中の異質なひとつの視点という横並びの関係である。

　英国の研究者が、看護婦や心理療法家など異領域専門家による児童発達センターでのチームワークの会話を分析したところ (Middleton, 1996)、チームのメンバーによる仕事の会話は、状況的行為として現在チームのやっていることの多様な解釈を構成し、それへの応じ方を構築するようなものであり、現時点での過去の実践の説明は、未来の実践の決定のためのリソースになるといった性質をもつと考えられた。このことは、園内研修会の会話でも同様である。

　また、英国の研究のメンバーは「メンバーの定義」を何度も議論するうちにまさに「メンバー」になるという（「このチームのやり方は」）。しかもそのやりとりは日常の仕事の一部をなしていた。園内研修の会話でも、映像の自分た

ちの姿を参照しつつ「私たちは……」「……した方がいい」というような言い方で，保育実践にまつわる方針から，細かい手続きまで，仕事の内容の議論をしていた。そういったときには，研究者は明らかに部外者として『メンバーの定義』の外にいることになる。しかしまた，園内研究の内容や手続きの話題となると，研究者も含めた「私たち」の定義や活動が発話に現れる。こういった，ビデオの共同視聴時の会話は，のちにも述べるように，園内研究の共同性を協同性へと変え，メンバーの差異を克服し，自己関与の高い，より精神的に強く動機づけられた協力的合意によるチームワークをもたらす働きをする。

4.2.2 共同視聴場面の会話とストーリー化による現実の共同構成

筆者は知らず知らずのうちに，ビデオ撮影のとき，保育実践や子どもの相互作用に，時系列に沿って意味ある事象の連なりを探すことがある。共同視聴時にビデオ映像の解説として利用されるこの研究者のストーリーは，保育者によって共有されるとは限らない。前述したように，専門性の高い保育実践現場では，現場を熟知した保育実践者の方が，多様なストーリーを構成するための多くの素材を見いだしたり，意味づける力があるからである。しかも，実践者たちは複数なので，共同視聴の会話で，自分たちの解釈のストーリーを共同構成しやすい。映像でなく現実そのものをストーリー化して解釈することもあるが，ビデオ映像化された現実はいっそうストーリー化を要請するように思える。それは，ビデオ撮影時にすでにストーリーが含意され映像に反映されていることの影響というよりも，第一に，ビデオ映像の特性として，現実の断片でしかないといった信念が，映像だけでは足りない情報を探す行為を引き起こし，欠落した隙間を埋めた整合性ある意味づけとしてのストーリーを求めるからである。

1. ストーリーの反復利用の機能——実践と映像の媒介

このように構成されたある時点での現場のストーリーは次回のビデオ視聴時に引き継がれ，繰り返し語られることも多い。既知のストーリーが反復利用されるのは，情報の交換や課題解決のためではなく，集団の親密さを育てる，メンバー性を確証する，グループの価値観を伝えるなどの機能をもつとされる(Norrick, 1997)。それは，上述のような，メンバーの定義が会話の中で日常化し頻繁に生ずることと類似したものである。したがって，いつどの集団が焦点化されるかによって，語られるストーリーが変わる可能性があり，研究者の提供するストーリーが共有されるか否かの問題も，集団の境界をどこにおくか(実践者と研究者の間か，両者を含むかなど)に依存していることになる。

第6章　実践のための研究，研究のための実践　　　159

　研究者も実践者たちが共同構成したストーリーを，次回の撮影時に反復利用しながら撮影することがある。それが映像に反映することで，視聴時には実践者たちにも共同で再度利用されるストーリーになる。実践者集団では，同じストーリーの再利用がもっとさまざまな日常の保育実践活動（保育者，保護者，子どもとの相互作用，日誌，日常の言語的説明）でも起こり，ストーリーの反復利用を媒介に，ビデオ映像の意味づけと，現実の実践の意味づけが相互規定的に構成されていく。つまり，ビデオを見ることで現実の実践の見方が変わるし，その逆もあり，ビデオが頻繁に現実と並置されることによって，ビデオを参照しない保育実践の場合にはない，保育実践の新しいコンテクストーテクスト関係の環境ができる。

2．現実のストーリー化による問題解決

　どうしてビデオ映像からストーリーをつくり出すのかということのもうひとつの答えは，保育実践の園内研修そのものの目的が，子どもにとってのよい保育とは何かという問いへの正答を求めるのと同時に，誤答を発見し修正することをも含んでいる点に起因する。正答と誤答を見いだそうとするのに矛盾のない方法は，典型と逸脱からなるストーリーを解釈装置とすることである。しかも，「ストーリーの機能は，正当とされる文化パターンからの逸脱を緩和し，あるいは少なくとも理解可能にするような意図的な状況を見いだすことである」（Bruner, 1990/1999, 邦訳, p.71）ので，万一映像の中の保育行動に誤答が発見された場合でも，それを緩和して理解可能にし，罰することなく修正できる。さらに，ビデオ映像からストーリーをつくることは，現実そのものから切り離し間接化しているので，自分のことでも対象化して操作しやすくなり，現実からかけ離れたテクストとして，その中でなら行為の修正などのレッスンが可能になる（「AちゃんとBちゃんの手を引っ張って引き裂くようにして，姉弟だから面倒みてたのに，気づかなくって，私反省してます」）。

　ビデオの共同視聴の参加者は，いわばテクストとしての映像を素材に，新たなテクストとして，映像解釈のためのストーリーをつくり出すことになる。フィッシュ（Fish, 1980）の解釈共同体の概念を当てはめれば，ビデオ研修の参加者は解釈共同体として成長し，ビデオ映像の解釈戦略によって新たなテクストを創造することが習慣づけられていったとも考えられる。

　保育実践場面でビデオ映像の参照が頻繁に行われると，当初は，現実とその映像とが（時間的ずれはあっても）並置された，コンテクスト（現実）－テクスト（映像）環境に慣れずに抵抗を示した人びとも，ストーリー化による解釈

の促進などの利点に触れることによって，映像化しないと現実の実践の表象がつくれず理解しにくいといった一種の欠乏状態に陥る可能性もある。そしてそのことが逆に，映像解釈による現実の理解の限界といった問題を知らせる働きをする。

　たとえば，園内研修の共同視聴と会話から，共同的にストーリーが構成され，ひとつに収束した現実の了解・納得が起こっても，解釈共同体自体の戦略による誤解の可能性に気づかない場合などの問題である。そのチェック機構は，園外の世界の参照による相対化である。この問題については興味深いことが起こっている。それは，相変わらず自らの保育実践をビデオ映像化して共同理解を続けながらも，実践者たちが，園外の実践との比較による相対化を求め始めたことである。それは，「他の園の実践と比べたい」，「他の園の実践の映像が見たい」という具体的な要請となる。次第に解釈共同体として等質化していく集団でありながら，自らチェック機構まで組み込むことの必要性に気づいたこの実践者集団の，自己充足的とも言えるシステムの柔軟さに驚かせられる。

　解釈共同体自体の戦略による誤解という問題へのもうひとつの解決策は，やはり実践者集団から提唱されたものである。先に述べたように，クラス崩壊に至ったクラスの担任について，長期にわたる研修会でのビデオを媒介にした検討結果から，担任を年度途中で変更するという結論に至った。これは保育実践者集団で異論のない暗黙の統一見解だったが，それにもかかわらず，その見解の過ちを避けるために，チェック機構として採用されたのが，先に紹介したように子どもたちへのインタビューだった。それは，このトラブルの当事者でありながら，ビデオの共同視聴には参加していない園内でアクセスできる唯一のグループだった。その結果が，実践者集団の共同構成した，「担任保育者が崩壊の原因」ストーリーをうち砕くものとして，「子どもたちは心地よいクラスは求めるが，過去の失敗を保育者に帰属させない」といったもうひとつのストーリーを構成することを可能にした。この相対化によって，すでに行ってしまった担任交代は変えられないものの，園の実践者を始めとした人びとの，当該担任保育者に対する見方は大きく緩和されたように思う。なによりも本人が自身を見る見方にも良い方向で影響したに違いない。これは，ビデオ映像の共同視聴集団の部外者である子どもに，ビデオ以外の媒体による情報を求めることで，実践者集団の視点の相対化に成功した例といえよう。

　ビデオに過度に依存することの第二の問題は，まったく逆の方向の問題で，解釈ストーリーの固定ではなく，相対化による未決定状態のはらむ問題である。ビデオ映像を媒介として，複数の解釈ストーリーが競合した場合，園内研究を

第6章 実践のための研究，研究のための実践　　　　　　　　　　161

通して培われてきた，実践者集団の了解・納得のしかたの柔軟性から，多様な意味づけによる解釈の併存を産む可能性がある。それは子どもをめぐる現実理解や実践のためにメリットなのか，混乱なのかという実践的問題に結びつく。一般的に，教育実践の場では指導の相対化をしている余裕がないことを理由に，パターン化したひとつの解釈による指導に終始することがあるにもかかわらず，この園内研究の実践者集団では，多様な意味づけのもたらす混乱といった実践的問題を，むしろあまり問題に感じていないようである。

　その理由のひとつとしては，発達的変化のめまぐるしい幼児期の子どもを理解する側には，多様な解釈ストーリーの採用によって，子どもを見る視点の固定化から脱却し，柔軟で複眼的な視点が要請されるということが考えられる。このような事態では，ビデオによる，多様な解釈ストーリーの共同構成のレッスンは，新しい解釈の創造，即興，刷新の方法を学べるといった意味で，むしろメリットがあるものと思われる。

5節　参加者の役割の構成および共同と協同の循環

　ここで紹介した「園内研究」が，ビデオを媒介手段として，実践と研究とが相補的関係を保ちつつ，参加者たちは異質ながらも仲間であるといった自覚のもとで行われてきたことが十分に伝えられただろうか。「ビデオを主役にする」ことで異質な参加者が同じ対象を検討する手段を得ることに焦点化して説明してきたが，もうひとつ，実践と研究をつなぐ重要な観点は，「子どもを主役にする」ことである。この信念について同意しているという相互了解をもてることが，この共同研究の基盤になっている。この「園内研究」がいわゆる発達研究の枠組みから外れることは自覚している。しかし外れた視点から見ると，研究課題や目的だけではなく，道具としてのＡＶ機器までが異なる媒介手段として意味づけられることには驚かされる。人も道具も埋め込まれた状況で意味づけられるということがまさにライヴで実感されるような，多種多様な状況に満ち満ちた「園内研究」である。このことがともすれば，発達を見きわめるために，むしろ現実にそぐわない状況の固定を目標にしがちな発達研究に対して，筆者が発信したいもっとも大きいメッセージである。

　ここまで書いた時点で編者の石黒氏よりコメントを頂いた。それは，この研究についての研究者サイドからの初めての意見だったので，短いコメントにもかかわらず筆者の視点を相対化し，明確化するうえで貴重な役割を果たした。

編者の了解を得て，コメントを参照しつつ，この研究が筆者の研究観に与えた影響を考察したい。

5.1 文体の違いと研究の相関関係

まず，コメントでは感想として，「これまでの論文の文体とは違うので，不思議な感じ……それが研究裏話的な雰囲気を出していてよい……」とある。これは筆者も自覚していたことで，日誌か自伝のようで書き慣れないこともあって，研究と呼べるものなのか否かを自問し続けていた。意図の有無によらず書く内容が文体に反映し，文体の違いがスタンスの違いを示すのは明らかである。ひとつの文体では現実の多様性を表現しきれない点も重要である。以下に述べるダーウィンの例もあるが，一般に日誌と論文では明らかに文体を変える。同じデータを文体を変えて表現した場合，それは，書き手がデータの異なる側面に焦点化したことを知らせる。筆者はこの原稿で，これまでとは違う研究の紹介を行ったために，既成の論文の文体を用いることができなかった。しかし，それはまだ完成されたものではなく，今までの発達研究の論文の体裁を引きずり，それでいて枠からはみ出しているといった非常に曖昧なものだという自覚がある。その文体の曖昧性は，この研究における筆者の，研究や研究者の概念化の曖昧性にも起因するので，他のコメントを参照しながら曖昧な諸点を以下に検討し，記述することによって少しでも明確化していきたい。

5.2 実践と研究の共同が要請する役割と記述の多重性

「実践者と研究者が……影響を受け合うとすると，単独で研究するときに比べて，……目的の再考や分析視座の変更などがあるはず……今回の書き方だと，実践者のビデオ分析は実践を反省的に見る道具として役立てているが，斉藤さんの研究のスタンスが実践にどのような影響を与えているのか，逆に斉藤さんの研究がどのような影響を受けているのか……「共同使用」とうたっていても，斉藤さんの研究が出てきません……何となくカメラマンという感じで……もっと実践者と研究者の緊張関係の歴史のようなもの……よいことだけでなく，当然問題点もあると思います。」

このコメントには，筆者は共感と同時に，何か違うといった複雑な反応をもった。まず，実践者と研究者といった役割の2分割について，筆者自身も両者を独立した専門性を背景にしたものとして峻別したうえで，その影響関係を考

第6章　実践のための研究，研究のための実践　　163

える（図6-1A）観点をもってはいる。しかし，実際に共同研究を行っていると，それとは違った関係のあることに気づく。それは，実践者と研究者が互いに密接に共同するときには，両者のあり方が変わり，特に実践現場に参加する

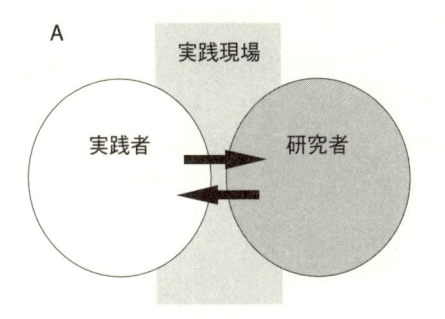

A

実践者，研究者の独立した影響関係

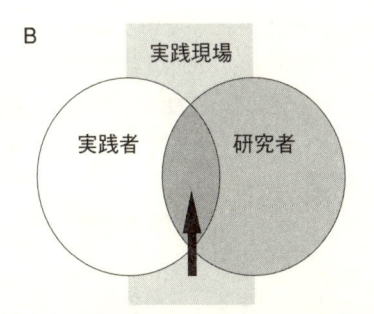

B

実践者，研究者の共同関係における役割
（カメラマン・発達相談者・支援者・教育者など）

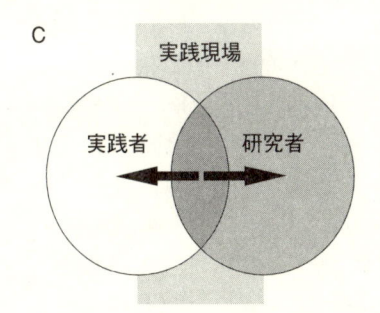

C

実践者，研究者の共同関係における役割の経験が
それぞれの他の役割に与える影響

図6-1　実践者と研究者の関係

研究者は，実践の場のやりとりの中で自然に共同構成される役割を帯びるということである。共同研究の性質によってその役割は違うが，筆者の場合は，媒介するビデオを主人公にしたために，それを支援するカメラマンの役割が，実践の場で求められ，かつもっとも自然なあり方のように思われた。図6-1Bの円の重なる部分がそれで，実践者も研究者も，共同の研究のやりとりの中で，それぞれの専門家集団における場合とは異なる役割をそれぞれに担うことになる。共同参加の場が，研究者サイドの実験室になれば，またそこでの相互作用で実践者と研究者それぞれに構成される役割は異なってくるはずである。

撮影の実践現場の他に，園内研修という共同視聴の場でも，ビデオが中心になることによって，筆者には，発達心理学研究者といった役割よりも，カメラマンとしてのその日の体験や感想が表だって要請されることになる。したがって，「何となくカメラマン」を装った「発達心理学者」という二重の役割をもつだけでなく，長い間には「友達」の役割も加わり，そのどれかの顔が多重人格的に，その時々の相互作用の内容の要請に従って，表面化するのである。人びとが深く関わるほど，互いの役割が相互規定的に変質していくのは，特別なことではなく，人びとの相互作用の一般的特徴と考えられる。

このような役割の複数性に至ったとしても，論文執筆においては研究者の役割に戻ってその視点から書けるはずだし，研究者の読み手に向かってはそうすべきなのかもしれない。しかし，筆者の躊躇している解決すべき課題のひとつはまさにこの点にある。先に述べたように，文体の視点が異なると伝えるものが変わってしまうという問題である。実践の場で〔素人カメラマン＋研究者〕役割で得た経験は，終始研究者として参与していたときとは，得るものも異なるはずであり，現場での役割と異なる役割の視点を取った記述によっては現場の体験を再現できないと思われるのである。

自己の本来の役割が生息する適所とは異なる場で得られる経験の興味深さは，異文化体験や，文化人類学的フィールドワークで知られるところだが，フィールドでの役割と本来の役割間の，「本音と建て前」以上に複雑な葛藤を伝える，異なる文体からなる複数の記録の存在は，マリノフスキーの例で有名である（Malinowski, 1967/1987）。フィールドでは，そのコンテクストに反映された自己の新たな意味づけを発見するので，それに自覚的になるほど，異なる複数の記述が求められるのだろう。

あえて言えば，通常の研究論文と比べたときに，今回の原稿の文体に何らかの違いや視点の特性があるとすれば，まさにそれが，筆者や筆者の研究がこの共同研究によって得た影響そのものを表している。筆者がこの研究のビデオデ

ータを,発達心理学的な手法で分析し,記述したときには,現場でのカメラマン役割を後退させ,研究者役割を「著者」として表面化させたまったく異なる論文ができるはずである。今回の原稿で,研究者が後退し,埋没しているように見えるのも同じ原理である。

そして,ビデオの利用による実践者側の変化だけが記述されているように見え,研究者から実践への影響が書かれていないように見える点については,実際に,実践者にその記述を求めたところ,研究者のスタンスが実践に与えた影響については,「ビデオは保育の反省に役立つ」,「カメラマンの視点は保育者と違うので子どもの違う面が見える」などの答えが得られた。もっとも,共同による影響は,たとえ相互因果的,相互規定的と表現したとしても,やはり因果関係では,扱いきれないように思われるのである。しかしあえて例示するなら,実践者自らが学会発表を科学的分析手法で行ったことは明らかに研究者の影響かもしれない(加藤,1999)。しかし,それは日常の実践に浸透するほど価値ある重大な影響ではない。むしろ前述したように,実践者サイドが,異なる種類の表象(子どもへのインタビュー,他の園の映像など)を参照した相対化を自発的に要請することに至ったことの方が,この共同研究への参加の影響として特筆すべきことだと考えられる。このような変化は,研究者の存在の影響というよりは,この共同研究への参加によってもたらされた変化というのがふさわしく,この原稿はそういった観点から記述したのである。

同じことが研究者サイドの変化についてもいえる。図6-1Bの研究者は,実践の場での実践者との共同の相互作用の中で,カメラマン役割を構成したという点が,まさにこの共同研究によって影響を受けたことの証拠であった。具体的なレベルで影響の例を示すと,カメラマンとしては後の共同視聴時に話題を提供するような映像化が目的とされるため,研究者役割に徹したときのようにデータ収集のためのカメラワークに縛られず,データの記録が目標の場合とは異なる映像を記録することになるなどがある。

さらに,研究者が自覚できた範囲でより明確に影響を受けた点をいくつかあげることができる。それは図6-1Cに示した矢印のように,共同研究によって構成された役割や,それによる経験が,重なりの部分以外の他の役割の領域へ与えた影響である。それは,この共同研究以外での筆者の研究におよんだ変化であり,たとえば研究者倫理の問題を考えるときの,自己言及的視点の深まりは,この共同研究から得た,実践者集団に関する体験的知識に大いに負っている(斉藤,1998)。また,研究者によるカメラの単独使用のときとは異なり,実践者の視点との共同による相対化を経験したために,カメラマンの視点が映像

に与える不可避の影響を意識化し，記述することで，自分がとらえている現実の偏りに少しでも気づく努力をするようになったことなどもある。これらのことは，自己と切り離した客観的な研究目的や分析方法の刷新ではなく，自己言及性という主観的課題を研究にいかに反映させるかといった課題を担ったということである。共同研究によって得たカメラマン役割は，研究者としてのアイデンティティを後退させるものだったはずだが，逆に，そういった異なる役割を取る経験が，研究者としての振る舞いを相対化し，自己言及性を高め，研究者としてのアイデンティティを前景化することに寄与したといえる。

このような傾向とは逆に，共同研究における研究者役割の後退は，伝統的観察研究で目指された，心身両面での観察者の隠蔽（斉藤, 2000）と同類のことなのかといった懸念が生ずる。伝統的観察法では，内観法の主観性を退けるため，かわって極度に客観性を追究する観察法が用いられるようになった。そこで，観察者の影響を最少にすべく，被観察者を知らない観察者によって先入観を排除しようとしたり，逆に，観察意図が伝わることを避けるために，被観察者の日常の知人で観察目的を知らない素人を観察者にしたり，極端な場合にはワンウェイミラーで観察者をまったく隠そうとした。

発達研究において，観察法を最初に取り入れたのはダーウィンだとされる。彼自身，1839年の長男の誕生以来2歳8ヵ月まで，縦断的観察を行った。当時31歳のダーウィンは観察の日誌記録をつけたが，それは1872年に表情の比較動物的論文として公刊された。近年，この日誌と論文のテクスト分析をした研究（Conrad, 1998）によると，日誌では自分の一人称による記述が使用されるが，論文では省略されるなど，ダーウィンの記述には多くの点で明らかな差異があった。つまり，すでに観察法の誕生当初から，子どもと相互作用する具体的な参与者としての自己と，観察現場から切り離された客観的な観察者（＝科学者の読者にあてて論文を公刊する研究者）としての自己とが，複数の自己という乖離した存在であり，テクスト細部にわたる使用言語の使い分けによってレトリカルに演出されていたのである。このように考えると，研究法としての観察法が科学的客観性に従った唯一の理想的な観察者を追求してきた歴史は，むしろ現実にそぐわない虚像を追い求めていたに等しいともいえる。

筆者のスタンスでは，事実の把握のためには観察者の可視化はむしろ必須と考えていた。それにもかかわらず，この共同研究では，筆者自身，カメラマンになることで，カメラマンとしては可視化したが，そのかわりに研究者であることを隠蔽したとも考えられる。編者のコメントで指摘されたように，それは観察の現場，共同視聴の場だけではなく，研究の記述においても一貫していた

第6章 実践のための研究，研究のための実践　　　167

ことになる。そこで，改めて筆者の観察研究の一般的目的を再考すると，「研究者の存在に大きく左右されない実践現場を知ること」であり，「それでも影響してしまうことが避けられないのだから，研究者の存在自体の影響をむしろ積極的，自覚的に知ること」であった。その意味では，当初から，観察者としての研究者を後退させつつ，同時にその存在を確かめようとする，相矛盾する目的であったといえる。

　ここで改めて，研究者役割を隠蔽しなければならなかった理由をまとめると，第一に，「研究」という状況で特権的な役割となる，研究者役割を後退させたときの現場を知りたかったこと，第二に，現場の意味解釈の流動性に対応すべく，意味の未決定状態を持続させるために，研究主体の役割自体も，終始，意味的に未決定状態におく必要があったこと，が考えられる。さらに，第三の理由の可能性を以下に述べたい。

5.3　共同と協同の循環とその条件

　「「共同研究」と「共同使用」とは違います……データを共同使用するということを越えて……，何を研究すべきか，実践をどう見るべきかに……相互影響関係，相互反映性が見られている……。そのことを表現するためには「共同使用」は誤解を生むので……他の表現が考えられませんか？……「共同性」の分析は非常に重要かつおもしろい問題……ご検討ください。」

　この指摘は妥当なものだった。カメラや映像をまずは物理的な道具としてとらえ，その機能を考証する時点で共同構成的な意味付与を問題にしようとしていたので，タイトルや導入では，実践者と研究者がビデオカメラや映像を単独で使用する場合と共同で使用する場合に分け，その用語で終始してしまった。しかし，「共同使用」の意味内容は明らかに変わってきていた。

　先に述べた，研究者役割の後退や，共同研究による新しい役割の構成は，実践と研究の「共同によって」方向づけられ，選ばれ，さらなる「共同の持続のために」実行されるように感じていたので，この点の考察をもう少し深めてみたい。

　物理的道具を共同で使用することは，共通の目的のために使用することでもある。もともと，「共同」は左右の手を組むことで，「一緒にする，共にする，一にする，慎む」などの意味合いがある。他方，「協同」の方は，「合わせる，一致する，叶う，和らぐ，従う」などの意味で，旁で鋤（すき）を3本あわせて農耕に協力することを示している。このような語源に関しては専門外だが，

直感的レベルで，筆者は今回の共同研究では，「共同」研究に始まり，「協同」研究になるプロセスを体験してきたように思う。もちろんその変化過程の実現にはビデオの媒介が必須条件で，ビデオをめぐる共同から協同への変化であったと思われる。

　「共同研究」は，単に共通の道具や状況，条件を共にする点に焦点があって，「共通」「共感」の例が示すようにそれ以上の思い入れや期待は最初からなく，両者に負担になる制約も少ない。「共学」「共生」の例のように，互いの差異をそのままにして無理に合わせることもなく，ドライで表面的，中立的なレベルでとにかく一緒にやってみるといったニュアンスである。一緒にやる内容は，良いことでも悪いことでもよいので，「共犯」「共謀」も成り立つ。それに対して，「協同研究」となると，力を合わせて一緒にものごとをするといった意味で，単なる一緒というレベルを超えて，相違点を克服し積極的に合わせていくという感情面，動機面，精神面などの内面の和が最初から大切な目標となり，「協定」「協力」など，責任が課せられる。「協調」「協奏」，など，ハーモニーも大切であり，ネガティブなことを目標にはできない。しかも「協働」となると，活動やその機能や成果までが目標とされるようである。

　もともと異質な実践者と研究者の場合，「共同」から始まるのは必然的といえる。それが，共同行為のプロセスを経て和すべき目的が参加者の内面で「協同化」した時点で，協同行為が始まる。このように，チームワークの進展につれ，共同構築（co-construction）（Valsiner, 1988）メカニズムで，個人と共同体のどちらにも知識の共有化が促される。ビデオ映像の共同視聴では，実践活動を明確化する会話が，研究目的を協同達成するためのリソースになり，共同研究の協同化をいっそう促したといえよう。

　では，逆方向はないのだろうか。対立する視点の融合を目指した弁証法的な「協同」は，解決すべき問題事態や新しい課題，テーマに出会うごとに，再び対立をはらんだ「共同」に回帰しては，次の新たなよりいっそうの「協同」の和を目指すなど，共同と協同が螺旋状に循環して発展していく可能性もある。筆者の参加した「園内研究」でも，問題の起こるたびに，共通の課題を共感的に共有する共同行為を経て，協力や協調といった協同の和が達成され，また次の課題の出現で新たな循環が始まった。

　このような共同から協同への循環の過程に参入するとき，研究における研究者の特権的立場や，実践現場における異分子としての存在は，和合を目標にする際に不都合である。研究だからといってことさら研究者を主人公にする対話では，研究者にとっての新たな思考や実践が生成されにくいからである。今で

第6章 実践のための研究，研究のための実践

は，こういった考え方自体，研究者の視点からのものだということを自覚しているが，筆者は，実践現場で研究者役割を前景化した，研究者の単独使用によるビデオ観察研究を数年間行った後，保育実践者集団の実践に焦点化した共同研究が始まったときには，暗黙のうちに研究者役割の後退を目指し，現場で子どもたちにも比較的容易に理解可能で自然なカメラマン役割を採用していたのかもしれない。差異を保ったままで一緒にいることができる共同のレベルにおいてでさえ，研究者役割は，日常性から大きく逸脱し，子どもにも実践者にも，差異自体のリアリティが得にくく関係そのものの断絶になると思われたからである。

　筆者は，研究者同士でのビデオ観察による共同研究にも幾度も恵まれていたのだが，興味深いことに，そのような研究では，「共同から協同へ」の変化や，「共同と協同の循環」的発展は自覚されなかった。それは，もともと等質な研究者の「共同」は，すぐに「協同」に移行したためでもあり，あるいは，相互に差異の程度が低い研究者同士だからこそ，観察研究の目的を異にしたままの「共同」でも終始しえたためでもあろう。さらには，むしろわずかな差異でも研究の個性を守ろうとするために，異質なままでいる「共同」が選択され続けたのかもしれない。このように考えると，「共同と協同の循環」による共同研究は，実践者と研究者のように，むしろ差異の際立つもの同士であるからこそ達成されたのであり，ある程度以上の差異のあること自体が重要な前提条件であるとすらいえるかもしれない。

　このように参加者の差異の重要性を考えると，「協同」レベルでの活動が可能になった時点で，差異の克服や和を目指すことでなされる協力は，その目的とする和が達成され差異が克服されたとたんに，「協同」の目的を失い，皮肉にも「協同」の停止，あるいは不可能に到達してしまうことになる。それは，再びただ一緒にいる「共同」レベルに立ち戻ることを意味し，そこから，次の目標となる和を要請する課題を得て，その和の実現を目指す次の「協同」が始まるのだろう。したがって，前述したように，問題事態などの新しい課題やテーマの偶然の出現が，すでに和の達成された「協同」を，再び対立をはらんだ「共同」へと回帰させる起因になるのではなく，むしろ和が達成され差異の緊張が解消された飽和状態に至ること自体が，次の問題を積極的に探させ，「共同」へと戻らせるきっかけとなるように思われる。実際に，実践者集団と研究者の共同の場合には，この「共同と協同の循環」を持続させるための方略として，さまざまな差異をむしろ新たに呈示し続けることが重要であったようだ。その差異を発見する共通のテクストとしてビデオ映像が役立ち，差異の呈示の

場として，ビデオの共同視聴の会話が機能していたといえる（斉藤，2001）。

さらに，研究者が使い分けるカメラマン役割と研究者役割の間での交替自体も，それぞれの役割への実践現場からの反応の差や，現場への研究者の参加の意味の変化をもたらす。そこで，研究者は一人であるにもかかわらず，役割の多重性ゆえに多様な経験が可能になり，その相対化もできるといったメリットがある。さらにこのことが，実践者集団との差異に多様性をもたらす方略になっていることも見逃せない。役割の固定は環境から受ける意味も固定させてしまうが，役割の未決定や変化の可能性は，意味の未決定状態をもたらすことで逆に多くの発見を可能にする。ビデオ映像に映っているために，文字どおり実際に「見えること」が観察可能性を意味するのでなく，映っていないために「見えないこと」が，視聴者に「観察できないこと」を発見させ，そのこと自体が観察可能性の一種として意味づけられ，むしろ補償のための推論による多様な見えを可能にもする。このことと同じく研究者役割の後退は，子どもや実践者の研究者に対する観察可能性を阻害するものではない。そこで，研究者は研究者役割を後退させたとしても，やはり研究者としての差異を保ったまま，さらに異なる差異であるカメラマン役割を前景化させていたといえる。そのことが，メンバーの等質化による「協同」の停止を阻む役割をしていたとも考えられる。このような役割交替のメリットが，研究者役割の後退の第三の理由である。

ビデオ映像を利用した観察の共同研究では，カメラが，子どもだけではなく，実践者，研究者，およびそれらの相互関係について，予想を大きく超えたレベルで観察可能にするために，今までの伝統的発達研究にまつわる概念や枠組みについての再考を要請する課題が，研究者の意図によらず否応なしに突きつけられる。そこで，発達研究法のレッスン課題としては最適の性質をもっているといえる。しかしこのレッスン課題を終えるためには，この課題との「協同」活動がその停止に至る条件として，課題の求める未知の研究者や研究概念に同一化し，差異を克服しなければならない。それはまさにこの課題に答えを出すことでもあるのだが，筆者はまだカメラを携え，差異の克服を目指しつつ，この課題との「協同」活動を続けているのである。

文　献

Bruner, J.S., 1990, *Acts of meaning*. Harvard University Press.（岡本夏木・仲渡一美・吉村啓子訳, 1999,『意味の復権——フォークサイコロジーに向けて』ミネルヴァ書房.）

Conrad, R., 1998, Darwin's baby and baby's Darwin : Mutual recognition in observational research. *Human Development, 41*, 47-64.

Fish, S., 1980, *Is there a text in this class? : The authority of interpretive communities.* Harvard University Press.（小林昌夫訳, 1992,『このクラスにテクストはありますか――解釈共同体の権威』みすず書房.）

Goodwin, C., 1996, Transparent vision, In Ochs, E., Schegloff, E.A., & Thompson, S.A. (eds.), *Interaction and grammar.* Cambridge University Press. pp.370-404.

Goodwin, C., & Goodwin, M.H., 1996, Seeing as a situated activity: Formulating planes, In Engestrom, Y. & Middleton, D.(eds.), *Cognition and communication at work.* Cambridge University Press. pp.61-95.

加藤綾子ほか, 1999,「気になる保育の見方の交換と保育者の変化」『日本保育学会第52回大会研究論文集』314-315.

Malinowski, B., 1967, *A diary in the strict sense of the term.* Harcourt, Brace and World.（谷口佳子訳, 1987,『マリノフスキー日記』平凡社.）

Middleton, D., 1996, Talking work: Argument, common knowledge, and improvisation in teamwork, In Engestrom, Y. & Middleton, D. (eds.), *Cognition and communication at work.* Cambridge University Press, pp.233-256.

Middleton, D., 1997, The social organization of conversational remembering : Experience as individual and collective concerns. *Mind, Culture, and Activity*, Vol.4, No.2, 71-85.

Norrick, N.R., 1997, Twice-told tales : Collaborative narration of familiar stories. *Language in Society, 26*, 199-220.

斉藤こずゑ, 1998,「発達研究の質の転換を促す研究者倫理問題――研究者の自己言及性の高まり」『発達心理学研究』第9巻, 第3号, 244-246.

斉藤こずゑ, 2000,「第3章 観察法を使う」日本発達心理学会監修, 古澤頼雄他編,『心理学・倫理ガイドブック――リサーチと臨床』有斐閣, pp.31-45.

斉藤こずゑ, 2001,「撮影現場―映像―共同視聴の会話――共同視聴におけるビデオ映像の間テクスト性」『國學院大學教育学研究室紀要』第35号.

Valsiner, J., 1988, Ontogeny of co-construction of culture within socially organized environmental setting, In Valsiner, J. (ed.), *Child development within culturally structured environments.* Vol.2, Ablex.

謝辞

長期にわたり，共同研究を可能にし，いつも温かく迎えて下さっている蕨市立みどり保育園の高島和美園長および保育士の皆様に深く感謝いたします。

第7章　　　　　　　　　　　　　　　　　　　　　　　　◎古川ちかし

協力的なコミュニケーション空間をつくる道具としてのビデオ映像
日本語教室の実践

1節　はじめに

　ビデオは社会的実践の調査研究の道具として日常化した。私には教育の分野のことしか経験的にはわからないが，研究する側は研究される側の映像を〈むやみに〉公開しない限り，かなりの範囲で自由に撮ることができる。そして，〈研究する側〉はその映像からさまざまな意味を読みとって，〈研究される側〉の実践を〈解釈〉している。

　こうした〈する〉と〈される〉の関係性を培ってきた土壌に，研究の作品化ということがあるのではないかと思う。artの世界での〈作品〉とは，人びとの暮らしの環境（たとえば宗教的な環境）の一部としてあるものではなくて，「額縁」や「額縁舞台」や「美術館」などに〈作品〉として切り取られて（値がつけられ），どれほど大きかろうとポータブルになって流通するもののことなのではないか。こうしたartの作品化（あるいは作品化したものをartと呼び慣わすこと）はグローバライズされてきた。社会的実践についての研究という分野でも，同じようなグローバリゼーションが進行しているのではないかと思う。

　研究するという行為が，時間的にも場所的にも職業的にも日常的な社会生活から切り取られて，作品化を目指した特殊な行為として屹立してきた。（作品化されない研究は見えない＝認知されない＝存在しない。）コピーライトのついた〈作品〉は誰でも持ち歩ける論文や本というかたちで売られるポータブルな商品となる。そして，ちょうど絵画の世界で，作家（画家）と描かれる対象（モデル）とがくっきりと非対称をなすように，作品化した研究の世界でも〈する〉側と〈される〉側が非対称をなす。見る側としての研究者と，見られる側，対象化される側の人びと，という非対称をなす。そしてそれ以外の人びとを作品の〈消費者〉にする。〈する〉と〈される〉と〈消費する〉の関係性は，作品の流通システムの中で再生産されていく。

　そうした関係性を変えようと思ったら，われわれに何ができるだろうか。私

はこの章で〈研究を実践現場に戻す〉というテーマをもらった。〈戻す〉というのは，研究作品を最終的に消費者としての研究対象に〈戻す〉ことではなく，そうした流通システムの流れに抗して〈戻す〉という意味だと解釈したいと思う。〈戻す〉主体（誰が戻すのか）も，必ずしも研究者ではなく，研究対象に〈される側〉が〈される側〉にとどまらずに作品としての研究を協力的な行為に変えていくことが〈戻す〉ことだと解釈したいと思う。与えられたテーマに私がつけたした「協力的なコミュニケーション空間をつくる」というサブテーマの意味はそこにある。ビデオ映像がそこにどう絡むかは後で具体的に述べようと思う。

　関係性を〈変える〉には，まず関係性の再生産のプロセスに自分が荷担しないように注意すること，自分がそれにからめ取られることに抵抗すること，というのが当面できることなのではないかと思う。注意や抵抗は，既存のシステムや関係性の全否定ではなくて，おそらく〈ずらし〉というストラテジー（意識的な戦略）を主な手段とするのではないかと思う。

　写真家，荒木経惟の〈作品〉には，作家である彼自身が映像に納まっている写真がある。その写真は誰が撮っているのか。それは荒木の〈作品〉といえるのか。何か悩ましいものを感じさせる。それは〈作品化〉そのものを否定して止めてしまうのではなくて，作品と作家の関係性をずらす効果をもつちょっとした工夫（ストラテジー）のひとつのように思う。

　演劇の世界で額縁舞台に作品を陳列するのに抵抗する試みは長く行われているが，演劇することを特殊に屹立した行為ではなく，われわれが制度化された生活の中で拘束される関係性をずらすために利用できる手段（現実を変えるためのリハーサル：ボアール，1984）としようとする試みがある。ボアールの実践（Theater of the Oppressed）の場合，人は自分や他人の立場を演じてみること（具体的に身体を意識的にその立場にもっていくこと）によってコミュニケーションの別の可能性を開こうとする。長時間かけて行われる準備運動は身体を，その慣れ親しんだあり方からずらしていろいろな隙間をつくるために行われる。そこからスタートして，関係性のずらしを共同作業として行っていく。ボアールにおいては（人びとのコミュニケーションの前提となっている）身体をずらす。それだけに荒木は受け入れられてもボアールは受け入れにくい，抵抗があるというのが多くの人たちの反応かもしれない。だが，それも頭だけの受け入れにくさであって実際に身体を動かす〈遊び〉はむしろ楽しいものだと思う。

　本章での議論に，より密接に関係してくるのは田中（1997）の議論だ。田中

第7章 協力的なコミュニケーション空間をつくる道具としてのビデオ映像　　175

はメディアを通して現社会に支配的なヒエラルキーが強化されることにメディアを消費する立場からどう抵抗できるかについて，次のように述べている。「分断化を打ち破るためのキーは，まさに個人の活動ではなく他の人びととの協調的活動によって，関係性を豊かにしていくことにある。(中略) メディアに対する抵抗は具体的にはごく簡単なところからスタートしうる。昨日テレビで外国人問題のドキュメンタリーを見た人が集まって，できれば身近な外国人女性にも来てもらって，感想を話し合うことからスタートしてもかまわない。それこそ公的な場であり，そこから豊かな関係性が生じる。そこでは情報としての差異の監視者の位置から降りたメディアの積極的な消費者が生まれるだろう」(田中, 1997, p.257)。

　私の述べた関係性の固定化ということと，田中のいう〈分断化〉の根っこは同じであると思う。田中のずらしのポイントは，メディアを私的に消費するのではなく公的な場で消費するという誰にでもできそうな点にある。誰にでもできそうなのだけれど，実際仲間うちというような準私的な（パーソナルな）消費以外はあまりなされていないのが現状だろう。公的な場での対話（協力的なコミュニケーション）そのものが分断化への抵抗になりうるという見方は，肩を張らない魅力的な見方だが，それは実際どのように実行できるのだろうか。

2節　「外国人[1]」のいるコミュニティ

　「外国人労働者」が増えて，「アジアからの花嫁さん」たちが話題になり，「国際化」が地域行政の標語のひとつとなったのは1980年代中頃から後半にかけて

---

(1) 「外国人」という概念は思うほど明確なものではないし，何らかの実体に1対1で対応する概念でもない。もっとも単純なのは日本以外の国籍保持者を「外国人」と呼ぶことだろうが，日常的にはそのような使い方をしていない。サッカー選手，すもう取り，野球選手などの中に日本国籍を取得した「ガイジン」がいる。在日コリアンで，日本で生まれ，日本語しか話さないという場合，彼らが在日だということを知らなければ「日本人」だとして対応し，知ってしまうと「外国人」として対応する，そういうこともある。見かけ上，いわゆる「日本人」と区別のつかない日系人の場合，自分たちが「外国人」であるにもかかわらず「外国人」扱いされないというところに差別を感じるという。戦争中に日本人として戦場にかり出されたにもかかわらず戦後，国の都合で一夜にして「外国人」にされた人たちの戦後補償問題は，いまだに解決していない。こうしたことは，同時に，「外国人」との対比で作られる「日本人」という概念の不安定さ，あぶなっかしさをも示唆している（小熊, 1998 参照）。

だった。地域の公民館などをベースに地域行政や住民ボランティアによる「日本語教室」活動が活発になり始めたのも，同じ時期だっただろうか。

　私の住んでいる某市の町工場には，昔から大勢の国内出稼ぎ労働者がいた。現在は「外国人労働者」，特に中国大陸から「研修生」としてやってくる労働力が日本国内の出稼ぎ労働力にとって代わっている。また，在日コリアンの人口も少なくなく，彼らの廃品回収業が町工場を支えてきたという経緯もある。

　国内の出稼ぎ労働者たちもその言語的，文化的，経済的なポジションは〈異質〉だった。彼らは単身であり非定住の季節労働者だった。彼らはコミュニティの中でまとまった声をもたず，一般に住民にとって見える存在ではなかった。在日コリアンもまた（数の問題というよりも土地柄のようだが）見える存在でなく，コミュニティの中で自分たちの声をもつという方向でまとまりにくかったのではないかと思われる。町工場を中心とする産業が低迷する現在，某市は近郊の大都市のベッドタウンとしてマンションを乱立させている。そうした新しいコミュニティに育つ子どもたちは，出稼ぎ労働者や在日コリアンの存在を知らない。

　今の「外国人労働者」たちは必ずしも単身ではない。単身で来日しても家族を呼び寄せることがある。子どもたちが地元の学校に行く。必ずしも非定住とはいえない。またもう一方に，やはり大陸の人が多いのだけれど，「外国人花嫁さん」たちがいる。彼らの子どもたちもまた地元の学校へ行く。「国際結婚」に伴うお金の問題，男性との年齢差の問題，暴力の問題，精神的・肉体的疾患の問題，在留資格の問題，労働問題，教育問題など，これまでのコミュニティの生活の中では相談のもっていきようのない諸問題も生まれてくる。そうすると，そうした問題をめぐって彼らを「支援する」民間団体の存在が，まず一般に見えるようになる。

　支援団体は，駅前のビラまき，署名集め，ボランティアの募集，地元の新聞やミニコミ紙に連絡先を公表する，さまざまな催しものにテーブルを出す，独自の催しものを行うなどを通してその可視性を強めていく。マスメディアも，彼らを積極的に取り上げようとすることが少なくない。今，某市で「外国人労働者」そして一般「外国人」の存在は，以前の出稼ぎ労働者や在日コリアンに比べて可視的になっているが，それは必ずしも「外国人」自身が声をもち，その声を出しているためではない。

　支援団体が「外国人」のために声を出す。それは，それら団体の構成員たち（誤解を恐れず言えば，多くの場合，日本人が正構成員でありそこに外国人がいたとしても，彼らは準構成員である）がどれほど「外国人」の声を〈代弁〉

しているつもりであっても、彼ら支援者自身の立場と経験からの声とならざるをえない。

　支援団体自体も、むろん一枚岩ではあり得ないから、その中にさまざまな異なった声がある。ある声は、しかし、より大きな声に〈代弁〉され、その〈代弁〉こそが自分の声だと思いこんでしまう。ある声は〈代弁〉されることに抵抗できずに黙りこむ。ある声は、より大きな声の前に自分を〈未熟者〉と思いこむことによって前に出ようとすることを止めてしまう。ある声は、より大きな声の前に、たとえば自分を防衛しようとして、何か歪んだ形で出てきたりする。すべての声が均等に聞こえてくるというような事態はまずないと言っていいだろう。そういう事情は「外国人」という集合の中でも、まったく同じである。それを「同国人」としても、「子どもをもつ女性」としても、事情は基本的には変わらない。

　〈代弁〉するという行為のもつ倫理的な意味は複雑だと思う。代弁される側が、何らかの理由で声が出せない、出しにくいときに代弁が行われる（正当化される）わけだが、代弁行為をもっぱらとする人たちが現れると本来の当事者たちの声が出せない、出しにくい状況自体は変わらず、彼らはずっと代弁され続けるしかないということにもなる。そうすると代弁という行為は、当事者の声を奪う行為ともなりうる。だからといって、代弁行為一般が当事者の声を奪うものだとは言えない。複雑だというのはそういうことだ。

　「外国人のいるコミュニティ」の中で、〈代弁〉されるのでなくそれぞれが声をもつこと、そして「対話」することが本章でいう〈協力的なコミュニケーション〉だが、それはどのようにして可能なのか。これが、私が「外国人のいるコミュニティ」にかかわるときの基本的な関心事であり、後に述べる日本語教室の実践への関心だった。

3節　「日本語教室」という活動

　地域コミュニティ内の「外国人」支援活動の中で、たぶんもっとも可視的な（一般の人にとって見えやすい）ものが「日本語教室」だろう。「日本語教室」は、先に列挙した諸問題の中で解決がもっともわかりやすく、手がつけやすい問題、つまり外国人の日本語の必要性というところに存在理由をもつ。これが「もっともわかりやすい」というのは、「日本人」を中心とするコミュニティの利害関心と新参者である「外国人」の利害関心が表面上一致するからであり、

それは「もっとも可視的であること」と連動している。たとえば国際結婚におけるトラブルでは、通常「夫」の側である「日本人」と「妻」の側である「外国人」の利害は一致しない。労働問題でも一致しない。

そういう表面的なわかりやすさは、社会正義と呼んでもいいかもしれない。それは「外国に行ってもっとも大きな壁は〈ことば〉だ」という言説、そして「〈国際化〉は〈ことば〉から」という言説にしっかりと支えられる。だから、地域行政にとっては日本語教室を運営することは「外国人住民」への〈サービス〉となる。地域住民にとってはボランティアで日本語を教えることは「国際化」への草の根レベルでの〈貢献〉ということになる。「外国人」にとって日本語教室に通うことは、日本になじむために自分のできる努力をしている、あるいは異国にあっても主体的に自分の生活をつくろうとする、そういう力ある自己イメージの維持というメリットがある。何にもまして日本に暮らすときに日本語が使えた方が圧倒的に快適だというメリットがある。利害は見事に一致しているのだ。

日本語教室の正義性を支える上記の2つの言説は「人が〈外国〉の社会で声をもつためには、そこの言語の習得が好ましい条件となる」ということを言っているわけだが、それが「声をもつためには言語の習得が必要条件だ」というふうに単純化されると、それは「声をもつこと、出すこと」についての恐ろしく乱暴な理論となる。

実際の実践の中ではしかし、一人ひとりの人間がもつ経験や歴史の差に気づかないわけにはいかず、声をもちにくい理由、出しにくい理由が日本語という言語以外のところにある場合というのがいろいろと見えてくる。しかし、そうした言語以外の諸問題は関係者の利害関心の不一致を背景にもつことが多いので、わかりやすい社会的正義の範囲を逸脱する。「そういうことは日本語教室で扱うことがらじゃない」という対応をする教室も出てくれば、「それも日本語教室のすべきことがらだ」とする教室も出てきて、当初わかりやすかった正義性が議論の余地のあるものとなる。そういう事態が日本中あちこちの日本語教室で起きている。言語以外の諸問題を「学習者の個人的な問題」として、これに関わるべきでないとする教室、議論の結果分裂する教室、適当な妥協点を模索する教室、いろいろな展開を見せている。

いずれの姿勢を選ぶにしても、「外国人」が日本語を学ぶこととコミュニティの中で声をもち、これを出すこととの関係について悩まなくてもいい教室というのは存在しないだろう。それはどのような教室でも、そこで向き合っているのは個人であって、「外国人」と「ニホンゴ」という抽象的な概念同士では

ないからだ。

4節　声，語り（ディスコース），対話

　ここで言う「声をもつ」ことは言語を所有する（使いこなす）こととは違う。このことを考えるときに，私にとってはジー（Gee, 1990）とハーランド（Harland, 1987）の言っていることが参考になったのでちょっと紹介したい。まずジーは，ディスコースという概念に次のような定義を与える。

> 「（ディスコースとは）自分がある社会的に意味のあるグループないしは〈社会的ネットワーク〉のメンバーだということを，あるいは自分が社会的に意味ある役割を果たしているということを示すための，社会的に受け入れられた言語の使い方，思考のしかた，感じ方，信じ方，価値付けのしかた，行動のしかたの間のつながりのことである。」（Gee, 1990）（訳は筆者）

　ディスコース（discourse）ということばは，談話というように訳されるのが一般的かと思うけれど，ジーの定義するディスコースはそのような訳ではピンとこない（あえて言えば「語り」だろうか）のでカタカナで表しておきたい。ジーは，ディスコースはいつも複数形で論じられるべきものだと言う。そして，どのような単位の社会でも，その中に中心的，周辺的なディスコース同士の力関係が存在し，支配的なディスコースとの葛藤が一番少ないディスコースをもった人々が支配的なグループを構成すると言う。ジー的に言えば，支配的なディスコースへの習熟が，その社会内で「声をもつ」ことだということになる。そしてディスコースへの習熟というのはそれを使う集団の価値観や行動のしかたを自分のものとすることだ。

　ハーランド（1987）は，ジーがディスコースについて言っていることときわめて近いことを「言語」について言っている。ハーランドは，個人は自分自身のために思考することができるようになる前に言語を吸収するという。人は社会が目に見えるかたちで教える特定の知識を拒絶できるし社会が強制的に課す特定の信仰を投げ捨てることもできるが，人はその時すでにそのような知識や信仰を伝達する語や意味を受け入れてしまっている。つまり，言語は〈自由な思考〉をいかようにも表出できる翻訳装置ではなくて，「特定の知識」「特定の信仰」あるいは特定の価値観をもった（に基づいた）一つの世界観だと言っ

てもいい。

　ここにあるのは，言語あるいはディスコースが，われわれの経験や歴史をいかようにでも表現できる中立的なテクノロジーではなく，特定の経験と歴史に基づいた価値，生き方とともにしかあり得ないという考え方である。こうした考え方は決定論的にすぎるかもしれないが，声をもつには言語やディスコースの獲得が必要条件であり，かつ十分条件だとするような強者の論理に抗おうとするときには拠り所となり得る考え方だと思う。

　実際には「与えられた」言語やディスコースを使いながら，それでもわれわれは自分の経験と歴史に基づいた価値を表現しようと試みることはできるし，実際そうしている部分がある。ここでは，そのように「試みる」ことがある程度許される（聞いてもらえる）状態（関係性）を〈声をもつ状態（関係性）〉と考えよう。そして，そのような状態（関係性）を〈対話すること〉と考えようと思う。

5節　ビデオをめぐる対話1——〈事実〉探し

　話は日本語教室に戻る。私が主に参加した日本語教室は，先の記述に沿っていうと「適当な妥協点を模索する」タイプの教室だった。週に一度，2時間程度の学習の場をもつ活動だ。私の立場は最初はオブザーバーだったと思うが，某研究所の日本語教育の研究員という肩書もひっさげていたので，周りの人びとはよくわからないながら興味と不安をもって接してくれた。20畳ほどの部屋に外国人とボランティアで構成されたいくつものグループができていて，それぞれが勝手気ままに勉強するので，その全体を見るために私自身が参加できないグループについてビデオを撮って後でそれを見ようと考えた。実際にはビデオを撮ったはいいがそのすべてを見る時間がなく，最初のうちはまじめに見てノートをつけたりしていたが，そのうち見ないビデオがたまるようになってしまった。

　そんなとき，自分たちの活動風景を撮ったビデオを見たいというグループが現れた。最初はビデオなど撮って何をしているのかと聞かれ，私は私の関心事をできるだけ伝えようとしたがうまくいかなかった。まあ，なんだか難しいことしてるんだね，という感じの反応を得ただけだった。そして「実はけっこう量が多くて見る時間がないんですよ」と告白すると，なんだ，使ってないんなら自分たちがどう写っているか見てみたい，ということで，そのグループの人

第7章 協力的なコミュニケーション空間をつくる道具としてのビデオ映像

たちと一緒に,そのグループを以前撮影したビデオを見た。

ビデオを見ながら,さまざまな話が出た。こういう形でやっていて本当にいいんだろうか,これじゃあ勉強になってないですよね(ボランティアの人から私に)とか,自分の日本語はやっぱり変だ(外国人同士)とか,自分はどうしてこんなに貧乏ゆすりしてるんだろう(外国人同士)とか。自分たちを映像で見てみてそれぞれ個人的にも発見があったのだろうけれど,同じ映像に対して違う見方をすること,違う評価をすること,私としてはそこがもっともおもしろかった。

ビデオの中で,そのグループでの勉強の最中に,一人の外国人が立ち上がってみんなにお茶を入れてくるシーンがあった。ビデオを見ながら少し話し合っていくと,ボランティアの人(そこでは「先生」)は,その外国人(そこでは「生徒」)が「突然立ち上がって行ってしまったので困惑」したという。「勉強に飽きてしまったのかと思った」という。外国人の方は,ボランティアの人が疲れた様子なのでお茶を入れてあげたかったという。つまり,相手を気遣った行動だったというわけである。それがボランティアにとっては,自分に対する否定的な評価の結果のように思われた。しかしそれは誤解だった,そういう話ができあがっていった。

この話は,先生,生徒,両方の面子を立てるハッピーエンドに仕立てられている。双方の利害は一致しているのだ,というディスコースにのっかっている。波風の立たない話に収斂した。聞いていた私はそう思った。事実は,突然立ち上がった生徒はその行動によって先生にある種のサインを送ろうとした,あるいはこらえきれなくなって立ち上がったようにも(ビデオからは)見えたからである。しかし,その場で私はつっこまず,和気藹々とした話に合わせたと思う。その日のフィールドノーツにも,事実は違ったのではないかと自分の意見を記している。その後,何がその生徒を〈こらえきれなくしたのか〉という視点からそのグループを何週間か注意しようとしたが,グループのメンバーは週ごとに変動し,私の注意は成果をうまなかった。

その後,問題の生徒と話をする機会があったので,あのビデオでの行動について本当はどうだったのか聞きただしてみた。彼は,いや本当に言ったとおりなんだとさらっと言う。彼の中ではそういうストーリーとして成立しているんだなあと思った次の瞬間に,ある疑問が湧いてきた。それは〈本当は,事実はどうだったのか〉ということに,なぜ自分はそう拘泥するのか,という疑問だった。私の視線は〈事実はあのとき作り上げられた話とは違う〉という思いこみに基づいてつくられていたが,そのような視線は〈事実〉の総体が決して見

えない以上，無益な視線ではないかということを思った。ビデオの中にさえ私の求める〈事実〉は見えない。私の根拠は，ビデオを見たときの自分の感覚でしかなかった。その感覚は私自身の経験からつくられたもので，私の経験と，あのとき一緒にビデオを見た人たちの経験とは，当然だが異なっている。

　共通の話ができあがっていくプロセスの妙に和気藹々としたところが気になったわけだけれど，それではなぜ私は自分の疑問を言うことによって，お話づくりに自分も加わらなかったのか。実践の活動に参加する中で観察するんだ，というようなことを思っていたにもかかわらず，事件（自分の興味ある出来事）が起きると身を引いて（干渉せずに）観察してしまう自分に今さらながら驚いた。干渉せずに観察している誰かがその場にいるということだけですでに影響を与えているにもかかわらず，そういうことも忘れて，〈事実〉ありのままを探そうとしていた，そういう自分に驚いた。

　しかし，一度事実探しをやめてみると，あのビデオを見たときの話し合いの様子が私には別の見え方をしてきた。先生であったボランティアの人は，自分の不安，自分の弱みをまずみんなに語った。問題の生徒は，日本語であれスペイン語であれ普段積極的に話す方ではないのだが，先生の語りに対して間髪入れずに「そうじゃない」ということを手を振って示し，ゆっくりだが説明を試みた。皆がそれをじっくり聞いた。「そうだったの」という先生の納得は〈事実〉に対するものではなくて，生徒の〈語り〉に対する納得だった。これはビデオに写し出された〈事件〉そのものへの共通の納得でもあった。誰の声も圧迫されていなかった。これはすごいことなんじゃないだろうか，というふうに見えてきた。

　同じグループの〈授業〉の時間には，しかし，圧倒的に先生の声しか聞こえない。それが，ビデオについて話したときには互いの声が出てきた。唯一聞こえなかった声は私自身の声であり，それを圧迫したのは私自身の中の研究者ディスコースだったと思う。授業の時間の〈公共性〉に比してビデオおしゃべりは〈私的〉な空間だったと思う。だからこそ，声が出てきたのかもしれない。次に私が（ショックから立ち直って）考えたのは，そういうことだった。

6節　ビデオをめぐる対話2——隠れたアジェンダ

　後日，他のグループと一緒に同じようにビデオを見る機会を得た。あるボランティアがポルトガル語でおしゃべりしている外国人3人の机に座るなり，「み

んな，日本語で話してよ」と言った場面がたまたま写っていた。ビデオは固定されており，この机での〈授業〉が一段落し，皆くつろいでいる場面を偶然撮っていた中の一場面である。「日本語で話してよ」ということばに，3人は一瞬動きを止めるが「はいはい」という感じで日本語に切り替える。このビデオを見始めると，近くにいた人たちが参加した。あるボランティアの人（ビデオの中には登場しない人）は「日本語で話してよ」は《ちょっと強引な感じがする》と言った。

　この場面について何か言いたそうにもじもじしていた当の3人の外国人の一人に，ポルトガル語でいいから意見を言ってくれと私が頼むと，彼はだーっとポルトガル語で話し始めた。彼の話を要約すると次のようになる。《自分は日本に長くいるつもりもないので日本語を勉強しようとは思うけれどそれほど熱心にではない。だから，教室に来る理由の最大のものは自分のことばで友人と話せることだ。でも，ここに来ている日本人の人たちの「日本語に早く慣れさせたい」という気持ちはわかるし，尊重したいと思った。だから「日本語で話してよ」と言われたときに，ちょっとドキっとしたけれどしょうがないと思った。》「日本語で話してよ」と言った当のボランティアの人は，日本語教室なんだから，せっかく日本語を使う機会なんだから，母語で話してたんじゃ何にもならないと思ったし，今も自分はそう思う，と言う。30分ほど，この場面をめぐって話をしただろうか。私は以前の反省から，傍観者も司会者もやめて，自分の印象や意見を述べることで話に参加しようとした。

　今度の場合はお話ができあがるのではなく，日本語教室にきてポルトガル語を話すことの是非，日本語を話すように押しつけることの是非についての討論のようになった。できれば討論のようなかたちで対立したくないという気持ちも強くもちながら，それでも相手に自分の言いたいことを理解してほしいという気持ちの方が強く，互いに話し合っていった（のだと私は感じた）。30分という異例の時間，あちこちに話は飛びながらも討論は続いた。いろんな意見が聞けて勉強になった，というような〈切り上げ〉の発言がどこからともなく出て，この日は散会となった。

　お互いの声を，互いにどう聞いたのか，私は気になった。まず私自身は，「日本語で話してよ」発言をしたボランティアの声をどう聞いたか，「ドキっとしたけれどしょうがないと思った」外国人の話をどう聞いたか，それを考えてみた。3人の外国人が今何をすべきときかを〈忘れて〉安易な方に流れたと思ったことが「日本語で話してよ」発言につながった，と当のボランティアは言っていると思った。しかし，討論の中では，そうした彼の観察，場面の解釈その

ものの是非（解釈の理由，根拠）は問われずに，一般的な問題として「日本語教室にきてポルトガル語を話すことの是非，日本語を話すように押しつけることの是非」が討論されたと思った。3人の一人がそうではないと否定しているにもかかわらず，「3人が今何をすべきかを忘れた」ということが結果的に規定の事実となって話が進んだ（ように思った）。なぜそうなったのか，その討論で何を問題にするかについて決めていたのは誰か，次に考えてみた。そこでよくよく発言を振り返ってみると（録音はしていないので記憶をたどってみると），実に陳腐な「落ち」のようだが，そのように問題を設定していったのは私自身のように思えてきた。そうだとしたら実にへたくそな参加のしかただと思った。自分の中にアジェンダ（自分にとって大事なことのリスト）があって，そのアジェンダに沿ってしか（つまりビデオを一緒に見る人たちのアジェンダよりも自分のアジェンダを優先させてしか）参加できなかったということに，以前の経験にもましてショックを受けざるをえなかった。しかし，だから私は観察に徹した方がよいのだ，とも思えなかった。

　次の週，もう一度あのビデオのことを話そうよと言っても「もういいよ」という反応が返ってきそうで，私はとうとうそれを言い出せなかった。

7節　ビデオをめぐる対話3 ── 公的な場で issue をつくる遊び

　上記の経験の後，ビデオを見ておしゃべりする機会はなかなかめぐってこなかった。私の中では，そのようなおしゃべりを〈私的〉な空間ではなく，授業という〈公的〉な空間におきたいという気持ちが強くなっていった。あるとき，ついにビデオの新しい使い方と称して，私からまずボランティアの人たちにある提案をした。それは，ボランティアと外国人，皆が交代でビデオカメラを家にもってかえって，好きな映像を撮ってきて，授業の時間を少し使って皆でそれを見て話を聞こう，というものだった[2]。この企画は，当初はテーマを決めなかったが，その後「最近気に食わないこと」を映像にとってくる，「不思議だなあ」と思うことを撮ってくる，「自分の家族や身の回り」を紹介する映像を撮ってくる，というふうに，テーマを替えて繰り返された。

　毎週の〈授業〉の時間を20分ばかり早めに切り上げて，全員でビデオの鑑賞

---

(2) このアイデアはボアールも含めてフレイレの弟子たちの実践にヒントがあり，熊谷保宏氏の登校拒否生徒たちとの実践から直接の影響を受けた。

会をした。会では，誰かが撮ってきた「わけのわからない映像」についていろいろな想像をしてみたり（映像を撮った本人もうまく映像の意味を説明できないことがよくあった），撮影した本人の説明に異議申し立てがあったり（「私の家はこんなに狭いんです」という説明に対して「これは私の家の2倍はあるよ」），お話を共同でつくっていったりする経験を重ねた。ビデオは作品としてはどれも完成度のきわめて低いものであったがゆえに，話ははずんだのだと思う。

　この場は，授業時間とは一応切り離されていたが，全員参加であり公的なものと認識されていたと思う。その中で各自が映像の意味づけを，それぞれが自分のことばで，共同でしていった。

　私が先に述べた2つの経験から考えたことは，自分の予断，価値，視線というものを意識する（相対的なものとして扱う）必要があるということだった。言ってみれば単純なことだけれど，それは私にとって決して簡単ではなかった。ときに自分で自分の声を抑えてしまったり，疑ってしまったりした。変にことばを選んでしまうことも頻繁に起きた。周りからは相当変なやつだと思われたことだろう。だが，特にこういうことが目標だ（今やるべきことはこれだ）という目標意識のない時間の中では，そのような〈変さ〉もとがめられなかった。

　このビデオ企画の何回目かに，外国人が「不思議なこと」として撮ってきた映像に対して「日本人」が説明してあげる，あげねばならない，という関係がつくられたことがあった。そこで支配的だった声の背景には，「外国人が何かを不思議に思うのは日本社会のことをよく理解していないため，日本についての知識が不十分であるためだ」というまなざしがあったと思う。そうなると，そこから自然に「日本人は知識が十分なのでよく理解している」ということになり，日本人は一生懸命説明しようとし，外国人は一生懸命習おうとする，自分の知識の不足を埋めようとするという役割関係がつくられていった。しばらくそのような時間が続いた後で，学生でボランティアに来ていた若い女性が「私は日本人だけどやっぱり不思議に思う」と発言した。「あなたはまだ若いからわからない（ガイコクジンと同じで知識が足りない）」と，一人の年配のボランティアの人から切り返されるのだけれど，学生はいろいろ例をあげて自分の感じる不思議さを説明しようとした。その場のほぼ全員が興味深い目を彼女に向けて，しんとして聞き入っていたのは印象的だった。

　そこで最初支配的になっていったまなざしは，この場での具体的な付き合いから生じてきたいろいろな関係の〈外にある誰か〉のまなざしだったと思う。この場（日本語教室）で一定の付き合いを続けてきた中では，すでに関係は日本人対外国人ではなく，名前で互いを認め合う，そういうものになってきてい

る。にもかかわらず、ひょっとした拍子に〈外の世界〉で流通している固定的な関係性が持ち込まれる。私が「日本語で話してよ」発言の際に持ち込んだものが、同じように、〈今ここ〉の関係の外から密輸入したものだったように。

　「外国人が何かを不思議に思うのは日本社会のことをよく理解していないため、日本についての知識が不十分であるためだ」という見方は、大人の子どもに対する見方に似ている。子どもが変なことを言うとき、何かを不思議と思うとき、大人は子どもが何を見落としているか、どんな知識が不足しているか、〈理解してしまう〉ことが多い。大人はその生活している社会の中で支配的なディスコースを自分のものとしているが、子どもにはそれがない、せいぜいのところ見習いなのだから。同じことが「外国人」対「日本人」、あるいは「ノンネイティブ」対「ネイティブ」の関係で起きる。それが、大きな意味での社会に支配的な見方なのだと思う。

　学生の発言がなければ、私はたぶんこのような支配的な物言いに対して何か発言していたと思う。が、その学生ほどに皆が私の言うことに真剣に耳を傾けてくれたかどうかわからない。その違いは何だろうか。おそらく、私が理屈で「外の社会の見方を〈今ここ〉の関係に持ち込んでいる」というようなことを思いながら言うのに対して、この学生は「ほんとに自分もこれは不思議なんだ」と言った。そこに大きな違いがあるのだと思う。

　このおしゃべりが、ボランティア、外国人を問わずに、誰かの声を押さえつけることがあまりないように感じられた理由は何だろうか。見ているビデオの完成度が低く、何を言いたいのかわからないというのも、皆が自分の経験と感覚に基づいていろいろ推測したり意見を言える理由のひとつと思える。また、目標意識がない、希薄だということはひとつの理由として考えられる。ボアールの「遊び」も目標の希薄さが魅力なのだけれど、目的合理的に目標に向かうコミュニケーションにおいては支配的なディスコースが生まれてきやすい。しかし、それだけだと社交会話のように、和気藹々さだけが表面を上滑りしてゆくことになるかもしれない。対話にとって issue（誰かにとって話すに値する大事なこと）は必要である。issue をつくり出さないようにするのが社交会話だとすれば、対話はこれをつくり出すものである。注意が必要なのは、誰かのアジェンダ、誰かの issue と、それに価値を与えているディスコースが支配的にならないことである。

8節 ビデオをめぐる対話——協力的なコミュニケーション

　ビデオをめぐる対話を通してわれわれ参加者にわかってきたことが，いくつかあったと思う。それは〈授業〉という公的な場に存在しない（しにくい）声が出てきたということ。そしてそうした声はおもしろいということ。さらにひとつ，言語だけによるディスカッションになると，前に出なくなる声があるということ。

　われわれ一人ひとりのもつ生活のアジェンダ，教室という実践のアジェンダ，対話という場面でのアジェンダ，それらは重なりと異なりをもっている。共同作業は，そうしたアジェンダの異なりの交渉という側面をもつ。目的合理的な交渉であれば，〈アジェンダ間の勝ち負け〉ということが否応なくコミュニケーションのひとつの特徴となる。ビデオをめぐる対話における〈ずらし〉は，おそらく目的を限りなく〈余興〉的にすることで，交渉をある意味で〈遊び〉にしてしまう点にあると思う。ビデオはそうした〈遊び〉の重要な道具だった。が，そこで語られることは，まさに生活のアジェンダだったと思う。こうしたことをボアール流に言うなら，より大きな社会で公的に声をもつためのリハーサルといえるのかもしれない。

　ビデオをめぐる対話1から3への展開は，私の研究者ディスコースがずらされていった過程だった。私が何かを解釈する基盤が，私の経験と歴史であり，そこからの身体的，知覚的な構えだ。始めた当初，私はビデオなりフィールドノーツなりの記録をもとにして，たとえば「日本語教室における声の生成」というような論文（作品）を作り上げることを，漠然とだが，そういうのもありかなあと思っていた。しかし，教室で出会った人びとの行為を，私が解釈することで私のディスコースの中に整然と並べて理解したことにしてしまうことができないことに気づくのに，そう時間はかからなかった。

　私が理解するためには，私の声も相手に届け，その往復の中で何らかの納得に至る必要があった。私が理解するためには，実践の関係の網の目の中に自分をおく必要があった。そうしてつくられていった理解は，作品として書き上げることもできるわけだけれど，関係の網の目の中に継続して置いておかれない限り，〈残りかす〉のようなものでしかないように思われる。こうした残りかすは，われわれの経験と歴史をつくる材料としてもちろん大切なものではあるけれど。

9節　おわりに——混雑した交差点

　ロサルドは文化的活動を「それだけで完結した領域」と見るのではなくて「多くの異なった社会過程が交差する」「混雑した交差点」と見る方がいいというようなことを言っている（ロサルド，1998，p.31）。ここで話題にしてきた日本語教室という場も、それ自体ひとつのシステム、やり方、作法・しきたりをもった小宇宙と見るよりも、さまざまな人のさまざまな経験と歴史、期待、ものごとのやり方が交差する「混雑した交差点」ととらえる方がいい。そこに、当初の私は研究的関心と研究的な身体をもって関わったわけだが、同じように別の関心と身体をもっていろいろな人が関わって場ができあがっていた。そこでの共同作業は、少なくとも表向きは日本語の学習と教授という目的に沿って（合目的的に）編成されていくのだけれど、そこにビデオ遊びという〈ずらし〉が（公的空間に）入ることによって、その編成のされ方が変化していった。変化し続けることによって、規範的な日本語、あるいは日本語学習という正義に向かって皆が声を揃えていく（ふりをする）のではなくて、互いに自分の声をつくる場所にしていくこともできるのではないかと思う。

　われわれは、われわれの見ている（見た）こと、あるいは経験している（した）ことが、他の人の目から見たらどう見えるのかについて興味がある。ビデオについてのおしゃべりが〈はずむ〉理由もそこにあると思う。話していると、やっぱり同じだね、ということも出てくるけれど、そもそも見たこと、経験したことが全然違うんじゃないかと思うことも出てくる。見方が違うのではなくて、そもそも見ているものが違う（アジェンダの違い）ということに気づくことがある。それぞれの人がもっている物語の枠組みというのがあって、そういうベースが違うと同じ経験をしたと思っても、つくられる物語はズレてくる。ビデオおしゃべりはそうした違った物語を意識する機能を果たしたと思う。

　物語に耳を傾けるということは、どの物語が「事実」に近いかを見つけることでも、ひとつの共通の物語に収斂させることでもない。もちろん、事実を発見してもいいし、ひとつの物語に収斂することもそれでいいのだが、そういうことを目的としておしゃべりすると強い声、強い物語がどうしてもその場を支配しがちになる。

　「日本語教室」活動もそうだが、集団活動をしていくと、その中で共通の物語ができあがっていくことは避けられない。そして、いったん共通の「強い」

物語ができあがってしまうと，その生成過程に関与しなかった人たち，あるいは関与の度合いが比較的小さかった人たちが疎外されがちになる。そういう傾向が強くなると，この活動は誰もが「自分の物語をつくりながら，それを他と交渉しながら」参加できるものではなくなっていく。実際，これは多くの「日本語教室」のたどった（ている）道でもある。

強い声，強い物語をつくり出さないように注意するコミュニケーションのかたちは，われわれには実は不慣れなコミュニケーションのかたちであると思う。親しい関係ではむろんそうしたコミュニケーションをしていることもあるのだろうけれど，日本語教室とかボランティア活動とかといった何か社会的目的をもった公的な場でそのようなコミュニケーションのかたちを維持することには，われわれはきわめて不慣れだと思う。

人びとが集まって経験をシェアしたり共通の問題について考えたりするときのコミュニケーションのかたちは，今でも誰かがとうとうと語ったり，討議したり，書いたものを読んだりするといったかたちが主流だろう。しかし，発表や討論を中心とするやり方は，特定の話し方（ディスコース）への習熟がどうしても要求されるから，「混雑した交差点」での適切な対話のしかたなのかどうか疑問がある。

「混雑した交差点」では，ある場が誰かの声を消し去っているかどうか（誰かの声を消し去っているか，それはなぜか，それは妥当なのか），誰かにものを言いにくい状態を強いるかどうか（誰かにものを言いにくい状態を強いているか，それはなぜか，それは妥当なのか），こうしたことについて敏感である必要がある。おそらくそのようにしてみんなが注意しないと「あぶない」のだと思う。

文　献

ボアール，A.／里見実・佐伯隆幸・三橋修訳, 1984,『被抑圧者の演劇』晶文社.
Gee, J.P., 1990, *Social linguistics and literacies : Ideology in discourses*. Falmer Press.
Harland, 1987, *Superstructuralism : The philosophy of structuralism and post-structuralism*, Methuen.
熊谷保宏, 1996,「多文化共生社会を学びあう劇づくり」『演劇と教育』43巻9号, 晩成書房.
日本社会臨床学会編, 1995,『他者へのまなざし――「異文化」と「臨床」』社会評論社.
小熊英二, 1998,『「日本人」の境界――沖縄・アイヌ・台湾・朝鮮　植民地支配から復帰運動まで』新曜社.

ロサルド, R./椎名美智訳, 1998,『文化と真実』日本エディタースクール出版部.
田中望, 1997,「外国人問題とメディア——関係的なメディア消費へ向けて」国立国語研究所編『多言語・多文化コミュニティのための言語管理』国立国語研究所1997所収.

謝　辞

　本書は学際的な本である。それは執筆者が所属する研究領域が多岐にわたるからではない。そもそも保育実践・教育実践が複雑であるという事実が一つの狭い学問領域では満足しないからである。実践が学問の再編成を求めている。保育の学，教育の学とは何なのか。それらを突き詰めていくと，保育実践，教育実践に関心を持つ者は現場を研究の資料収集の場や理論の応用の場であるという見方をとることはできなくなる。実践の中に立ち上がる研究とはどのようなものなのか。そのイメージは定かではない。残念ながら本書はまだこの課題に十分答えてはいない。今後の課題は大きい。

　本書の完成にあたって多くの方々にお世話になった。特に，本書が生まれるきっかけとなったワークショップのメンバーである佐伯胖（青山学院大学），下平菜穂（当時国立国語研究所），澤田英三（安田女子短期大学），Theresa Austin (University of Massachusetts, at Amherst)，岩澤里美（当時上智大学大学院）の各氏に感謝したい。岩澤さんはワークショップの長時間にわたる議論を文字起こしするという面倒な仕事を引き受けてくれた。その記録はビデオを巡ってどんな議論がなされうるかを示す貴重な資料となった。また，保育実践・教育実践に造詣の深い佐伯先生には本書脱稿後全体にたいして貴重なコメントをいただいた。我々に対する暖かい励ましの言葉として感謝している。これ以外にも多くの方々から励ましやご支援をいただいたことを記しておきたい。

　昨今の困難な研究書出版状況の中で本書のような新しい試みを支援してもらうことは大変であった。幸いにも新曜社編集部の塩浦暲さんが本書出版の意義を認め，出版に向け努力してくださった。本は，学会誌とは異なり，多様な読者を得ることを可能にする。その出会いを準備された塩浦さんに心より感謝したい。最後に，ワークショップから本書の完成まで忍耐強くつきあってくださった執筆者の方々にもお礼を言いたい。本書がこうした出版を支えてくれた多くの人の労に報いるものとなっていることを願っている。

　　　2001年4月

　　　　　　　　　　　　　　　　　　　　　　　　　　　石黒　広昭

人名索引

▶あ行
アトキンソン（Atkinson, P.）101
荒木経惟　174
石黒広昭　1,20,23,122,128,139,161
ヴァン・マーネン（Van Maanen, J.）85
ヴァルシナー（Valsiner, J.）168
ヴァレンヌ（Varenne, H.）8
ヴィゴツキー（Vygotsky, L.S.）9,48,123,140
ウィッカー（Wicker, A.W.）132
ウィトゲンシュタイン（Wittgenstein, L.）33
ウィルソン（Wilson, T.P.）32
ウェルズ（Wells, G.）48
ウェンガー（Wenger, E.）71,122
ウォーフ（Whorf, B.L.）33
エマーソン（Emerson, R.M.）7,29,30,79,118,127
エリクソン（Erickson, F.）6,14,15,79,85,122,126,127
岡本太郎　49,53
小熊英二　175
オックス（Ochs, E.）14

▶か行
加藤綾子　148,165
ガードナー（Gardner, H.）48
カミングス（Cummings, W.K.）103
ギアツ（Geertz, C.）6,140
ギブソン（Gibson, J.J.）48
グッドウィン（Goodwin, C.）14-16,125,139,153,154
グッドウィン（Goodwin, M.H.）154
熊谷保宏　184

グレイザー（Glaser, B.G.）101
グリーン（Green, J.）14
グリーン（Green, J.L.）124,125
クリフォード（Clifford, J.）44
ケンドン（Kendon, A.）124
小林康夫　97
ゴフマン（Goffman E.）83,131
コリンズ（Collins, A.）121
ゴールドマン（Goldman, S.V.）122
コンラッド（Conrad, R.）166

▶さ行
斉藤こずゑ　20,146,165,166,170
斉藤喜博　56
佐伯胖　23,122
サーサス（Psathas, G.）7,8,14,125,126
サックス（Sacks, H.）33-35,38,40,41
サッチマン（Suchman, L.A.）6
佐藤学　23,122
佐藤郁哉　101,102
ジー（Gee, J.P.）124,125,179
ジャクソン（Jackson, J.E.）85
シュッツ（Shutz, A.）31,32
シュルツ（Shultz, J.J.）6,122
ショウ（Shaw, L.L.）7
ジョーダン（Jordan, B.）11,13,15,18,70,71,124
鈴木忠　47
スティーヴンソン（Stevenson, H.V.）103
須藤健一　101
ストラウス（Strauss, A.L.）101
スプラッドレイ（Spradley, J.P.）101
清矢良崇　20

▶た行
ダーウィン（Darwin, C.）162,166
田中望　174,175
ディクソン（Dixon, C.）14
デューギッド（Duguid, P.）0　121
デューク（Duke, B.）103
トービン（Tobin, J.J.）2,5,11,12,44,103

▶な行
西阪仰　121
西原彰宏　59,63
ニューマン（Neuman, W.L.）84,93
ノーリック（Norrick, N.R.）158

▶は行
バーカー（Barker, R.G.）84,132
パフォール（Pufall, P.B.）48
バフチン（Bakhtin, M.M.）123-125
ハマースレイ（Hammersley, M.）101
ハーランド（Harland）179
ピーク（Peak, L.）103
ヒース（Heath, S.B.）7,126
日比野克彦　49
ヒューバーマン（Huberman, A.M.）98
ファーバー（Ferber, A.）124
フィッシュ（Fish, S.）159
藤田英典　101,102
ブラウン（Brown, J.S.）121
フランクイズ（Franquiz, M.）14
ブルーナー（Bruner, J.S.）159
古川ちかし　20
ブルマー（Blumer, H.）102
フレイレ　184
フレッツ（Fretz, R.I.）7
フロリオ（Florio, S.）122

ヘンダーソン（Henderson, A.）11,13,15, 17,18,124
ヘンドリイ（Hendry, J.）103
ボアール（Boal, A.）174,184,186,187
ボトーフ（Bottorff, J.L.）99

▶ま行
マイケルズ（Michaels, S.）130
マイルズ（Miles, M.B.）98
マクダーモット（McDermott, R.P.）8,122
マリノフスキー（Malinowsky, B.）23,124, 164
マルクス（Marx, K.）84
ミドルトン（Middleton, D.）157
南保輔　20,77,83
箕浦康子　90,101
ミーハン（Mehan, H.）14,126,136
宮崎清孝　20,23,49,57,61,65,67,122
モアマン（Moerman, M.）40
茂呂雄二　9,140

▶や行
結城恵　20,102,105,106,108,109,112,113, 115

▶ら行
ライト（Wright, H.F.）84
リチャードソン（Richardson, L.）86
ルイス（Lewis, C.）103
レイヴ（Lave, J.）70,71,122
ロサルド（Rosaldo, R.）188
ロバーツ（Roberts, C.）14
ロフランド（Lofland, J.）101
ロフランド（Lofland, L.）101
ローレン（Rohlen, T.）103

事項索引

▶あ行──────────

アイデンティティ 146
〈I-YOU〉モード 60,61,63-66,68-72
アジェンダ（自分にとって大事なことのリスト）184,187,188
頭の動き（head turn）18
厚い記述 6
宛先（行為あるいは発言の）134
アンケート調査 42

issue（誰かにとって話すに値する大事なこと）186
逸脱修正 114
一般化可能性 98
意図的共同レベル 146
異物性 56,58
異文化 37-40,42
意味（sense）123
インタビュー 10,86,89,91-94,96
　──ガイド 91,92
　──調査 90,92,96
　──データ 10
　──テープ 92
イントネーション 80

ethno-ethnography 12
エスノグラフィー（ethnography）6,15,32,33,101,118,124,126,139,140
　──的研究 118
　──的調査 102,103
エスノグラフィック・コンテクスト 126
ethnosociology 12
エスノメソドロジー 7,32,121,125,126
エピソード（episode）131
ＡＶ機器（視聴覚機器）36,39,86,87,102,117,118,145,147,161
　──によるデータ記述 40
　──を用いたフィールドリサーチ 42-46
ＡＶ記録 88,94
園内研究 150,151,161,168
園内研修会 150

「置物」化 17
おしゃべり 184
オーディオ・ビジュアルデータ 1
auto-ethnography 12

▶か行──────────

外国人，ガイコクジン，ガイジン 175-178,185,186
　──のいるコミュニティ 177
　──花嫁さん 176
　──労働者 176
開始-応答-評価（IRE）136
解釈学的なアプローチ 6
解釈共同体 159,160
解釈ストーリーの共同構成 161
解釈的パラダイム 32
外的資源 53
会話 33,35,155
　──分析 32,33,125
科学（の）知 61,67
科学的分析手法 165
カセットテープ（レコーダー）102,104-108,110,117,118
仮想フィールド 5
語られたデータ 10
語り 179,182,186　→ディスコース
　──データ 83,85,87-89,94

カメラ　102,118
　——効果　18
　複数の——　16
関係性のずらし　174
観察者
　——効果　83,99
　——の隠蔽　166
　複数の——　44
観察データ　10,81,85,87,89,94
間接的方法　140

機械のバイアス　11
聞き手性　139
規則性　34
帰納的アプローチ　98
境界標識語（boundary marker）133,134
凝視（gaze）　18
強制力　134
協調的活動　175
共同　167-169
　——研究　165,167-169
　——使用　162,167
　——性　167
協働　168
　——性　23
協同　167-170
　——研究　168
　——性　53-55
　——的活動　47
　——的な活動（joint activity）　48
　——的表現（joint expression）　48
共同構築（co-construction）　168
共同作業　174
共同視聴　145,148-150,152,154,155,158,165
　——集団　160
　——状況　153
　——場面　158
　——と協同の循環　169
協力的なコミュニケーション　187
　——空間　173,174

局所的保育実践知識　154

Grounded theory　101

形式主義的物語　85
結果の代表性　98
研究者
　——ディスコース　182,187
　——のバイアス　11
言語　180
　——的発話（トーク）　126
現場に精通しているという誤解　22

行動　84
　——場面（behavior setting）　132
行動主義的アプローチ　6
声　179
　——をもつ　179
　——をもつ状態（関係性）　180
語義（meaning）　123
個体中心主義的な視点　122
コピー　132
混雑した交差点　189

▶さ行
作品　173
　——化　173
撮影の公開　18
三項シーケンス　14,126
サンプリング　98
参与観察　124

シカゴ学派　33
自己
　——言及性　166
　——呈示　83,93
　——分類　84
視線　80
視聴覚（audiovisual）　1
　——機器　29　→ＡＶ機器
実験的研究　42

実践知　61,67
実践のアジェンダ　187
質的調査　99
　　──論　30
質的データ　81
質問－応答－承認　136-138
視点と実践　101,102
指導の危険性　22
指標　40
社会人類学　33
社会的行為　32
社会的相互行為（social interaction）　31
社会的な出来事（social event）　121
社交会話　186
写真　104,106,117
集合体　117
「集団」呼称　107,110,113
集団単位　105,107-110,113,117
縦断的観察　166
主観的なアプローチ　6
主観的な意味世界　85
準拠枠　114
状況的行為　157
状況の脈絡（context of situation）　124
証拠　40
焦点化された集まり場面（focused gathering）　131
焦点場面　132,140
情報の保持力　11
人工物（artifacts）　11,16,121,127
身体の位置の取り方（body positioning）　18
シンボリック相互作用論　32,85
心理学　35
人類学　32

ストラテジー（意識的な戦略）　174
ストーリー　181
ずらし　174,187,188

〈THEY－THEY〉モード　60-63,65,66,69-71
生活経験　89
生活時間づくり　95
生態カタログ　95
　　──づくり　95
正統的周辺参加　157
　　──論　70
説明　114

相互行為（interaction）　7,40,121,140
　　──的実践　8
　　──的視点　122
　　──分析　121-123
相互作用　82
相互反映性（reflexivity）　124-125,135,167
素材（materials）　34,35
粗データ（raw data）　85

▶た行──────────
態度・信念・意見　84
代表性　98
代弁　177
　　──行為　177
対話（協力的なコミュニケーション）　175,179,186
　　──すること　180
誰かの issue　186

知識　84
秩序　34
調査技法　79
直接的な方法　34

通訳機能　139
通訳者　139
「通訳」的他者　138,139

ディスコース（discourse）　179-181,186,187,189　→語り
定点撮影　17,131
出来事（event）　131,133

テクスト分析　166
デジタルカメラ　13
データ　38,43
　——に根ざした理論(Grounded theory)　101
　——の記述　41
　——の選択　41
　——の文字化　41
テープレコーダー　33,92-94,96

統計的な処理　34
同調誘導　114
特徴　84
トランスクリプト（transcript）13,14,79-81

▶な行
内観法　166
内容の安定度　134

日常生活（everyday life）31,34
日誌　162
ニホンゴ　178
日本語教室　173,177,178,180,185,187-189
日本人　175,177,185,186
日本的集団主義　103
人間研究における「全体性」　46

ネイティブ　186
ネゴシエーション（交渉・調整）91

ノンネイティブ　186
ノンバーバルコミュニケーション　80
ノンバーバルの要素　82

▶は行
発達の最近接領域　48
発話データ　81
パラ言語　82
　——的要素（paralinguistics）80

微視的分析　135
visual ethnography　12
美術表現　48
ヒット・エンド・ラン型調査　101
ビデオ　110
　——おしゃべり　182,188
　——カメラ　36,42,55,57,63,86,88,102,118,129,148,167
　——記録　11
　——研修　159
　——撮影　151
　——撮影活動　145
　——操作者の限界　15
　——データ　3,147,148
　——テープ　110,114
　——の共同視聴　150,170
　——分析　139,140
　——を用いたエスノグラフィー　140
　——を用いた相互行為分析　124,125
表記（notation）14
標本　40,41

フィールド　94
　——へのアクセス　93
フィールドインタビュー（インタビュー）77,92
フィールドノーツ　3,29,32,79,85,86,92,97,99,104,108,110,114,127
フィールドメモ　16,127,132
フィールドワーク（fieldwork）101,110
復原　9
普遍性　97,98
普遍的な記述　97,98
文化のミニチュア　126
分析　97
文体　162,164
　——の視点　164
　——の違い　162
分断化　175
文脈情報　82,83,94

保育者
　　――による質問（question）136　→質問‐応答‐承認
　　――の承認（acknowledgement）136　→質問‐応答‐承認
ポーズ　80

▶ま行――――――――――――――
マスターテープ　132
まなざし　46

ミクロ民族誌　85
ミスコミュニケーション　96
民族誌学的文脈（ethnographic context）124
民族歴史的調査(ethnohistorical research)　7,126

目に見えない集合体　114,116
目に見えない集合名　113,115
目に見えない集団　114
　　――単位　114,116
　　――単位名　113,115
目に見える集団（単位）　114-116

　　――単位名　113,115
メンバーの定義　158

目録（inventory）　132

▶や行――――――――――――――
やりとり　121,135

指さし　80

予期　84

▶ら行――――――――――――――
「らせん型」作業　101

リスタート　14
リズム　14,80
リソース　4,5,9
理論的サンプリング　98
倫理問題　93

▶わ行――――――――――――――
わけのわからない映像　185
ワンショット・ケース・スタディ　101

編者・執筆者紹介 （執筆順）

石黒広昭（いしぐろ　ひろあき）〈序章，5章〉
最終学歴：慶應義塾大学大学院博士課程社会学研究科単位取得退学
学位：博士（教育学）
現職：北海道大学大学院教育学研究科助教授
専門：発達心理学・言語心理学
主な著書：『心理学と教育実践の間で』（共著，東京大学出版会）

清矢良崇（せいや　よしたか）〈1章〉
最終学歴：筑波大学大学院博士課程教育学研究科単位取得退学
学位：教育学博士
現職：関西学院大学文学部教授
専門：教育社会学
主な著書：『人間形成のエスノメソドロジー』（東洋館出版社）

宮崎清孝（みやざき　きよたか）〈2章〉
最終学歴：東京大学大学院教育学研究科博士課程中退
学位：教育学修士
現職：早稲田大学人間科学部助教授
専門：認知心理学・教授学習過程
主な著書：『視点』『心理学と教育実践の間で』（いずれも共著，東京大学出版会）

南　保輔（みなみ　やすすけ）〈3章〉
最終学歴：カリフォルニア大学
学位：Ph.D. in sociology and cognitive science
現職：成城大学文芸学部助教授
専門：コミュニケーション論，社会科学の方法論
主な著書：『海外帰国子女のアイデンティティ——生活経験と通文化的人間形成』
　　　　　（東信堂）

結城　恵（ゆうき　めぐみ）〈4章〉
最終学歴：東京大学大学院教育学研究科博士課程修了
学位：博士（教育学）
現職：群馬大学教育学部附属学校教育臨床総合センター助教授
専門：教育社会学，エスノグラフィー
主な著書：『幼稚園で子どもはどう育つか——集団教育のエスノグラフィ』（有信
　　　　　堂）

斉藤こずゑ（さいとう　こずえ）〈6章〉
最終学歴：東京大学大学院教育学研究科博士課程単位取得退学
学位：教育学修士
現職：國學院大學文学部教授
専門：発達心理学，言語・コミュニケーション能力の発達
主な著書：『対人関係と社会性の発達』（共著，金子書房）
　　　　　『心理学・倫理ガイドブック』（共著，有斐閣）

古川ちかし（ふるかわ　ちかし）〈7章〉
最終学歴：国際基督教大学大学院比較文化研究科修士課程修了
学位：文学修士
現職：東海大学助教授
専門：第二言語教育
主な著書：『差異を生きる個人とコミュニティ——多言語コミュニティの多様な関
　　　　　心と関係性』（共著、凡人社）

AV機器をもってフィールドへ
保育・教育・社会的実践の理解と研究のために

初版第 1 刷発行　2001 年 9 月 20 日©

編　者　石黒広昭
発行者　堀江　洪
発行所　株式会社　新曜社
　　　　〒101-0051　東京都千代田区神田神保町2-10
　　　　電話(03)3264-4973(代)・FAX(03)3239-2958
　　　　e-mail info@shin-yo-sha.co.jp
　　　　URL http://www.shin-yo-sha.co.jp/

印刷　光明社　　　　　　　　Printed in Japan
製本　光明社
　　　ISBN 4-7885-0777-3 C1030

■新曜社の本

ワードマップ フィールドワーク
書を持って街へ出よう
佐藤郁哉　四六判252頁　本体 1800円

西欧的な思考法や研究法の解体とともに改めて注目をあびているフィールドワーク。その論理とは？　その基本的発想から方法・技法・情報処理のツールまで，すべてを語り尽くした大好評の入門書。

方法としてのフィールドノート
現地取材から物語作成まで
R.エマーソン・R.フレッツ・L.ショウ　四六判544頁
佐藤郁哉・好井裕明・山田富秋訳　本体 3800円

UCLA他各大学の実習で練り上げられた調査必携。現場におけるメモ取りからレポートや民族誌を書き上げるまでの全ステップを実例に即して説き，フィールドワーカーが突き当たる数々の疑問に答える。

データ対話型理論の発見
調査からいかに理論をうみだすか
B.G.グレイザー・A.L.ストラウス　A5判400頁
後藤　隆・大出春江・水野節夫訳　本体 4200円

現場検証に偏った研究を批判し，独自の調査やフィールドワークから自在に理論を産出する方法を説いた調査研究法＝グラウンディド・セオリー。多様で異質なデータを対話させ質的分析から理論へ至る道筋を示す。

現場（フィールド）心理学の発想
やまだようこ編　A5判208頁　本体 2400円

生きて動く現場へ！　実験室を出て現場の生き生きした感触に触れること，固定し，分類し，切断し，分析するのではなく，つなげ，重ね，合せ，育て，物語ること。近代知の方法を根底から変革する新しい認識へ。

プロトコル分析入門
発話データから何を読むか
海保博之・原田悦子編　四六判272頁　本体 2500円

認知科学の有力な手法として，子どもの発達研究からメーカーのハイテク新製品の開発まで，幅広く使われるようになったプロトコル分析の理論と方法の実際を，基礎から懇切に解説し，実際例を示した入門書。

対話と知
談話の認知科学入門
茂呂雄二編　A5判240頁　本体 2800円

認知科学や文化人類学，言語学，教育など幅広い分野で注目を集める談話分析への招待。表面的な会話の裏の心理的やりとり，言葉と身体の響き合い，文化と談話の関係性等を明らかにする手法を実例を示して解説。

アフォーダンスの心理学
生態心理学への道
E.S.リード　四六判512頁
細田直哉訳／佐々木正人監修　本体 4800円

ミミズの穴掘りから人間の言語・思考まで，心理学的なるものを有機体が世界と切り結ぶプロセス（アフォーダンス）に働く機能としてとらえ，生態と進化の視点から体系的に提示して話題を集めた気鋭の代表作。

表示価格は税を含みません。